新　論

会沢正志斎
関口直佑　全訳注

講談社学術文庫

目次

凡例

一、底本は、江戸玉山堂の公刊本（一八五七）とし、必要に応じて宮内庁書陵部所蔵の自筆稿本等を参照した。
一、長大な篇については分割し、「国体　上」「長計」は二部、「守禦」は三部構成とした。
一、本文は適宜段落を区切り、闕字、台頭、平出は省略した。
一、各篇の冒頭には簡単な解説をつけ、読解の助けとした。
一、読み下し文については、日本思想大系『水戸学』、水戸学大系『会沢正志斎集』などを参照し、原則として以下のように改めた。
1　著者による割注は〔　〕で括った。
2　漢字は通行の字体を使用し、仮名の変体等は改めた。
一、現代語訳については、文部省社会教育局編日本思想叢書『新論』、中央公論社『藤田東湖』、平凡社『新論講話』などを参考にし、原則として以下のように訳出した。
1　訳文は、語釈と置き換えた箇所がある。
2　明らかな誤筆と考えられる箇所は訂正した。
3　訳文は、原典の趣旨を損なわない限りで、意訳した箇所がある。
4　年号の後の西暦については、改元・暦法上の統一をとっておらず目安である。
＊本書には現代においては差別・偏見と判断するべき表現が含まれる。これらについては史

料としての歴史的価値を考慮し、執筆当時の時代背景を反映したものとして読まれるべきと判断し、そのまま訳出した。

新論

序　論

文政八年（一八二五）、幕府は異国船打払令《いこくせんうちはらいれい》を出し、日本近海に接近する外国船全てに対して砲撃を加え、排除することを決定した。この直後に会沢正志斎は、『新論』を完成させたのである。そして本書は、師である藤田幽谷を通じて、藩主の徳川斉脩《なりのぶ》に奉呈され賛同を得ることとなる。しかし同時に斉脩は、世間には公表すべきではなく、内々で流布した場合にも、姓名は伏せることを命じた。おそらくは、幕府の政策に論評を加えていたため、処罰を恐れてのことだと考えられる。

一読するとわかるように、その内容は水戸藩だけでなく、我が国全体の政策について提言している。これは藩主を通じて、幕府を動かすことを意図したものと思われる。正志斎のこの期待は、実現されることもなく、また異国船打払令も徹底されずに、沿岸には外国船が自由に航行することが常態化する。

そうした中にあって本書は、正志斎の関係者から友人へ、その友人から別の友人へと筆写が重ねられ、日本全国へと広まっていくこととなる。それは匿名の著作ではあったけれども、人々を引きつける何かがあったのは確かであろう。天下太平と呼ばれた時代にあって、その裏にあった言いしれぬ不安というべきものを明らかにした、という理由もあろう。正志斎が意図したのは、幕府をはじめとする為政者の目を覚ますことであったけれども、結果的にこの書は、全国の志ある多くの人々を目覚めさせることとなった。

〈読み下し〉

謹んで按ずるに、神州は太陽の出ずる所、元気の始まる所にして、天日之嗣《てんじつのし》、世《よよ》宸極《しんきょく》を御し、終古易《かわ》らず。固より大地の元首にして、万国の綱紀なり。誠によろしく宇内に照臨し、皇化の曁《およ》ぶ所、遠邇《えんじ》あることなかるべし。しかるに今、西荒の蛮夷、脛足《けいそく》の賤《せん》を以て、四海に奔走し、諸国を蹂躙し、眇視跛履《びょうしはり》、敢えて上国を凌駕せんと欲す。何ぞそれ驕れるや（地の天中に在るや、渾然として端《はし》なく、よろしく方隅なきがごとくなるべきなり。然れどもおよそ物は、自然の形体ありて存せざるはなし。而して、神州はその首に居る、故に幅員甚しくは広大ならざれども、その万方に君臨する所以のものは、未だ嘗て一たびも姓を易え位を革めざればなり。西洋の諸蕃は、その股脛《こけい》に当る。故に船を奔らせ舸を走らせ、遠しとして至らざるはなきなり。而して海中の地、西夷、名づけて亜墨利加洲と曰うものに至っては、すなわちその背後なり。故にその民は愚戇《ぐとう》にして、なすところある能《あた》わず。これ皆自然の形体なり）。これその理、よろしく自から隕越《いんえつ》して以て傾覆を取るべし。然れども天地の気は盛衰なき能わずして、人衆ければすなわち天に勝つは、またその勢の已むを得ざるところなり。苟しくも豪傑奮起して以て天功を亮《たす》くるあるにあらざるよりは、すなわち天地もまたまさに胡羯《こかつ》、腥羶《せいせん》の誣罔《ふもう》するところとなりて、然る後に已まんとす。

今、天下のためにその大計を論ずれば、天下の人は愕然《がくぜん》として相頼み、驚怪せざるものなきは、旧聞に溺れて故見に狃《な》るればなり。兵法に曰く「その来らざるを恃むことなく、吾の以てこれを待つことあるを恃む。その攻めざるを恃むことなく、吾の攻むべからざるところあるを恃むなり」と。然ればすなわち吾をして治化洽浹《こうしょう》し、風俗淳美に、上下義を守り、民富み兵足りて、強寇大敵といえども、これに応じて遺算なからしむればすなわち可なり。もしなお未だしくば、すなわちその自遑自逸《じこうじいつ》をなす者は果して何の恃むところぞや。しかるに論者は皆謂う「彼は蛮夷なり、商船なり、漁船なり。深患大禍をなすものにあらず」と。これその恃むところのものは来らざるなり、攻めざるなり。恃むところは彼に在りて、我に在らず。もし吾のこれを待つ所以のものと、攻むべからざるところのものとを問わば、すなわち茫乎《ぼうこ》としてこれをよく知ることなきなり。嗟《ああ》、夫れ天地の誣罔より免るるを見んと欲するも、将た何れの時にしてかこれを期せんや。

臣ここを以て慷慨《こうがい》悲憤し、自から已む能わず、敢えて国家のよろしく恃むべきところのものを陳ぶ。一に曰く国体、以て神聖《かみ》、忠孝を以て国を建てたまえるを論じて、遂にその武を尚び民命を重んずるの説に及ぶ。二に曰く形勢、以て四海万国の大勢を論ず。三に曰く虜情、以て戎狄《じゅうてき》覬覦《きゆ》するの情実を論ず。四に曰く守禦、以て国を富まし兵を強くするの要務を論ず。五に曰く長計、以て民を化し俗を成すの遠図を論ず。この五論は、皆天の定まってまた人に勝つを祈る所以なり。臣の自から誓って見を以て天地に殉ずるもの、大略かくのごとし。

〈現代語訳〉

謹んで考えますと、神州日本は太陽に育まれた土地であり、万物を生かす元気の始まる国でございます。天照大神《あまてらすおおみかみ》の子孫である天皇陛下が、皇位《こうい》を継承してこられたことは不変であり、他国には一切存在しない国柄です。それゆえに世界の頭首となり、万国の模範となるべき国でなければならないのです。天皇のお心は世界に広がり、あらゆる人々を引きつけるものです。しかしながら今、西の果ての野蛮な考えを持った者たちが、世界の末端に位置していながら海洋を我が物として往来し、諸国を征服し、身のほど知らずにも我が国さえも押さえつけようとしております。何という傲慢《ごうまん》でありましょうか〔大地が自然の中に存在するのは、一体となって区別がつかないように見えますが、全てのものには形がございます。人体でいえば日本は頭部であり、面積はそれほど広くはありませんが、諸外国の模範となるべき存在です。その理由は、これまで一度も天皇が皇位を奪われていないからです。西洋諸国は人体の股《もも》や脛《すね》にあたるため、船を乗り回して遠くまでも押しかけてゆくのです。西洋人がアメリカと名づけた土地は、その背中にあたるため、民は浅はかで、その行いは人々の幸福のためにはなりません。これらは全て自然の形からくるのです〕。これは自然の道理からいえば自ら失敗して、消えてゆくものです。しかしながら、天地の「気」の働きには盛衰というものがあって、『史記』にあるように、「多くの人々の勢いが盛んになると、一時的に天の力に勝つことがある」というのは仕方のないことです。ですから、志《こころざし》のある人々が決意してこの国を守らなければ、北方の民族や肉食の外国人の自由にされてしまうのです。

　今、人々に対して日本を守るための方法を伝えようとすると、驚いて顔を見合わせ、疑いの目を向けてきます。これは古い情報だけに囲まれて、発想の転換ができないからです。孫子の兵法に、「敵が来ないことを頼りにせずに、敵が来た時の備えを頼りにせよ。敵が攻撃しないことを頼りにせずに、敵が攻撃できないようにする備えを頼りにせよ」とあります。それならば、我が国の人々には正しい政治教育を行い、人情に厚く互いに信頼し、経済的に豊かで軍備が十分であるようにして、どんな敵がきても対処できるようにしておかなければなりません。こうした対策をとっていなければ、つかの間の平和を楽しんでいる者たちは、何を頼りにすればよいのでしょうか。ところが世間の評論家の多くは、「彼らはただの野蛮人であり、商売や漁業をするための船で来ているだけで、たいした害はない」と言っております。これは、彼らが攻めて来ないことを頼りにしているということであり、結局は相手を頼りにして、こちらには頼りにすべき備えがないということです。そうした評論家に、我が国にどんな備えがあるのか、攻めて来ない根拠はあるのかと尋ねると、誤魔化すだけで何も答えることができません。こんな有様《ありさま》では、たとえ天地が望まないとしても、この国を守ることはできないのです。

　それゆえに私は、こうした現状に怒り、嘆き悲しみ、やむにやまれぬ気持ちで我が国が行うべき対策を五つにまとめました。第一は「国体」、ここでは建国の神々が忠孝の精神によってこの国を建てたことを述べ、武道を大切にして、民衆の生活を重んじたことをお伝えいたします。第二は「形勢」、ここでは世界情勢についてお伝えいたします。第三は「虜情《りょじょう》」、ここでは外国が日本を狙っている実情についてお伝えいたします。第四は「守禦《しゅぎょ》」、ここでは富国強兵策についてお伝えいたします。第五は「長計」、ここでは人々を教え導き、心豊かに暮らしてゆくための方法についてお伝えいたします。これら五論は、「天の意志が定まれば、再び人の勢いに勝つ」という『史記』の言葉を信じて書いたものです。私は神明に誓って、身を捧げる覚悟でこの書を完成させました。『新論』の概略は、以上のようなものとなります。

〈語釈〉

○元気　天地の間に広がり、万物が生まれ育つ根本となる精気。**○天日之《てんじつの》嗣《し》**　天照大神《あまてらすおおみかみ》の血統を受け継ぐ天皇を指す。**○宸極《しんきょく》**　皇位。天子の位。**○遠邇《えんじ》**　遠近。**○眇視跛履《びょうしはり》**　眇（片目が不自由）なのによく見えるといい、跛（足が不自由）なのによく歩こうとすること。**○姓を易え位を革め**　易姓革命《えきせいかくめい》によって、血統が途切れること。**○愚戇《ぐとう》**　おろかであること。**○隕越《いんえつ》**　ころがり落ちる。**○天功**　天下の事業。**○胡羯《こかつ》**　北方の異民族。**○腥膻《せいせん》**　なまぐさく汚らわしいこと。**○誣罔《ふもう》**　いつわりを言って、人をおとしいれること。**○治化洽浹《こうしょう》**　人々を教え導くことが行き渡ること。**○自遑自逸《じこうじいつ》**　ひまを持てあまし、気ままにすごすこと。**○茫乎《ぼうこ》**　はっきりしないこと。**○神聖《かみ》**　『日本書紀』冒頭の「天、先ず成りて、地、後《のち》定まる。然《しこう》して後に、神聖《かみ》、其の中に生《あ》れます」を指す。日本創生の神々のこと。○戎狄《じゅうてき》　辺境の民族や外国人を卑しめていう用語。○覬覦《きゆ》　身分に合わないことをうかがい望むこと。

国体　上

『新論』において中心的役割を果たす「国体」という用語は、本文の中において明確に定義されていない。定義という言葉自体が、近代的概念であり、古代からの歴史を有する我が国においては、それが不可能であるからかもしれない。ただ、それをあえて定義したものとしては、明治憲法に書かれたものが、おおよそ正確であろう。これは、井上毅《こわし》を中心とする当時の碩学によるものであり、我が国の国体を「理解」することはできる。

しかしながら、本篇で述べられた「国体」とは、「心」の領域であり、「理解」とは性格の異なるものである。これは結局のところ、それを読む個人の心情の深さや、ある種の信仰心といったものに帰着するのかもしれない。先の序論において本篇は、「神聖、忠孝を以て国を建てたまえる」と説明されている。「神聖」とは、日本の建国の神々のことであり、皇室の祖先である。言い換えれば、建国の神々は「忠孝」という、誰もが持つことのできる「心」によって、この国を創《つく》ったのである。それは特定の者のみが持つ権力や、軍事力などではなく、日本という国が「心」によって成り立っていることを説明したものであるとも言えよう。

「国体」が「心」で成り立っている以上、それを安定させ、平和にするものも「心」となる。そしてそれは、為政者に限定された特殊なものなどではなく、歴史的に多くの民衆が受け入れてきた「心」なのである。

〈読み下し〉

帝王の恃んで以て四海を保ちて、久しく安《やすらけ》く長く治まり、天下動揺せざるところのものは、万民を畏服し、一世を把持《はじ》するの謂《いい》にあらずして、億兆心を一にして、皆その上に親しみて離るるに忍びざるの実こそ、誠に恃むべきなり。夫れ天地の剖判《ほうはん》し、始めて人民ありしより、天胤《てんいん》、四海に君臨し、一姓歴歴として、未だ嘗て一人も敢えて天位を覬覦《きゆ》するものあらずして、以て今日に至れるは、豈にそれ偶然ならんや。夫れ君臣の義は、天地の大義なり。父子の親《しん》は、天下の至恩なり。義の大なるものと、恩の至れるものとは、天地の間に並び立ち、漸漬《ぜんし》積累して、人心に洽浹《こうしょう》し、久遠にして変ぜず。これ帝王の天地を経緯し億兆を綱紀する所以の大資なり。

昔者《むかし》、天祖、肇《はじ》めて鴻基《こうき》を建てたまうや、位はすなわち天位、徳はすなわち天徳にして、以て天業を経綸し、細大のこと、一も天にあらざるものなし。徳を玉に比し、明を鏡に比し、威を剣に比して、天の仁を体し、天の明に則り、天の威を奮いて、以て万邦に照臨したまえり。天下を以て皇孫《すめみま》に伝えたまうに迨《およ》んで、手ずから三器を授けて、以て天位の信となし、以て天徳に象《かたど》りて、天工に代り天職を治め、然る後にこれを千万世に伝えたまう。天胤の尊きこと、厳乎としてそれ犯すべからず。君臣の分定まりて、大義以て明らかなり。天祖の神器を伝えたまうや、特に宝鏡を執り祝《ほ》ぎて曰く「これを視ること、なお吾を視るがごとくせよ」と。而して万世奉祀して、以て天祖の神となし、聖子神孫、宝鏡を仰ぎて影をその中に見たまう。見るところのものは、すなわち天祖の遺体にして、視ることなお天祖を視るがごとし。ここにおいてか盥薦《かんせん》の間、神人相感じて、以て已むべからざれば、すなわちその遠きを追いて孝を申べ、身を敬んで徳を修むること、また豈に已むことを得んや。父子の親は敦《あつ》くして、至恩は以て隆《さか》んなり。天祖すでにこの二者を以てして人紀を建て、訓《おしえ》を万世に垂《た》れたまう。夫れ君臣や、父子や、天倫の最も大なるものにして、至恩は内に隆んに、大義は外に明らかなれば、忠孝立ちて、天人の大道、昭昭乎《しょうしょうこ》としてそれ著る。忠は以て貴を貴び、孝は以て親を親しむ。億兆のよく心を一にし、上下のよく相親しむは、良《まこと》に以《ゆえ》あるなり。もし夫れ至教の不言に存し、百姓の日に用いて知らざるものは、これその故何ぞや。天祖は天に在りて、下土に照臨したまい、天孫は誠敬を下に尽くして、以て天祖に報じたまい、祭政これ一、治むるところの天職、代るところの天工は、一として天祖に事《つか》うる所以にあらざるものなし。祖を尊びて民に臨めば、すでに天と一たり。故に天と悠久を同じくするも、またその勢のよろしく然るべきなり。故に列聖の大孝を申べたまうや、山陵を秩《まつ》り、祀《し》典《てん》を崇《たっと》ぶは、その誠敬を尽くす所以のものにして、礼制大いに備わりて、その本に報い祖を尊ぶの義は、大嘗《だいじょう》に至りて極まれり。

夫れ嘗《じょう》とは、始めて新穀を嘗めて、天神に饗するなり〔古者《いにしえ》、専称すればすなわち天祖と曰《い》い、群神を該《か》ぬればすなわちまた天神と曰う〕。天祖、嘉穀の種を得て、以為《おもえ》らく以て蒼《そう》生《せい》を生活すべしと、すなわちこれを御田に植えたまう。また口に繭《まゆ》を含みて、始めて蚕を養うの道あり、これを万民衣食の原《もと》となし、天下を皇孫に伝うるに及んで、特にこれに授くるに斎庭《ゆにわ》の稲《いなほ》を以てしたまう。民命を重んじて嘉穀を貴ぶの所以のもの、また見るべきなり。故に大嘗の祭りには、新穀を烹熟《ほうじゅく》して、以てこれを殷薦《いんせん》す〔大嘗の歳、予め悠紀《ゆき》、主基《すき》の国郡を卜定《ぼくてい》し、稲実《いなみ》及び禰宜《ねぎ》卜部《うらべ》を遣わし、田に臨み稲を抜きて、以て供御の飯《いい》となし、自余を黒白の酒となす。その飯はすなわち祭に臨み舂《つ》きてこれを炊《かし》ぐ。天皇親から嘗殿に就き、粢盛《しせい》を奉じてこれを薦めたまう。皆その孝敬を致し、その質を存して、その本を忘れざる所以なり〕。その幣《へい》はすなわち繒服《にぎたえ》、荒服《あらたえ》なり〔太玉《ふとだま》の天祖に事うるや、天日鷲《あまのひわし》、これが部属となりて木綿を造る。神武帝もまたその裔孫《えいそん》をして、倶に阿波に往きて穀麻《こくま》を殖えしめたまう。而して大嘗ごとに、阿波の斎部《いんべ》、荒妙の服を進む。その祖先の職を奉ずるに、皆その子孫を以てして、旧職を失わしめざるなり〕。蓋し皆、本に報ゆる所以なり。御禊《みそぎ》は潔きを致す所以なり。天皇徒跣《とせん》して警蹕《けいひつ》せざるは、敬の至りなり。日蔭鬘《ひかげのかずら》、帛御衣《はくのおんぞ》は、至敬、文なきなり。天祖、位を伝うるの日に当たり、天児屋をして帝命を出納せしめ、天太玉をして百事を供奉せしむ。児屋の後は中臣氏となり、太玉の後は斎部氏となる。故に祭の日には、中臣は天神《あまつかみ》の寿詞《よごと》を奏し、斎部は神璽《しんじ》の鏡、剣を奉じて、累世奕葉《るいせいえきよう》、必ず当初の儀に仍《よ》ること、なお新たに命を天祖に受くるがごときなり〔天祖、児屋、太玉ら五部の神をして皇孫に侍らしめ、神籬《ひもろぎ》を建てて、以て皇孫を護衛せしめたまうこと、なお天上の儀のごとし。神武帝、天下を平げたまうや、また神籬を建て、児屋の孫種子《たねこ》、太玉の孫天富《あまのとみ》をして、鏡、剣を奉じ、幣帛《へいはく》を陳《つら》ねしめたまう。而して歴世の遵奉するところ、この儀にあらざるはなきなり。崇神帝、天祖を笠縫《かさぬい》に祭りたまうに及び、石凝姥《いしこりどめ》はかつて天祖に事えて鏡を鋳《い》、目一箇《まひとつ》は作金者《かねつくり》たりしを以て、故に斎部に命じ、二氏の後を率い、鏡、剣を模造せしめて、以て殿内に奉安す。すなわち践祚《せんそ》の日に斎部の奉ずるところの物これなり。その永く旧物を存して、敢えて失墜せざることかくのごとし〕。その他、凡百の具を供するも、また斎部の掌るところにあらざるはなし。而して百執事の者に至りても、また皆その職を世《よよ》にして、奕世《えきせい》墜《おと》さず、駿奔《しゅんぽん》して事を承け、毫も天孫の祚《そ》を伝うるの日に異なることなし。而して君臣皆その初めを忘るるを得ざるなり〔太玉は日鷲《ひわし》、手置帆負《たおきほおい》、彦狭知《ひこさち》、櫛明玉《くしあかるたま》、目一箇《まひとつ》らを統領して、以て天祖に奉事す。天富《あまのとみ》もまたことごとく諸氏の後を率いて、鏡及び矛、盾の諸物を造る。大嘗の日、日鷲、手置帆負らの孫、諸物を供奉すること、一にその先世の旧のごとし。而してその細《さい》は、伴《とも》の火を燧《き》り、安曇《あずみ》の火を吹き、車持《くらもち》の菅蓋《かんがい》を執るがごときの類も、またその職を世《よよ》にするにあらざるはなきなり〕。

夫れ天祖の遺体を以て天祖のことに膺《あた》り、粛然僾然《あいぜん》として当初の儀容を今日に見れば、すなわち君臣観感し、洋々乎《ようようこ》として天祖の左右に在るがごとし。而して群臣の天孫を視るも、またなお天祖を視るがごとく、その情の自然に発するもの、豈に已むを得んや。而して群臣なるものも、また皆神明の冑《ちゅう》にして、その先世、天祖天孫に事え、民に功徳あり。列して祀典在りて、宗子、族人を糾緝《きゅうしゅう》して、以てその祭を主《つかさど》る〔古者、故家名族の国造《くにのみやつこ》、県主《あがたぬし》等となりし者は、おのおのその族人を統べてその先を祭る。大己貴《おおなむち》の後は三輪君《みわのきみ》となりて、世《よよ》大己貴を祭り、思兼《おもいかね》の後は秩父の国造となりて、世《よよ》思兼を祭るの類のごとく、およそ旧族は皆然らざるはなし。天智帝に至りて、氏上《このかみ》を定む。すなわち大宝令《たいほうりょう》に称するところの氏宗《うじのそう》なるものにして、また旧族に因りてこれを潤飾するなり。後世、郷里に祭るところの神を、氏神《うじがみ》と称し、その土人を氏子《うじこ》と称するは、蓋しまたその遺俗ならん〕。入りては以てその祖に追孝し、出でては以て大祭に供奉するも、またおのおのその祖先の遺体を以て、祖先の事を行う〔臣《おみ》、連《むらじ》、伴造《とものみやつこ》、おのおのその属するところの諸氏を領して、皆旧職を失わず。前に挙ぐるところの斎部は、もろもろの斎部を率いて供奉するの類にして、その諸国の斎部とは、すなわち日鷲の後は、粟国《あわのくに》の斎部となるの類のごときこれなり。而してまた、その旧職を祭祀の日に奉ぜざるはなきなり〕。惻然悚然《そくぜんしょうぜん》として、乃祖乃父《だいそだいふ》の皇祖天神に敬事せし所以のものを念《おも》わば、豈その祖を忘れ、その君に背くに忍びんや。ここにおいてか孝敬の心、父は以て子に伝え、子は以て孫に伝えて、志を継ぎ事を述べ、千百世といえどもなお一日のごとし。孝は以て忠を君に移し、忠は以てその先志を奉じ、忠孝は一に出で、教訓正俗、言わずして化す。祭は以て政となり、政は以て教となり、教と政とは、未だ嘗て分かちて二となさず。故に民はただ天祖を敬し、天胤を奉ずるを知るのみにて、郷《むか》うところ一定して、異物を見ず。ここを以て民志一にして、天人合す。これ帝王の恃みて以て四海を保つところにして、祖宗《そそう》の国を建て基を開きし所以の大本なり。

　夫れ万物は天に原づき、人は祖に本づきて、体を父祖に承《う》け、気を天地に稟《う》く。故に言、苟《いや》しくも天地鬼神に及べば、愚夫愚婦といえども、その心を悚動《しょうどう》することなき能わずして、政教禁令、一に天を奉じ祖に報ゆるの義に出ずれば、すなわち民心いずくんぞ一ならざるを得んや。人は天地の心、心専らなれば、すなわち気壮《さか》んなり。故に億兆心を一にすれば、すなわち天地の心専らにして、その気以て壮んなり。その気壮んなれば、すなわち人の元気を稟くる所以のものは、その全きを得《う》。天下の人、生まれて皆全気を稟くれば、すなわち国の風気頼りて以て厚し。これを天人の合と謂うなり。ここを以て民は古を忘れずして、その俗は淳厚、よくその本に報いその始めに反り、久しくして変ぜず〔易に曰く「観《かん》は盥《かん》して薦《せん》せず、孚《まこと》ありて顒若《ぎょうじゃく》たりとは、下観《しもみ》て化するなり。天の神道を観るに、四時忒《たが》わず。聖人、神道を以て教を設けて天下服す」と。また曰く「風の地上を行くは観なり。先王以て方《ほう》を省《かえり》み民を観て教を設く」と。観とは上は下に観、下は上に観て、上下こもごも相観るなり。学記に云う「相観て善くする、これを摩と謂う」と。而して風に命令の象《しょう》あり。その地上を行くや、善く万物を撓《たわ》め、去来するに方なく、凝りて散ぜざるなく、密にして入らざるなく、教学の象ありて、そのこれを教うる所以の道は、すなわち天の神道なり。天の道は、陰陽測られずして、物を生じて忒ならず、故に四時忒《たが》わず。忒ならざるものは孚なり、忒わざるもまた孚なり、孚ありて顒若《ぎょうじゃく》たりの象となす。覆幬《ふとう》持載し、川流敦化《とんか》し、命《めい》、上より入りて、下これに順うは、天の神道にして、下観て化するなり。天地の間、鬼神より誠なるはなくして、人神の相感ずるは、盥《かん》して未だ薦《せん》せざるの間に在りて最も至れりとなし、天下の誠は以て尚《くわ》うるなし。故に中庸に誠を論ずるも、またまず鬼神の徳を言いて、舜と武王、周公との孝は、宗廟これを饗《う》け、子孫これを保つというに及び、遂に祖廟を修むることを言いて、以て郊社《こうしゃ》、禘嘗《ていしょう》に至り、すなわち曰く「国を治むることこれを掌《たなごころ》に示《み》るがごとし」と。孝経の首章に大雅の念祖の詩を引きてその聖人の孝を論ずるも、また周公の郊祀及び明《めい》堂《どう》の祀を以て大となせば、その意もまた見るべきなり。陰陽合して物を生じ、精なるものは人となる。その体はすなわち父祖の遺、その気はすなわち天地の精なり。同体一気、こもごも相感応す。故に「鬼神の徳たる、物に体となりて遺さず、洋々として左右に在《いま》すがごとし」と。人神、至誠の相感ずるは、固より自然の符なり。聖人因りて以て教《おしえ》を設け、郊社、禘嘗、以て帝に事《つか》え先を祀りて、本に報い始めに反るの義、尽きたり。文王を祀れば、すなわち「天に在るに対越す」と歌い、朝会すれば、すなわち「文王陟降《ちょっこう》して、帝の左右に在り」と歌い、これを用いて以て万邦を化導し、而して民、これを畏敬遵奉して、王者を視ることなお天を視るがごとし。王者の徳は兆民に被《こう》ぶりて、兆民志を一にして、同じくこれを崇奉するも、またその至誠の自然に相感ずるものにして、後嗣《こうし》の王の、本に報い始めに反る所以のものかくのごとし。その孝敬の心は上下に達し、下観てこれに化し、自《おのず》から已む能わず。故に「曽子曰く、終わりを慎み遠きを追えば、民の徳は厚きに帰す」と。また神道、教を設くるの効なり。

　蓋《けだ》し堯《ぎょう》、舜の民を帥《ひき》いるや、必ず天に本づき祀を慎む。故に堯の政は、暦象して時を授くるに始まりて、その授受の間、皆天の暦数を以て言となす。謨《ぼ》を陳《の》ぶれば、すなわち曰く「天工は人それこれに代る」と。啓の征伐すれば、すなわちその「五行を威侮し、三正《さんせい》を怠《たい》棄《き》するを以てして、天の罰を行う」と。湯《とう》の桀《けつ》を伐てば、すなわち曰く「予、上帝を畏れ、敢えて正さずんばあらず」と。盤庚《ばんこう》の都を遷せば、すなわち曰く、「乃《なんじ》の命を天に迓《むか》え続《つ》ぐ」と。殷人、紂を諫《いさ》むれば、すなわち曰く「天は下民を監《かん》す」と。曰く「天は我を棄つ」と。武王、紂を伐てば、すなわち曰く、「天の視聴は我が民に自《よ》る」と。曰く「自から天に絶つ」と。曰く「恭《うやうや》しく天の罰を行う」と。箕子《きし》、洪範《こうはん》を陳ぶれば、すなわち曰く「天は下民を陰騭《いんしつ》す」と。周公、自から禱《いの》れば、すなわち曰く「天に丕子《ひし》の責《せめ》あらば」と。成王の大誥《たいこう》には、すなわち曰く、「予、天の役《えき》を造《な》す」と。康叔《こうしゅく》を封《ほう》ずれば、すなわち曰く「天命を宅《さだ》む」と。曰く「天顕を畏る」と。新邑を営めば、すなわち曰く、「天に稽《かんが》う」と。曰く「天の基命、定命に及ぶ」と。多士に告ぐれば、すなわち曰く「天命なり、違《たが》うなかれ」と。成王を戒むれば、すなわち曰く「天命を寅《つつし》み畏れよ」と。召公に告ぐれば、すなわち曰く「天は忱《まこと》を棐《たす》く」「天命は易《か》わらず」と。多方に告ぐれば、すなわち曰く「天の命を図る」と。政を立つれば、すなわち曰く「俊を籲《よ》び、上帝を尊ぶ」と。顧命《こめい》すれば、すなわち曰く「命を壊《やぶ》るなかれ」と。刑を作れば、すなわち曰く「天の牧と作《な》れ」と。晋侯に命ずれば、すなわち曰く「上帝、命を集む」と。尚書の毎編、天を奉ずる所以にあらざるものなきは、かくのごときなり。

舜、終《しゅう》を受くれば、すなわち類《るい》し禋《えん》し望《ぼう》し徧《へん》す。巡狩《じゅんしゅ》すれば、すなわち柴《さい》し望し、帰ればすなわち特《とく》を芸祖《げいそ》に用う。謨を陳ぶれば、すなわち曰く「祖考、来り格《いた》る」と。水土を治むれば、すなわち「九山、刊して旅す」と。盤庚《ばんこう》、都を遷せば、すなわち曰く「大いに先王に享《きょう》す。爾《なんじ》の祖もそれに従ってこれを享するに与《あずか》る」と。紂を諫むれば、すなわち曰く「天胤、祀を典《つかさど》る」と《旧は胤を以て句となすも、今改めて祀を以て句となす》。微子《びし》には、すなわち曰く「神祇の犠牲を攘窃《じょうせつ》す」と。紂を伐てば、すなわち曰く「祭るも益なしと謂う」と。曰く「肆祀《しし》を昏棄《こんき》して答《むく》いず」と。洪範には、すなわち曰く「三に曰く祀」と。自から禱《いの》れば、すなわち曰く「よく鬼神に事《つか》う」と。康叔《こうしゅく》に誥《つ》ぐれば、すなわち曰く「祀のみこの酒あり」と。新邑を営めば、すなわち「牲を郊社に用う」と。「殷礼を称《あ》げ、功宗に記し、文武に禋烝《えんじょう》す」と。多士に告ぐれば、すなわち曰く「徳を明らかにし、祀を恤《つつし》む」と。召公に告ぐれば、すなわち曰く「殷の礼は陟《のぼ》せて天に配す」と。多方に告ぐれば、すなわち曰く「寅《つつし》みて祀を念う」と。曰く「神天を典《つかさど》る」と。顧命すれば、すなわちこれを廟に受く。尚書の編々、祀を慎む所以にあらざるものなきは、かくのごときなり。故に論語の編末に、尭、舜、禹の授受を叙すれば、すなわち「天の暦数」と言い、湯、桀を伐てば、すなわち曰く「簡《えら》ぶこと帝の心に在り」と。「周の重んずるところは、民の食、喪、祭なり」と。また皆、天を奉じ祀を慎むなり。故に礼記に曰く「およそ天下の九州に在るの民は、咸《みな》その力を献じて、以て皇天、上帝、社稷、寝廟、山林、名川の祀に共《きょう》せざるはなし」と。古者《いにしえ》、民をして鬼神を敬し、祭祀奉ぜしむる所以のものの、また見るべし。蓋し神州は漢土と、風気素《もと》より同じくして、人情もまた甚だ相類す、故に教を設くるの意、甚だ相似たるも、またかくのごときなり」。

　昔や国造、伴造、世《よよ》祖業を承《う》けて、その祀を墜とさず。中ごろや王族、廷臣、宗族を緝合《しゅうごう》して、以てその爵位を保つ。下りて近古に及び、武夫、猛将、なおよく総領を重んじて、以て家衆を管轄せり。夫れすでに自から血族を重んずれば、たれか敢えて天胤を敬せざらんや。故に一世を挙げて皆天位の犯すべからざるを知る。逆順すでに明らかなれば、すなわち大逆の者は固より世の与《くみ》せざるところ、まさに天地に容《い》れらるることなからんとす。またいずくんぞ醜類《しゅうるい》を鳩聚《きゅうしゅう》して、以てその姦を逞《たくま》しくするを得んや。故に国歩の、時に或いは艱難ありといえども、天胤の尊きことは自若《じじゃく》たり。これを上にすれば、すなわち乗輿《じょうよ》の或いは播遷《はせん》するも、未だ嘗て一人も敢えて神器を朶頤《だい》するものあらず。これを下にすれば、すなわち陪臣の権を擅《ほしいまま》にするも、また敢えてその主の位を簒《うば》わず。神聖、忠孝を以て国を建てたまいて、遺風余烈のなお人に在るものかくのごとくなれば、すなわち天日の胤、天壌と与《とも》に終始して易《かわ》らざるは、蓋し以てこれを致すありて然るなり。夫れ神聖の国を建てたまうや、かくのごとくそれ固《かた》し。沢《たく》を流すや、かくのごとくそれ遠し。然ればすなわち善政の施すところ、声教の曁《およ》ぶところ、それ果たして弊なきか。およそ天下のこと、弊なき能わざるは、固よりその常理なり。今夫れ天下の弊は、指を屈するに遑《いとま》あらず。然れども概してこれを論ずれば、その大端に二あり、曰く、時勢の変なり、邪説の害なり。枉《まが》れるを矯《た》め、廃れるを挙げんと欲せば、二端はこれを審詳《しんしょう》にせざるを得んや。

〈現代語訳〉

帝王の地位にある者が世の中を保ち、末永く平和に治めるためには、人々を恐れさせて、力の支配によって維持しようとするのでは実現できません。それには人々が心を一つにして、上の者に親愛の情を持ち、帝王のお心から離れることができない、と思うことこそが、それを実現させるのです。神話の時代に天と地が分かれ、人々が生活するようになってから、天照大神《あまてらすおおみかみ》の子孫である天皇陛下が天下に君臨され、一つの血筋を守り、誰一人としてその地位を汚すことなく今日まで続いてきたことは、決して偶然ではないのです。「君臣の義」と呼ばれる君主と臣下の信頼とは自然の法則であり、「父子の親《しん》」と呼ばれる親子の親愛とは、世の中で最も深い恩愛なのです。この「君臣の義」と「父子の親」は天地の間に並び立ち、ゆっくりと積み重なって、人々の心の中に広がり永久に変わることはありません。これこそ帝王が天下を統治し、万民を治めることの本質なのです。

その昔、天照大神が建国の基礎をお作りになった時、天の位にあって天の徳を用い、天の事業を行われました。これは全て天のお心に従われたということです。また、その「徳」を玉に、その「明」を鏡に、その「威」を剣に象徴されました。そうして天の仁徳を体現し、天の明智を発揮し、天の勇威を奮って国々を治められました。そして天照大神が、孫である瓊瓊杵尊《ににぎのみこと》に天下を伝承される際には八尺瓊勾玉《やさかにのまがたま》、八咫鏡《やたのかがみ》、草薙《くさなぎ》の剣の三種の神器を授けて皇位の証とされました。これらは天の徳を象徴するものであり、天の代わりとなって我が国を治め、これを永遠に皇孫《こうそん》に伝えていくこととされました。それゆえに天皇の血統は尊く、誰であっても決してこれを犯すことはできないのです。君主である天皇と、臣下である私たちの関係を表す「君臣の分」とは、このようにして定められたのであり、この「大義」は明白なものなのです。天照大神が三種の神器をお渡しになる時、特に八咫鏡を指して「あなたがこの鏡を視る時は、その中に私の姿を視るように心懸けなさい」と言われました。このようにして歴代の天皇は、この鏡をご神体として祀《まつ》り、鏡に自らを映すことで、その中に天祖である天照大神の面影を視たのです。鏡に映されるのは天照大神の「遺体」であり、その姿は子孫である天皇の中に宿っておられるのです。それゆえに天皇は、祭祀において最も厳粛な行為の、手を洗い清めて供物を捧げている間、神と人との心が共鳴し合い、感動に震えておられるのです。この時に天皇は、素直な気持ちで遠い祖先の仁徳を思って「孝」の心情を述べ、身を慎んで「徳」を修めることを誓われます。こうして「父子の親」はますます深くなり、恩愛の心が広がっていくのです。天照大神は、この「君臣の義」である「忠」と、「父子の親」である「孝」の二つの心をもって、人として行うべき教えとされ、これを永遠に遺されました。「君臣の義」と「父子の親」は、天の倫理で最も大切なものであり、親子の恩愛が深く、君主と臣下の信頼が厚くなれば、「忠孝」の教えは実践されて、日本人として生きるべき「道」が明白となるのです。君主とその祖先を尊ぶ「忠」の心と、親を敬愛する「孝」の心は日本人の心を一つにさせ、身分に関係なく信頼して協力できるようになるのは、当然のことなのです。このことが誰からも教えられることなく存在し、人々が無意識に毎日行っているというのは、そういうわけなのです。天照大神は高天原《たかまのはら》におられてこの国を見守られ、天皇は真心を民に尽くして、それに報いているのです。ここに祭《まつり》と政《まつりごと》は一つとなり、政治とは全て天照大神に仕える行為となるのです。天職や天工といった政治の仕事も、全て天照大神に仕えることなのです。祖先を尊び民衆を統治することは、天と一体となることであり、それ故に天と同じく永遠であることもまた、必然のことなのです。したがって歴代の天皇が、天に対しての孝である「大孝」を申し上げるにあたり、祖先の墓である山《さん》陵《りょう》を修復し、祭りの儀式を重んじたのは、誠の心を尽くしてこられたからなのです。こうして祭祀における制度や約束事が決まっていきました。その中でも天照大神のお心に報い、歴代天皇を尊ぶという意味において、最も重要な祭りは、即位した天皇が一度だけ行われる大《だい》嘗祭《じょうさい》です。

嘗《じょう》とは、新しく採れた穀物を天皇が天神《てんじん》に献上なさる祭のことです〔昔は、天祖とは天照大神のことであり、天神とは天の神々のことを言いました〕。天祖である天照大神は、良い穀物の種を手に入れられ、これによって民衆が豊かな生活を送ることができると思い、それを田に植えられました。また口に繭《まゆ》を含んで、養蚕《ようさん》の道を始められました。これらを人々の衣食の糧《かて》とし、天下を皇孫に伝える時に、「斎庭《ゆにわ》の稲《いなほ》」と呼ばれる特別な稲の種を与えられました。ここからも人々の生活を守り、良い穀物を重んじられたことがわかるのです。それゆえに大嘗祭では、新しく採れた穀物を十分に煮てからお供えいたします〔大嘗祭の年には、あらかじめ悠紀《ゆき》、主基《すき》と呼ばれる地方を占いで選んで、そこへ稲実《いなみ》卜部《うらべ》と禰宜《ねぎ》卜部《うらべ》と呼ばれる者を派遣いたします。そこで二人は稲穂を刈り取って、最初に抜いた四束をお供えのための稲として使い、残りを黒酒と白酒に醸造いたします。お供えの稲は祭の時に臼《うす》でついてから炊飯いたします。天皇は嘗殿《じょうでん》とよばれる祭を行う宮殿にお入りになり、これをお供えいたします。これらは全て孝敬の心を天の神々に捧げて、その心を守り伝え、祖先を忘れないためなのです」。この時にお供えするものは、和服《にぎたえ》と呼ばれる織り目の細かい布と、荒服《あらたえ》と呼ばれる織り目の粗い布です〔太玉命《ふとだまのみこと》が天照大神に仕えた時、天日鷲《あまのひわし》がその部下となって、楮《こうぞ》からできた木綿《ゆう》と呼ばれる白い布を作りました。神武天皇も天日鷲の子孫と阿波の国へ往き、楮と麻を植えさせました。そして大嘗祭が行われるごとに、太玉命の子孫である斎《いん》部《べ》は荒服の服を献上して、先祖からの使命を受け継いでおります〕。こうしたことは全て祖先に感謝し、それに報いることなのです。大嘗祭の前に天皇が、川に入り御禊《みそぎ》を行われるのは、心身を清めるためであり、祭事には素足で臨み、天皇の出入りの知らせである警蹕《けいひつ》の声も控え、質素な日陰蔓《ひかげのかずら》をかぶり、白地の着物を着用なさるのも、飾りのない敬愛の心を表しているのです。天照大神が瓊瓊杵尊にこの国を任せられる際に、占いによって神の意志を伝える役割を天児屋《あまのこやね》に、ほかの様々な仕事を天太玉《あまのふとだま》にご命令されました。天児屋の子孫は中臣氏であり、天太玉の子孫は斎部《いんべ》氏です。それゆえに、祭の日に中臣氏は「天神《あまつかみ》の寿詞《よごと》」と呼ばれる祝詞《のりと》を天皇に奏上し、斎部氏は三種の神器の鏡と剣を奉ります。代々にわたって、必ず最初と同じやり方で行ってきたということは、あたかも天祖である天照大神からのお言葉を、新たに頂戴しているようなものなのです〔天照大神が、天児屋と天太玉らの五人の神々を皇孫のお供につけて、神籬《ひもろぎ》と呼ばれる神座を建てて皇孫を守護させるのは、高天原における儀式と同じものです。神武天皇が天下を平定なされると、神籬を建てて、天児屋の孫の種《たね》子《こ》と天太玉の孫の天富《あまのとみ》に鏡と剣を奉じさせて、幣帛《へいはく》と呼ばれるお供えをならべて奉じさせたのも、これと同じなのです。また崇神天皇は、天照大神を笠縫《かさぬい》に祭られた際、かつて天照大神に仕えて鏡を鋳造した石凝姥《いしこりどめ》と、金工の仕事をしていた目一箇《まひとつ》との二人の子孫に鏡と剣の複製を造らせ、社殿に安置するよう斎部に命じました。皇位を継承する践祚《せんそ》の日に、斎部氏が奉ずるのがこの神器で、古来の旧物・旧例を末永く保存し、祖先への敬愛の心を受け継いでいるのは、ここからも明らかなのです」。このほか、様々な道具をお供えすることも全て斎部氏の仕事です。また、その他の仕事に携わる者についても、その職を受け継いで代々変わることはなく、機敏に働いている姿は、天照大神がおられた当時と、一つも異なっていないのです。それ故に君主も臣下も、日本の起源を忘れることは決してありません〔天太玉は日鷲、手置帆負《たおきほおい》、彦狭知《ひこさち》、櫛明玉《くしあかるたま》、目一箇らをまとめて天照大神に仕え、天富《あまのとみ》もまた、その他の諸氏の子孫を率いて鏡や矛、盾などを制作しました。今でも大嘗祭の日に、天日鷲や手置帆負らの子孫が、諸物を供えて奉じている姿は、彼らの祖先が奉仕していた姿と一つも変わるところがないのです。細かいところでは、伴造《とものみやつこ》が火を付け、安曇宿禰《あずみのすくね》が火を吹き、車持朝臣《くらもちあそん》が菅蓋《かんがい》と呼ばれる特別な傘を持つのも、全て世襲の使命として行っております〕。「天祖の遺体」、つまりは天照大神の分身である天皇が祭祀を行われることで、厳粛な雰囲気の中、当時の儀式そのものを見ることになるのです。そこでは君主も臣下も感動が心に満ちあふれ、まるで天照大神のおそばに仕えているように感じるのです。それ故に、臣下たちが天皇を仰ぎ見る時に、あたかも天照大神を見ているように感じるのは自然なことで、どうすることもできないのです。その臣下もまた、神々の子孫たちであって、天照大神と歴代天皇に仕え、民衆のために力を尽くしてきた者たちです。これは祀典《してん》と呼ばれる書物にも書かれており、それぞれの家を受け継いだ長子は、一族を率いてその祖先を祭っております〔昔は、由緒ある家柄、名族の者が国造《くにのみやつこ》や県主《あがたぬし》などの官職に就き、それぞれの一族を率いて祖先を祭りました。大己貴《おおなむち》の子孫は三輪君《みわのきみ》となって代々大己貴を祭り、思兼《おもいかね》の子孫は秩父の国造となって代々思兼を祭るというふうに、古くから続く名家は皆そのように祭り続けてまいりました。天智天皇の時に、氏上《このかみ》と呼ばれる氏《うじ》を率いる首長を定めました。これは「大宝《たいほう》令《りょう》」における「氏宗《うじのそう》」のことで、これまで続いてきた慣習に新しく名前をつけたものです。後世になって、村落で祭る神を氏神《うじがみ》と呼び、その土地の人を氏子《うじこ》と呼ぶのも、その名残なのでしょう〕。一族の中では、それぞれの祖先を祭って孝の心を忘れず、朝廷では大祭に力を尽くすのもまた、各自が「祖先の遺体」、つまりは自分自身が祖先の分身として、祖先に仕えることなのです〔臣《おみ》、連《むらじ》、伴造《とものみやつこ》は、それぞれに属している人々を率いて、世襲の職を受け継いでおります。前に述べた斎部は、その他の全国の多くの斎部を率いて奉仕するのであり、全国にいる斎部たちとは、例えば日鷲の子孫が、阿波の国の斎部となったなどというのがこれです。そうして祖先の職をそのまま引き継いで、祭祀の日には必ず力を尽くしているのです〕。凛《りん》とした気持ちで、これまで祖先が、天照大神や神々を敬い仕えてきたことに思いを馳せるならば、どうして祖先を忘れたり、天皇に背くことなどできるでしょうか。このようにして孝敬の心は父から子へ、子から孫へと伝わり、その志は継承されて、事実が語られることで、数千年後の世も、決して変わらずに繰り返されることとなるのです。よって祖先を思う孝の心は、自然と天照大神から続く天皇家への忠の心へと移り、その忠の心とは祖先の志と同じであるため、ここに忠孝は一つとなって、教え諭《さと》すことがなくとも、世の中は整うのです。また、祭りは政《まつりごと》となり、その政は教《おしえ》となって、つまりは教育と政治は分けることができません。それゆえに民衆は、天照大神を敬い、その子孫を奉ることを知るだけで心は一つとなり、異端に迷うことはないのです。こうして人々の志が一つとなることで、天と人もここに一つとなるのです。これこそ帝王が、末永く平和に治めるのに不可欠なことであり、日本建国の基礎なのです。

そもそも宇宙に存在する全てのものは天を原点とし、人は祖先を根本として、身体を父祖から受け継ぎ、精気を天地から得ております。このため天地や神霊について伝えれば、考えの浅い人であっても、心を動かさない者はいないのです。本来の政治、教育、法律は、天を奉り祖先に報いることを第一としているため、民衆の心が一つにならないはずはないのです。人には本来、天地の心が備わっており、その心が輝きを取り戻せば、元気が満ちあふれてくるのです。それゆえに日本人の心を一つにすれば、天地の心も発揮されて、元気が充満するのです。その元気が充満すれば、その源も益々大きくなって、人々が天から与えられた生まれながらの使命を果たすことができるようになり、日本の気風は厚くなっていき、ここに天と人とが一つとなるのです。そうして人々は古を忘れないで、人情に厚く、祖先を思って報いることを心がけて、この精神はいつまでも変わることがないのです〔『易経』によると、「観とは、上が下に示す、という意味で、つまりは下の者が上の者を仰ぎ観ることである。それは例えば、祖先を祭った宗廟《そうびょう》での祭祀の初めに、祭主が手を洗い清めて、お供えものを差し上げるまでの厳かで、深い謹みの態度に表され、それを仰ぎ観る者も誠の心で満ちあふれ、心から尊敬して従うというように、上下の心が通い合うことに見られる」とあります。また、「風が地上に吹くのも観であり、古の王が民のもとへ赴き、それぞれの実情に合った政教を施した」とあります。つまり「観」とは、上の者は下の者を思いやりの目で観て、下の者は上の者を手本として観て、双方の心が一体になることなのです。『礼記』の「学記」篇では、「学生がお互いに注意して言行を美しくしていくこと、これを「摩（磨）」という」とあります。加えて「風」には、「命令する」という意味もあり、風が大地を行くときは、全てのものを吹きなびかせて、去るときも来るときも決まった方向がなく、一ヵ所に固まることもなく、隅々まで行き渡ります。また「風」には、「教学」という意味もあり、ここで教え学ぶものとは、天の神道です。天の道には「陰」と「陽」があり、これらは常に変化するもので人間の理性では、はかり知ることができません。そして、あらゆるものが不足なく、必要な時に生み出されるのは、そこに「誠」があり、「誠」があるからこそ不要なものなどなく、「それを仰ぎ観る者も誠の心で満ちあふれ、心から尊敬して従う」のです。天はすべてをおおい、地はすべてをのせて、その徳化は川の流れのようになります。そして命令が上から下へと伝わり、これに従うことは天の神道であって、下は上を観て感化されるのです。天地の間には鬼神より誠なものはなく、人と神とが感じあうのは、手を浄めてお供物をそなえようとするその瞬間であって、これこそが誠の境地となるのです。「誠」についての『中庸』では、祖先の霊のはたらきについて述べて、次に舜王、武王、周公の三人の

「孝」を祭った宗廟《そうびょう》を設けて、子孫がそれを祭り続けたとあります。そして祖先を祭った祖《そ》廟《びょう》を春と秋ごとに清らかに整えて、天地を祭る郊社の祭りと、祖先を祭る禘嘗《ていしょう》の祭りを謹んで行うのであれば、国を治めるのは自分の手を見るように容易なことであると書かれております。『孝経』の第一章では、『詩経』の「大雅《たいが》」から、祖先を思ってその徳を受け継ぎ、子孫に伝えていくという詩を引用しております。また聖人の孝については、周公が周の国の初代である后稷《こうしょく》を天と共に祭り、父である文王を天の神である上帝と共に祭ったとあることからも、その重要さがわかるでしょう。全てのものは「陰」と「陽」のはたらきから生まれ、その中でも特に純粋なものだけが人となります。その体は父祖からの贈りものであり、流れているのは天地から与えられた精気なのです。祖先と子孫は同体一気であって、互いの心が通じて感じ合うのです。それゆえに『中庸』では、祖先の霊を含めた「鬼神」のはたらきというものは、形として見ることはできないけれども、その存在はいつも満ちていて、近くにあるように感じられるとあります。このように人と神との「誠」の心が、お互いに感じ合うのは、自然なことなのです。昔の聖人は、これによって教えを立て、天地を祭る郊社の祭りと、祖先を祭る禘嘗の祭りとを設け、天地や祖先の恩に報いる「報本反始《ほうほんはんし》」の精神を大切にしたのです。『詩経』には、周の文王を祭って「天にいらっしゃる文王にお答えする」と歌い、臣下たちが帝王の下に集まれば、「文王の御霊《みたま》は帝王のおそばにいらっしゃる」と歌ったとあり、国々は導かれ、民衆は敬い尊敬して、王を視ることは天を仰ぐのと同じようになるのです。王の徳が民に伝わることで、人々は志を一つにして、同じようにこれを崇拝して尊ぶのも、誠の心が自然に相感するからであり、その後を継いだ王の「報本反始」の精神もまた同様なのです。父母を大切にして敬愛の気持ちを持つという孝敬の心は、王から下々の者に達することで民衆は感化され、外では上の者に仕え、内では祖先に仕えて、凜《りん》とした態度の中にも愛敬の心が自然にわき出てきて、抑えることができなくなるのです。それゆえに『論語』では、「曽子が言うには、上にいる者が、人生の終わりである死をおろそかにせず、葬儀は誠の心で執り行い、祖先の祭りも誠の心を尽くすのであれば、自然に民衆もそれに感化されて、人情風俗が厚くなっていくものだ」と書かれています。これもまた、天の神道の教えによるものなのです。

『尚書』によると、尭と舜が民を導くには必ず天の意志を大切にして、祖先や神々を祭ることを決して忘れなかったとあります。それは尭帝の政治が、天体の運行から暦を作り、民に農耕暦を授けたことに始まり、舜帝が禹に王位を譲る時にも、天の暦を用いたということです。治世のあり方については、「天の仕事を人が代わって行う」と言いました。禹の後を継いだ夏王の啓が有扈《ゆうこ》氏を討とうした時には、「万物を司る木火土金水の五行を侮《あなど》り、暦で使われる日月星の三正《さんせい》を無視した故に天の罰を加える」と言いました。殷の初代の王である湯《とう》が桀《けつ》を討つ時には、「私は上帝の、罪有る者を罰せよ、という命令を畏れる。だからどうしても征伐しなければならないのだ」と言いました。殷王の盤庚《ばんこう》が都を移した時には、「私は民衆の命を天から迎えて守っている」と言いました。殷の臣下が紂《ちゅう》に忠告した時には、「天は人々を監視しております」と言い、「天は我が殷の国を見すてられた」と言いました。周

「自分の武王が紂を討つ時には、「天は民の目を通じて見て、民の耳を通じて聞く」と言い、「自分から天の命を絶った」と言い、「謹んで天罰を加える」と言いました。武王が箕子《きし》に対して大きな原則である洪範《こうはん》を述べた時には、「天は陰ながら人々を支えている」と言いました。周公が先王に祈る時には、「武王が病気になる責任を、天に対して負っているならば」と言いました。成王は、「私は、天から与えられた困難にあっている」と言いました。周公が弟である康叔を衛に派遣するときには、「天の命を確かなものにしてほしい」と言いました。文王は、「殷の先代の王たちは上下の差別なく、天の意志である民衆の声を畏れた」と言いました。新しく都を営む時に召誥では、「夏《か》の禹王は天を相手としていた」と言い、周公は「天がわが王国を始め、末永く治めるべきものと定めた命令を継ぐ」と言い、「天命に逆らってはならない」と言いました。成王には、「天命をつつしんで畏れよ」と戒めて、召誥では「天は誠を助け」、「天命は変わらない」と告げました。国々に向けては、「天の命はいやしむものではない」と言いました。政治を始めるにあたっては、「大いに天の上帝を尊ぶ」と言い、祖先からの遺言には、「天命を尊重しなさい」とあり、刑法を作るにあたっては、「天に命じられた民衆の養護者となれ」と言いました。晋の文侯は、「天の上帝が天子として国々を治めるよう命令を下したのだ」と言われました。このように『尚書』各篇では、全て天の存在というものが中心となっているのです。

舜は尭王から天文の計算技術を譲り受けると、上帝に臨時の祭りをあげ、天の神々や山川の神々を祭り、その他もろもろの神々を祭りました。国々を巡った時には、柴をたいて天地山川を祭り、それが終わって帰ると祖先を祭った廟に一頭の牛を殺して捧げました。政治においては、「祖先の霊が降りて参ります」と言い、治水が終われば、「中国全土の名山の道が開かれ、山神を祭った」と言い、盤庚《ばんこう》が都を遷す時には、「私の祭りは先王と、あなたたちの祖先とを共に祭っているのです」と言いました。紂王に忠告する時には、「天の子孫というものは、祭祀を司っているのです」と言いました《昔は「祀」で区切る読み方をしましたが、ここでは「祀」で区切って解釈をします》。紂王の腹違いの兄である微子は、「神々へのお供えものを盗んでも平気な世の中になっている」と言いました。周の武王が殷の紂王を討つ時には、「紂王は祭りなどは何の役にも立たない、と言っている」と言い、「祭りをおろそかにして、祖先の恩に報いようとしない」と言いました。天下の大法が記された「洪範《こうはん》」の中の、国を治めるのに必要とされる「八政」には、「三つめは祭祀である」とあり、周公が武王の快復を祈った時には、「神々にお仕えいたします」と言い、康叔《こうしゅく》には「酒というものは、祭の時にだけ必要とされるものだ」と言い、新しく都ができると、「天地を祭って牛を捧げ」、「正大な祭りを行い、功績のある臣下を記録して祭り、文王と武王も祭るように」と言いました。また「徳を修め、祭祀を尊ぶ」と言い、召公には、「殷の礼では、有徳の先王を天と共に祭った」と言い、「つつしんで天の祭祀を思う」と言い、「天を敬い祭ることを司る」と言い、王の遺言は祖先を祭った廟の中で伝えられました。『尚書』の各篇では、このように祭祀を最も重んじているのです。そして『論語』最後の「尭曰」篇では、尭、舜、禹が帝王の地位を継承した様子を記して、その順序は天体の運行と同じように決められた「天の暦数である」と言い、湯が桀を討伐した時は、「これは天によって選ばれたものだ」と言い、「周の政治で重んじられたのは、民衆の食料と死者を弔う葬儀、そして祖先への祭である」と言いました。このように全てが天を奉り、祭祀を大切にしたのです。また『礼記』には、「天下の九つの州の民衆は、皆その力を尽くして天と地の神、祖先、山川の神々を祭ったのだ」と記してあります。このように昔の中国では、民衆には神々を敬い、祭祀を大切にさせたことがよくわかることでしょう。思うに、日本と中国大陸とは気候風土が同じであり、人情でも似ているところがあります。それ故に教えの考え方も参考となるのです」。

日本の古代においては、国造《くにのみやつこ》や伴造《とものみやつこ》が祖先からの役目を代々受け継いで、祭祀を絶やしませんでした。奈良、平安時代になると、天皇の一族やその臣下たちが、一族を率いて位階を保ち、官職についてきました。鎌倉、室町時代になると武士や武将も一族の長である総領を重んじて、一族を統轄したのです。このように各自が、血統というものを何よりも重んじてきたのですから、それらの根本となる皇室の血統を愛敬しない者などいないのです。それゆえに世の中の人々は皆、天皇の位を犯してはならない理由を知っていました。善悪というものが、はじめから明らかなのですから、天皇に背く者は世の中で相手にされず、天と地の間に存在することさえも許されなかったのです。悪人たちが寄り集まって、悪だくみをすることなど、できはしなかったのです。これまでの日本の歴史には、困難な時代もありましたが、天皇の血筋が尊いことは少しも変わりませんでした。例えば上皇や天皇が、遠くに流されてしまうこともありましたが、誰一人として三種の神器を奪おうとする者はおりませんでした。また臣下の者が、代々世の中を支配したとしても、天皇の位を奪おうとした者はおりませんでした。日本の神々は忠孝の精神によって国をお作りになり、その教えや功績が人々の中に残っているのですから、天皇の血統が天地と同じく変わらないのも、必然のことなのです。神々が日本をお作りなった基礎はこのように固く、その恵みは遠い昔から伝わってきたものなのです。しかしながら、正しい政治が行われ、天皇のお心が広く行きわたるのに、何の障害もないと言えるでしょうか。おおよそ世の中には常に弊害があり、指折り数えてゆけば切りがないものです。そこで、それらを要約すれば大きく二つ挙げられます。それは、「時勢の変」と「邪説の害」です。曲がったものを直し、廃れたものを取り戻すためには、この二つの弊害について、細かく知っておく必要があるのです。

〈語釈〉
○剖判《ほうはん》　分かれ開けること。○天胤《てんいん》　帝王の血統、天子の世継ぎ。○漸漬《ぜんし》　水がしだいにしみ込むこと。○洽浹《こうしょう》　広くゆきわたること。○天祖　天皇の祖先である天照大神。○鴻基《こうき》　大きな事業の基礎。○皇孫《すめみま》　天照大神の孫の瓊瓊杵尊《ににぎのみこと》。○三器　三種の神器。○盥薦《かんせん》　盥は手を洗い清め、薦は供えるの意。○大嘗《だいじょう》　天皇が即位の後、初めて行う新嘗《にいなめ》祭《さい》。新嘗祭は、天皇がその年の新穀を神々に供える儀式で、現在は勤労感謝の日とされている。○蒼生《そうせい》　人民、青人草《あおひとぐさ》。○斎庭《ゆにわ》の稲《いなほ》　天照大神が天孫降臨の際に授けたと、『日本書紀』にある。○烹熟《ほうじゅく》　十分に煮ること。○殷薦《いんせん》　殷はさかんに、薦は供えるの意。○卜《ぼく》

定《てい》　占って定めること。　○粢盛《しせい》　神に供える穀物。　○幣《へい》　神に供える布。幣帛《へいはく》。　○太玉《ふとだま》　太玉命《ふとだまのみこと》。天照大神が天岩戸に隠れたとき、鏡・玉などを作り奉った神で、忌部氏の祖先神とされる。　○天日鷲《あまのひわし》　天日鷲命《あまのひわしのみこと》。阿波の斎部《いんべ》氏の祖先神。天照大神が天岩戸に隠れた時、木綿《ゆう》で、祈禱用の和幣《にぎて》を作る。　○御禊《みそぎ》　天皇が大嘗祭に先立ち、賀茂川の河原などで行うみそぎの儀式。　○徒跣《とせん》　素足で。　○警蹕《けいひつ》　天皇の出入りの際に、先払いの者がかける声。　○日蔭鬘《ひかげのかずら》　左右に糸を組んで垂らした冠。　○帛御衣《はくのおんぞ》　天皇が神事に臨む際に着用する装束。　○天神《あまつかみ》の寿詞《よごと》　大嘗祭において中臣氏が天皇に奏上する祝詞《のりと》。　○神籬《ひもろぎ》　神祭のとき、清浄の地を選んで、周囲に常磐木を植えて神座としたもの。後に神社または臨時に神を招請するために室内・庭上などに立てた榊《さかき》のこと。　○駿奔《しゅんぽん》　機敏に働くこと。　○粛然僾然《あいぜん》　おごそかで、かすかに見えること。　○神明の冑《ちゅう》　神々の子孫。　○大宝令《たいほうりょう》　七〇一年に施行された法令。　○惻然悚然《そくぜんしょうぜん》　あわれみおそれる様子。　○乃祖乃父《だいそだいふ》　祖先と父のこと。父祖。　○教訓正俗　教えさとして、風俗を正すこと。　○祖宗《そそう》　君主の、始祖と中興の祖。また、歴代の君主。　○悚動《しょうどう》　おそれおののくこと。　○易に曰く　これ以下の長文の注は、「事天祀先」と、「報本反始」の精神との関係性を古典から引用している。　○郊社《こうしゃ》、禘嘗《ていしょう》　郊社は中国で天子が郊において天地を祭る大祭。禘嘗は、天子諸侯が祖先を祭った宗廟《そうびょう》で祖先を祭る時祭。後に禘嘗には、時祭（新嘗）と大祭（大嘗）の意味が含まれることとなる。これは天と祖先とを配祀《はいし》したことが影響していると考えられる。　○暦象　こよみから天体の現象を推算すること。　○三正《さんせい》　この場合は日月星の正しい運行。　○顧命《こめい》　天子などが臨終の際に発する命令。〇醜類《しゅうるい》 悪人の仲間。〇鳩聚《きゅうしゅう》 寄せ集める。〇乗輿《じょうよ》の或いは播遷《はせん》 天皇や上皇が遠方へ流されること。〇朶頤《だい》 うらやみ欲しがること。

〈読み下し〉

何をか時勢の変と謂う。昔者《むかし》、天祖、肇《はじ》めて天業を基《もとい》し、蒼生《そうせい》を愛養したまうや、天邑君《あまのむらきみ》を定めて、以てこれを綏撫《すいぶ》し、勇武を選びて、以て下土を経略したまいて、而して民、天朝を奉戴するを知れり。然れども天造草昧《そうまい》にして、四方も未だ底平《ていへい》ならず、土豪、邑傑《ゆうけつ》、在る所に割拠し、数世を歴《ふ》れども未だ相統一せず。太祖神武天皇、すでに天下を定めたまうや、国造を封建して、人神を司牧せしめ、旧族、世家、ことごとくこれを継《つな》ぐに名位を以てして、土地人民、ことごとく朝廷に帰し、天下大いに治まれり〔孟子曰く「諸侯の宝三、土地、人民、政事なり」と。周官には、天官は首として六典を掌り邦国を治むる者にして、政事においては統べざるところなきなり。地官は首として土地の図、人民の数を掌る者にして、土地、人民は統べざるところなきなり。二官は四時の官を経紀して、春秋二官の掌るところは、多く典礼、政刑のことなり。夏官は軍を制する者にして、人民を用うるなり。冬官は空土を司る者にして、土地を治むるなり。孟子に土地、人民を以て、政事と並び称するものは、その旨甚だ深くして、古者《いにしえ》、土地、人民を重んずる、その意また見るべし〕。歴世すでに久しきに及び、綱紀漸《ようや》く弛《ゆる》み、或いは背叛《はいはん》するものあり。崇神天皇、四《よ》もに不庭《ふてい》を征し、大いに政教を敷き、人民を校し、調役《ちょうえき》を課し、ますます国造を封じて、以て遐陬《かすう》を鎮撫したまう。拮据《きっきょ》経営し、数朝を歴て衰えず、皇化日に洽《あまね》く、土疆《どきょう》日に広くして、土は皆天子の地、人は皆天子の民、民志一にして、天下また大いに治まれり。爾後、安きに習い事なく、廟堂に遠大の慮なく、大臣は権を弄《ろう》して、私門を経営す。時に歴朝の置くところ、すでに官家《みやけ》及び標代《みなしろ》の民あり、而して臣、連、伴造、国造も、またおのおの私田を置き私民を蓄えて、土地人民漸《ようや》く分裂し、おのおの趨向《すうこう》するところを異にす。中宗天智天皇に至り、すでに乱賊を誅戮《ちゅうりく》し、儲闈《ちょい》に在りて政を輔《たす》け、旧弊を革除して、新制を布《し》きたまう。その封建の勢に因りてこれを一変し、国司を以て国郡を統治せしめて、遂に郡県の制を成し、私地私民を除き、ことごとくこれを朝廷に帰し、天下、一として王土と王臣とにあらざるものなくして、天下また大いに治まれり。数世の後に及んで、藤氏権を専らにし、公卿《こうけい》、大夫、僭奢《せんしゃ》にして風を成し、争いて荘園を置きて、以て土地人民を私《わたくし》す。弓馬の家、また権勢を依附《いふ》し、郡を割《さ》き邑を連ねて、以て己の有となし、在る所に良民を駆りて、以て奴隷となす。天下の地は、亀分瓜裂《きぶんかれつ》して、割拠の勢成る。源頼朝、天下の総追捕使《そうついぶし》となるに及んで、すなわち土地人民を挙げて、ことごとくこれを鎌倉に帰す。鎌倉、室町の将軍となるや、時に盛衰治乱の同じからざるありといえども、しかも概して皆土地人民の権に拠り、ややもすれば朝命に逆《さから》い、恭順なる能わず。而して旧姓、豪族も、またおのおの土地人民を擁して、以て相争奪し、弱肉強食し、乱賊武を接して、天下鼎沸《ていふつ》し、万姓糜爛《びらん》す。而して民はおのおの適従するところを異にし、勇闘力戦して、よくその主のために死すといえども、しかも名義の明らかならざれば、その忠も忠にあらず、その孝も孝にあらずして、忠孝の教《おしえ》、日に以て消鑠《しょうしゃく》す。足利義満のごときに至っては、すなわち膝を屈して臣を明に称す。内には王臣となりて、臣を外に称するは、人臣の節にあらず、しかも天下にこれを怪しむことなきなり。身は天下の権を操《と》りて、臣を異邦に称するは、異邦をして天朝を視ること藩臣のごとくならしめ、国体を虧《か》くや甚し、しかも天下これを怪しむことなきなり。名節地に墜ちて、君臣の義廃《すた》る。民の俗、日に薄悪に趨《おもむ》いて、本に報い始めに反るの義を遺《わす》れ、家督の利すべきを知りて、血胤の重んずべきを知らず。或いは異姓の子を養いて以て己の子となす。他人以て父子となるべくんば、すなわち父子以て他人となるべし。夫れ誰がまた天倫の易《か》うべからざるを知らんや。その甚だしきものは、すなわち皇子皇孫といえども、ことごとく薙染《ていせん》の流となり、天胤をして絶えざること綫《せん》のごとくならしめ、しかも天下にこれを怪しむことなきなり。彝倫《いりん》以て斁《やぶ》れて、父子の恩廃る（皇子のよろしく緇徒《しと》となるべからざるは、熊沢伯継、新井君美これを論じて極めて詳らかなり。然れども議する者は、或いは歳月の久しくして、瓜瓞蕃衍《かてつはんえん》し、供億の給しがたきを患《うれ》う。しかるに君美はこれを弁じて曰く「天地の間、自《おのず》から大算数あり。消息盈虚《しょうそくえいきょ》するは、智力の及ぶところにあらず。まさにその義の当否を論ずべきなり」と。了介は曰く「よろしく諸国をして学校を設けしめ、皇子及び公卿の子弟を以てこれが師長となすべし。すなわち天胤の億ならざる、以てこれを処《お》くあるべし」と。二子の論ずるところ極めて是《ぜ》なり。かつ古制に、皇子は親王となり、親王の子孫は諸王となり、五世の後は、姓を賜い列して庶臣となれば、すなわちまた何ぞその供給しがたきを患えんや。もしそれ詳らかならば、すなわち臣まさに論述するところあらんとす」）。土地人民の一に統ぶるを得ざれば、政教は以て施すべからず。その極、忠孝倶に廃れて、天人の大道は地に委《い》す。然り而して一乱一治は、天下の常勢なり。故に天すでに喪乱を厭《いと》い、英傑並び作《おこ》る。豊臣氏は匹夫《ひっぷ》より起こりて、禍乱を平定し、関白を以て天下に号令し、土地人民を一に統べて、以て帝室を翼戴す。東照宮踵《つ》いで興り、専ら忠孝を以て基《もとい》を立て、遂に二百年太平の業を成す。孫謀《そんぼう》すでに貽《のこ》り、遵守して墜《おと》さず、時を以て天下の国主、城主を帥《ひき》いて京師に朝す。天皇褒賞して、官を授け爵を賜う。この時に当たりてや、天下の土地人民、その治は一に帰し、海内一塗、皆天朝の仁を仰ぎて、幕府の義に服す。天下の勢、治れりと謂うべし。然れども昇平すでに久しければ、すなわち倦怠随《したが》って生ず。天下有土の君は、生まれてはすなわち逸して、凶荒には備なきも、これを恤《うれ》うるなく、姦民横行するも、これを禁ずるなく、戎狄辺を伺うも、これを虞《おそ》るるなきは、土地人民を棄《す》つるなり。天下の士民は、ただ利のみこれ計り、忠を尽くし慮を竭《つく》して以て国家を謀るを背《がえん》ぜず、怠傲放肆《たいごうほうし》して、以て乃祖を忝《はずか》しめ、君親を遺《わす》るるなり。上下こもごも遺棄せば、土地人民、何を以てか統一せん、而して国体何を以てか維持せん。

夫れ英雄の天下を鼓舞するや、ただ民の動かざるを恐るるのみ。庸人の一時を糊塗《こと》するや、ただ民の或いは動かんことを恐るるのみ。故に務めて昇平を粉飾し、虜をして眼前に陸《りく》梁《りょう》せしむるも、なお称して漁商となし、上下相蒙蔽《もうへい》す。たまたま以て寇を玩《もてあそ》び禍を蓄うるに足り、しかも高拱端倪《こうきょうたんげい》し、糊塗して自から智とし、まさに相率いて自から不測の淵に趨《おもむ》かんとす、また憫《あわれ》むべきなり。苟しくも稍《やや》心性知識を存する者は、誰か声を呑みて窃かにこれを嘆ぜざらんや。今、幕府、断然として明らかに天下に令し、虜を見れば必ずこれを摧《くだ》け、と。公然として天下と同じくこれを仇《きゅう》とす。而して令布《し》かれて一日、天下知愚となく、臂《ひじ》を攘《はら》いて令に趨《おもむ》かんと欲せざるはなし。天下の人心の磨滅すべからざることかくのごとし。夫れ方今、天下に封建の勢あるは、固より太祖の治を制したまいし所以なり。東照宮、忠孝を以て基を立てしものは、天祖の彝訓を垂れたまう所以なり。苟しくもよく人心の磨滅すべからざるものに因りて、これが規則を立て、神聖の天下を経綸したまいし所以の意に原《もと》づきて、土地を経し人民を制し、君臣の義を正し、父子の親を敦《あつ》くし、天下を範囲して、以て一身となさば、豈に甚だなし難《がた》からんや。これすなわち千載の一時、必ず失うべからざるの機なり。臣、ここを以て弊のよろしく革《あらた》むべきものを審らかにせんと欲し、時勢の変に眷眷《けんけん》たらざるを得ざるなり。

何をか邪説の害と謂う。昔者《むかし》、神聖すでに神道《しんどう》を以て教を設けて、民心を緝収《しゅうしゅう》したまう所以のものは、専ら一に出で、固より成規あり。而して天に事《つか》え先を祀るの意、これを後世に伝うれば、民は本に報い始めに反るの義を知れり。太祖、天神を奉じて、以て不順を討つに、至る所明禋《めいえん》し、遂に霊畤《れいじ》を立て、皇祖、天神を祭りて、以て大孝を申べたまう。崇神天皇、神祇を崇重し、天祖に敬事し、祀典を天下に班《わか》てば、本に報い始めに反るの義は、天下に達し、天下の朝廷を仰《いた》ぐこと天神のごとく、孝を以て君に事え、心を同じくし、志を一にし、共にその忠を輸して、風俗以て惇《あつ》し。応神天皇の朝に至り、周人の経籍を得て、これを天下に行う。その書は尭、舜、周、孔の道を言い、その国は神州に隣《となり》して、風気相類し、その教えは天命、人心に本づき、忠孝を明らかにして、以て帝に事え先を祀り、天祖の彝訓と大同なり（中庸に云う「郊社の礼は、上帝に事うる所以なり。宗廟の礼は、その先を祀る所以なり。郊社の礼、禘嘗の義を明らかにせば、国を治むること、それこれを掌《たなごころ》に示《み》るがごときか」と。蓋し国を治むること掌に示るとは、郊社、禘嘗して、その礼と義とは、すなわち曰く「帝に事え」「先を祀る」と、これなり。また神聖の立教の意と合せり」。もしよく因りてますます祖宗の政教を修明し、久しくして倦まざれば、すなわちその功烈は、まさに勝《あ》げて言うべからざるものあらんとす。しかるに異端邪説、相踵《あいつ》いで作《おこ》り、巫覡《ふげき》の流あり、浮《ふ》屠《と》の法あり、陋儒《ろうじゅ》、俗学あり、西荒耶蘇《やそ》の説あり、及び他の化を淆《みだ》り俗を傷《やぶ》る所以のものは、枚挙するに勝《た》えざるなり。夫れ祖宗の祀典を秩《ちつ》するは、天下と共に天に事え先を祀る所以にして、その義は天下に達して、彼此あることなし。しかるに故家、旧族、或いは家説を因襲して、陋習未だことごとくは除かず、偏方下州、或いは私《ひそ》かに淫祠《いんし》を奉じ、福を祈り幸を徼《もと》むるを知りて、天に事え先を祀るの義を知らず。世の陋を守り奇を好む者は、付会するに怪妄迂僻《うへき》の説を以てし、民神雑糅《ざつじゅう》して、遂に巫覡の流となる。後世に至り、或いは儒仏を剽窃し、その言を縁飾《えんしょく》して、以て口を糊するの資となせば、すなわちその神に事うるところのものは、すでに祖宗の本に報い始めに反る所以の意にあらず。忠臣、孝子といえども、また或いは適《ゆ》きてその孝敬を致すところなく、民の志ここにおいてか岐《わか》れたり。

仏法の中国に入るや、朝議謂《おもえ》らく、国家に祀典あり、よろしく蕃神を拝すべからず、と。しかるに逆臣馬子、私かにこれを奉じ、皇子厩戸《うまやど》らと党比して、伽藍《がらん》を興造す。これより僧徒日に衆《おお》く、争いてその説を鼓し、民の志ここにおいてか離渙《りかん》せり。大宝の制に、神祇を太《だ》政《じょう》の上に列し、僧尼を玄蕃《げんば》に隷するは、国体を知れりと謂うべし。然れどもなお祭政を分ちて二となすを免《まぬが》れざりしは、当時の人情世態、すでに往日の純一なるがごときにあらざればなり。而して聖武、孝謙の朝に及んでは、すなわち仏事ますます盛んにして、朝政廷議も、仏を奉ずる所以にあらざるものなく、遂に国分寺を諸道に置きて、国府と並立し、以てその法を国郡に布《し》き、仏事をして政と一たらしむ。上《かみ》の好むところ、用いて以て政をなせば、これが下たる者、たれが争いてこれに趨《おもむ》かざらん。ここを以て天下靡然《ひぜん》として、ただ蕃神をのみこれ敬す。本地《ほんじ》の説作《おこ》るに及んでは、赫赫《かくかく》たる神明も、冒すに仏名を以てす。天を誣《し》い人を欺き、吾が民の瞻仰《せんごう》するところのものを挙げて、ことごとく胡神の分支末属となし、神明の邦を変じて、以て身毒《しんどく》の国となし、中原の赤子を駈って、以て西戎の徒属となす。内すでに自から夷となれば、国体いずくんぞ存せんや。故に後白河上皇の尊を以てして、山法師の制し難きを嘆ぜしめたまう。時勢また見るべきなり。一向専念の説作るに至りては、すなわち名祠、大社の祀典に在るものといえども、これを瞻礼《せんらい》するを許さず、以て本に報い始めに反るの心を遏絶《あつぜつ》して、専ら胡神を奉ぜり。民ここを以て西戎あるを知りて、中原あるを知らず、僧尼あるを知りて、君父あるを知らず。その叛乱するに及んでは、すなわち義に仗《よ》りて賊を討つ者を指して、以て法敵となし、すなわち一時、忠烈の士をして、弓を挽き戈を揮いて反って君父に仇《あだ》せしむるに至る。忠孝の廃し、民志の散ぜるは、極れりと謂うべし〔令に云う「およそ僧尼の、上、玄象《げんしょう》を観て、災祥を仮説し、語、国家に及んで、百姓を妖惑し、幷びに兵書を習い読みて、人を殺し奸盗し、及び詐《いつわ》りて聖道を得たりと称するものは、並びに官司に付して罪を科せよ。別に道場を立て、衆を聚《あつ》めて教化し、妄りに罪福を説くも、官司知りて禁止せざる者は、律に依りて罪を科せよ。僧尼の、吉凶を卜相し、及び小道、巫術《ふじゅつ》もて病を療する者、飲酒酔乱し、及び人と闘打する者は、皆還俗《げんぞく》せしめよ。三宝の物を将《も》って、官人に餉遺《しょうい》し、もしくは朋党を合称し、徒衆を擾乱し、音楽博戯《はくぎ》を作《な》す者、綾羅錦綺《りょうらきんき》を服用する者、僧坊に婦女を停《とど》め、尼坊に男夫を停むる者、阿党朋扇《ほうせん》し、浪《みだ》りに徳なき者を挙げて、俗人をして歴門教化せしむる者は、皆苦使すること日数あれ。およそ僧尼は、私《ひそ》かに園宅財物を蓄え、及び興販《こうはん》出息するを得ざれ」と。およそかくのごときの類、その禁防を設けて以て身体を保ち、罪戻《ざいれい》を免《まぬが》しむる所以のものは、一にして足らず。もしよく僧尼をして慎んで律令を守り、仏家の法に従わしむれば、すなわち樹下石上に、楽しんで以て歯《よわい》を没するもまた可なり。ただその邦憲を奉ぜず、ここを以てその害ここに至るのみ」。

夫れ聖賢の人を教うるは、己を修め人を治むる所以の道にあらざるはなし。近世、陋儒、俗学は、大体に達せず、意に任せて談説し、その経義を牽強して、新を競い博を衒う者のごとき、毫《ごう》を舐《な》め詞を闘わせて、以て名を釣り利を要《もと》むるの流のごとき、紛紛擾擾《ふんぷんじょうじょう》たるものは、固より言うに足るなし。しかるに或いは名義に昧《くら》く、明、清を称して華夏、中国となして、以て国体を汚辱するもの、或いは時を逐い勢に徇《したが》い、名を乱《みだ》り義を遺《わす》れて、天朝を視ること寓公のごとく、上は列聖の化を傷《やぶ》り、下は幕府の義を害するもの、或いは細故を毛挙し、ただ貨利のみこれ談じて、自から称して経済の学となすもの、或いは辺幅を修飾し、口に性命を談じて、言は高妙に似《に》、行は惇謹《とんきん》に似たるも、その実はすなわち郷原にして、国家の安危を忘れて、時務に達せざるもの、およそこれ皆忠にあらずして、尭、舜、孔子の謂うところの道なるものにあらざるなり。故に祖宗の訓《おしえ》は、巫覡に乱され、仏に変ぜられ、陋儒、俗学に微《び》せられ、左右に言説し、民心を滅裂して、君臣の義、父子の親は、すなわち漠然としてこれを度外に置く。天人の大道、果たしていずくにか在る。然れども往時の民聴を乱すところのものは、その極も、境内奇衺《きしゃ》の民たるに過ぎざるのみ。西荒の戎虜に至っては、すなわち各国、耶蘇の法を奉じて、以て諸国を呑併《どんぺい》し、至る所に祠宇《しう》を焚燬《ふんき》し、人民を誣罔《ふもう》して、以てその国土を侵奪す。その志は、ことごとく人の君を臣とし、人の民を役するにあらざれば、すなわち慊《あきた》らざるなり。そのますます猖桀《しょうけつ》するに及んでは、すでに呂宋《ルソン》、爪哇《ジャワ》を傾覆し、遂に神州をも朶頤《だい》す。曾て西辺を煽動するに、呂宋、爪哇に加えし所以のものを以てして、これを神州に加えんと欲す。その邪説の民聴を乱す所以のものは、豈にただ境内奇衺の民たるのみにして止まんや。幸いにして明君、賢佐、その姦を洞察し誅鋤《ちゅうじょ》夷滅して、また焦類なく、邪頑《じゃがん》の徒も、種を中土に易うるを得ざるもの、ここに二百年、民をして妖夷の煽惑より免れしめしは、その徳沢たるや大なり。

　然れども、神聖の大道未だ明らかならず、民心未だ主あらずして、内の奇衺なおなお依然たるなり。その適従するところのものは、巫覡、浮屠にあらざれば、すなわち陋儒、俗学なり。たとえば劇疾《げきしつ》新たに除くも、元気未だ復せず、善後の計未だ設けざるの者のごとく、その内は主なく、外は異物に遷り易きなり。しかるに近時また一の蘭学なるものあり。その学はもと訳官より出で、阿蘭《オランダ》字を読みて以てその語を解するに過ぎざるのみ。もと世に害あるものなし。しかるに耳食《じしょく》の徒は、西夷誇張の説を謬《あやま》り聴き、盛んにこれを称揚し、或いは書を著して上梓し、夷を以て夏を変ぜんと欲する者あるに至る。及び他の珍玩奇薬の、目を奪い心を蕩《うご》かす所以のものあり、その流弊もまた人をして反って夷俗を欣慕せしむるに至る。異日、狡夷をしてこれに乗じて以て愚民を蠱惑《こわく》せしむれば、すなわちそのまた狗羯羶裘《くかつせんきゅう》の俗に変ぜらるるも、たれか得てこれを禁ぜんや。霜を履むの堅氷は、漸をば長ずべからず。その広害は深蠹《しんと》となる所以のものは、熟察して予めこれが防をなさざるべけんや。今、夷虜は禍心を包蔵し、日に辺陲《へんすい》を窺伺《きし》して、邪説の害は内に稔《みの》り、百端の窮まりなきことかくのごとし。夷狄を中国《なかつくに》に養えば、天下嗷嗷《ごうごう》として、民に淫朋あり、人に比徳あり。挙げてこれを大観すれば、果たして中国たりや、明、清たりや、将た身毒たりや、そもそも西洋たりや。国の体たる、それ如何ぞや。夫れ四体具らざれば、以て人となすべからず。国にして体なくんば、何を以て国となさんや。しかるに論者まさに言う「国を富ましめ兵を強くするは、辺を守るの要務なり」と。今虜は民心の主なきに乗じ、陰《ひそ》かに辺民を誘い、暗にこれが心を移さんとす。民心一たび移らば、すなわち未だ戦わずして、天下すでに夷虜の有とならん。謂うところの富強は、すでに我が有にあらずして、たまたま以て賊に兵を借し、盗に糧を齎《もたら》すに足るのみ。心を労し慮を竭《つく》して、その国を富強にし、一旦、挙げて以て寇賊に資するは、また惜しむべきなり。苟しくも稍《やや》事体を弁ずる者は、誰が腕を扼《やく》し歯を切《せっ》して共にこれを憤らざらんや。今、幕府は断然として明らかに天下に令し、厳に辺民の接済を禁じて、黠虜《かつりょ》をして肆《ほしいまま》に吾が民を煽惑するを得しめず。而して令布《し》かれて一日、天下知愚となく、黠虜の狡謀詭計の悪《にく》むべく醜《は》ずべきを知らざるはなし。天下の人心の磨滅すべからざること、かくのごとし。

夫れ方今、古を去ること遠しといえども、仰ぐところの至尊は、すなわち儼然《げんぜん》として天祖の正胤なり。治むるところの蒼生《そうせい》は、すなわち依然として天祖の愛養したまいしところの裔《えい》孫《そん》なり。苟しくもよく人心の磨滅すべからざるものに因りて、これが教条を設け、神聖の、天下を淬礪《さいれい》したまいし所以の意に原《もと》づきて、天に事え先を祀り、本に報い始めに反り、因りて以て君臣の義を正し、父子の親を敦くし、万民を橐籥《たくやく》して、以て一心となさば、豈に甚だなし難からんや。これすなわち千載の一時、必ず失うべからざるの機なり。臣、ここを以て弊の由りて生ぜしところを審らかにせんと欲し、邪説の害に惓惓《けんけん》たらざるを得ざるなり。夫れ英雄は変を通じ神化し、なすべからざるの時なく、なすべからざるの事なし。而して、帝王の恃んで以て四海を保つところのものは、天人の大道なり。その文は変ずべきも、その義は易《か》うべからざれば、すなわち神聖の天地を経緯し、億兆をして皆その上に親しみて離るるに忍びざらしむる所以の意は、今日といえども、またまた行うべからざるものなし。今、時勢の変や、邪説の害や、天下その弊に勝えずといえども、これを更張《こうちょう》して作新せんと欲せば、これに処する所以の方如何を顧みるのみ。

〈現代語訳〉

それでは、「時勢の変」についてお伝えしましょう。その昔、天照大神がはじめて国々を治められる基礎をお作りになった時のことです。民衆に愛しみの心を向けられると、天邑君《あまのむらきみ》と呼ばれる農民の代表をお定めになって人々を慰めいたわり、武甕槌神《たけみかづちのかみ》と経津主神《ふつぬしのかみ》という勇武の神々を選んで、天下を統治なさいました。これにより人々は、神々に感謝の気持ちを持つことを知りました。しかしながら、まだ始まったばかりのことだったので、天下は混沌としており、地方の勢力がいたるところに存在していて、数世代を経ても一つにまとまることはありませんでした。その後に、初代の神武天皇が天下を統一されると、国造《くにのみやつこ》という役職を各地に任命し、民衆を養って神を祭らせて、古くからの一族や代々続いている家柄の者たちにはすべて官位を与えて、土地と人民はことごとく朝廷を中心に一つとなり、天下は大いに治まりました〔孟子は、「その土地を治める諸侯の宝とすべきものは三つある。土地と人民と政事である」と言いました。『周官《しゅうかん》』という書物によると、国政を総括する天官という役職は主として治、教、礼、政、刑、事の六つの法律を取り扱って国家を治め、政治上の全てを担当しました。地官という役職は、主として土地の図や人民の数を取り扱って、土地と人民における全てを担当しました。天官と地官の二官は、残りの春官、夏官、秋官、冬官の四官を統制しました。春官と秋官の二官の担当するところは礼式、政治、刑法で、夏官は軍事を担当して人民を運用し、冬官は土木工作を担当して土地を治めました。孟子が土地と人民を、政事と並んで宝としたのには深い意味があり、昔から土地と人民を重んじた精神をよく考えてみるべきでしょう〕。歴史が何世代も過ぎ去って、制度がしだいに緩んでくると、朝廷に反乱する者も出てきました。そこで崇神《すじん》天皇は、四道《しどう》将軍を派遣して朝廷に反抗する者を征伐し、政治と教育を広め、人口を調べて税制を整え、国造を追加して派遣し、遠くの地まで治められました。崇神天皇は全力を尽くされたので、数世代を経ても衰えることはなく、徳のある政治はゆきわたり、領地は広がって、土地も人民も天皇のもとに集まり、人々の志も一つとなって、天下は大いに治まりました。ところが、その後は平和な世の中に慣れて、朝廷にも将来を見通した考えが働かず、大臣は権力を振るって自分の利益だけを考えるようになってしまいました。そのころには、歴代の朝廷が置いてきた皇室の私有地である屯倉《みやけ》と私有民である御名代《みなしろ》があり、さらに臣《おみ》、連《むらじ》、伴造《とものみやつこ》、国造《くにのみやつこ》もそれぞれ私有地を置き、私有民を持っていたので、土地と人民は天皇から離れて分裂し、志もばらばらになってしまいました。こうした状況を変えたのが、「中興《ちゅうこう》の祖」と呼ばれる天智天皇で、蘇我《そが》蝦夷《えみし》と入鹿《いるか》の親子を征伐し、皇太子として政治を助けて、それまでの弊害を排除して大化の改新を断行されました。そこでは、封建の制度を一変させ、朝廷から派遣した国司《こくし》によって諸国を治めさせて郡県《ぐんけん》の制度にし、私有地と私有民を廃止して、すべての土地と人民を朝廷のもとに集めました。これによって天下は、全て天皇の土地、天皇の臣下となり、世の中は大いに治まりました。それからまた数世代の後、藤原氏が権力を振るい、公卿《くぎょう》や大夫《たいふ》が贅沢に耽《ふけ》り、先を争って荘園を置いて、土地と人民を自分のものとするようになりました。武士もまた権力のある者について、郡を割いて村々を支配して自分の土地とし、その土地の領民を奴隷のようにしました。そうして天下の土地は分裂してしまい、それぞれが自分の領地を根拠地として勢力を振るうようになり、群雄割拠の状態になってしまいました。その後に源頼朝が総追捕使《そうついぶし》となると、土地と人民を残らず鎌倉幕府に帰属させました。鎌倉幕府と室町幕府は、その性質、内容において異なるところはありますが、おおよそ土地と人民を支配し、何かにつけて朝廷に逆らって従うことはありませんでした。また、旧家や豪族もそれぞれ土地と人民を私有して争い、弱肉強食のようになって、次々と世の中を乱す者たちが現れ、天下は混乱して、人々はたいへん苦しみました。そのうえ、人々は従う存在が違い、勇敢に戦ってその主人のために死んだとしても、その正統性となる大義名分が明らかでないので、その「忠」も「孝」も偽物であり、忠孝の教えは日を追うごとに消えていってしまいました。足利義満のような者は、自分から服従して明国の臣下であると名乗りました。国内においては朝廷の臣下として将軍の地位にありながら、外国の臣下と称したことは恥ずべき行いでしたが、当時これを怪しむ人がいませんでした。自分は天下の実権を握っていて、外国の臣下であると称するのは、日本がその国の臣下であると思わせることであり、大いに国体を傷つけましたが、残念なことにこれを怪しむ人がいませんでした。こうして名分と節義は地に落ちて、君臣の義は廃れてしまいました。民衆の風俗も日に日に険悪になっていき、「本に報い始めに反る」という意義は忘れられて、家督の利益ばかりを考え、血統を重んじることを考えずに、他人の子を自分の養子とするようなこともおこりました。赤の他人が親子となれるのであれば、実際の親子も他人となれるのです。これでは天の倫理は変えることができない、ということを誰が知ろうというのでしょうか。さらに悪いのは、天皇の子や孫がことごとく僧侶となり、その血筋を危うくしたにもかかわらず、これを怪しむ人がいなかったことです。日本人としての倫理は破られ、父子の恩は廃れてしまいました〔天皇の子である皇子が、僧侶となるべきではないことはすでに熊沢蕃山や新井白石がとても詳しく論じております。ところがこの議論の中で、子孫が次々と増えていって、費用が足りなくなるのではないかと心配する者もおります。しかしながら白石はこれについて、「天と地の間には大算数というものがあって、消えたり生じたり、満ちたり欠けたりするのは常のことであり、人間の知力で計り知ることはできない。ですから将来の心配よりも、僧侶となることの是非についてのみ論じるべきなのだ」と言っております。また蕃山は、「各国に学校を設置して皇子や、朝廷で役職の高い公卿の子弟を、教師などの師長にすれば、億という数にならない限りこれを維持することはできるだろう」と言っております。この二人の論じている内容は極めて正しいのです。加えて古代の制度には、皇子は親王となり、親王の子孫は諸王となり、五世の後は「姓」をいただいて庶民となるのであるから、養うことへの心配は何もいらないのです。その詳細については、別の書で述べたいと思います」。土地と人民を統一することができなければ、政治と教育を施すことができず、最後には忠孝が両方とも廃れて、天と人とが守るべき「道」は地におちてしまうでしょう。しかしながら、あるときは乱れて、またあるときは治まるというのは、天下に常にあることです。故に天が、世の中が乱れることを憂うと、英雄たちが立ち上がるのです。豊臣秀吉は、低い身分でありながら戦乱を収め、関白の地位となって天下に命令し、土地と人民を統一して、皇室を尊敬して奉りました。次に徳川家康が立ち上がり、忠孝の道を基礎として、二百年の平和な世の中をつくりました。家康が子孫のために遺した教えは代々受け継がれ、時あるごとに天下の国主や城主を率いて朝廷に参上しました。天皇はこれをほめたたえ、官職を授けて位階を与えました。この時に天下の土地と人民の統治は一つになり、日本は皆天皇の仁愛に包まれて、幕府の正義に従ったので、天下はよく治まったと言うべきでしょう。しかしながら、平和が長く続くと飽きてきて、倦怠感というものが生まれてきました。天下の大名は幼いころからくだらない娯楽にのめり込み、農作物の不作に準備もせず、悪人が勝手なことをしても取り締まらず、外国が近海に出没しても防ごうとしませんでした。これは土地と人民をうち捨てたのと同じなのです。武士も庶民も自分の利益のみを計算して、忠の心を尽くして知恵を絞って、国家の未来を考えようともせず、怠けて傲慢になり、勝手気ままで締まりがなく、祖先を辱めて主君や親のことを忘れています。上の者も下の者も自分の役割を見失っていては、土地と人民をどうやって統一して、日本の国体を維持することができるでしょうか。

英雄が天下を正そうとする時に恐れるのは、人々が共に立ち上がらないことです。凡人がごまかす時に恐れるのは、人々が目覚めて立ち上がることです。このため、できる限り平和な世の中なんだと言い続けて、目の前で外国人が好き勝手なことをしていても、ただの漁業や商売のためだと言って、上の者も下の者も互いに現実を隠してしまいます。これでは、一時しのぎをしているだけで状況はさらに悪くなり、何もしないで遠くから見ているだけなのに、まるで知恵ある者の態度であるかのように振る舞って、自分から崖に落ちようとしています。実に憐れむべきことです。仮に少しでも正しい心と知識のある者なら、声も出ないほどに哀しむことでしょう。今、幕府がはっきりと天下に命令して、外国船の打ち払いの攘夷《じょうい》を宣言し、外国人を見たならば必ずこれを打ち払うこととしました。幕府は公式に、天下の人々と一つになって、外国を敵であるとしたのです。この命令が出されるとすぐに、天下の人々は、個々人の教養に関係なく勇気を奮い起こし、実行されることを願いました。天下の人々のこの国を守ろうとする心は、なお健在でした。そもそも日本の天下に封建制がしかれているのは、太祖である神武天皇の方法に由来していて、徳川家康が忠孝を基礎としたのは、天祖である天照大神の教えを受け継いだからなのです。人々の心を信じ、守るべき決まりを立てて、神々が天下を治めた精神に基づいて土地を経営し、人民を導き、君臣の義を正し、父子の親を敦《あつ》くし、日本をまとめて一人の体のようにするのであれば、決して難しいことではないのです。これこそ千年に一度の時であり、必ず失ってはならない機会なのです。私はこのようなわけで、除かなければならない弊害について詳しく述べようと思うと、「時勢の変」の存在を無視できないのです。

　次に「邪説の害」についてお伝えしましょう。その昔、建国の神々は神道によって教えを作られましたが、民心をまとめた本質は一つであり、はじめから決められておりました。それは天に仕えて祖先を祭るという心であり、後世に伝えられてゆくにつれて、人々は「本に報い始めに反る」ということの意味を知りました。神武天皇が神々を祭り、従わない者を征伐された時には、様々な場所において、煙りをあげて明禋《めいえん》の祭りを行い、祭りの庭である霊《れい》時《じ》を鳥見山に立てられて、天照大神と天の神々を祭って大孝の心を述べられました。崇神天皇は天神地祇《てんじんちぎ》、つまりは天の神々と地上に降りたその子孫とを崇敬し、天照大神にお仕えして、祭祀の制度を天下に伝えました。これにより「本に報い始めに反る」という心は、日本中に広まったので、人々は朝廷を神々のように仰ぎました。孝の心によって君に仕え、心を同じくして志を一つにし、共に忠の心を尽くしたので、たいへんまとまった社会となりました。応神天皇の時代になると、『論語』などの儒学の書物が伝わったので、これを天下に広めました。その書物では尭、舜、周公、孔子の道が記してあり、これが書かれたのは隣の国なので、風土や気候についても日本と似ております。その時代の中国の教えは、天命や人心を基本としていて、忠孝の道を明らかにし、帝王に仕えて祖先を祭ることを教えているので、天照大神が遺されたお言葉と、だいたい同じと言えるでしょう〔『中庸』には、「郊社《こうしゃ》の祭りは万物の祖である上帝を祭ることで、宗廟《そうびょう》の祭りは春と秋に祖先を祭ることである。これらの祭祀の意味を明らかにして、正しく行うことができたならば、国を治めるのは自分の手を見るように容易なことである」とあります。つまり、国を治めることが、自分の手を見るように簡単になるためには、郊社と禘嘗の祭りの礼式と意義を心得て、上帝に仕え祖先を祭ることなので、神々の教えと合うところがあります〕。もし、神武天皇以来の政教一致の心を明らかにして、永く続けたならば、その成果は言うまでもなく素晴らしいものになったでしょう。しかしながら、我が国の正統から外れた、異端や邪説が次々と現れてしまいました。自分に神仏を乗り移らせて語ろうとする巫覡《ふげき》の流派、仏教、見識の狭い学者や人気取りの学者、西の果てのキリスト教、そのほか正統な神道の教えをねじ曲げて、社会を混乱させるものは数えればきりがありません。本来、皇室の祖先が祭祀の制度を重んじて整えたのは、天下の人々と共に、天に仕えて祖先を祭るためであって、その心が正しく世の中に広まったならば、あれこれと議論が起こることはないのです。しかし、古い神道の家柄の一族には、その家だけに伝わる考えを受け継いで、間違った教えを正そうとしない者もおります。地方では、ひそかに怪しげな神を祭って、自分たちの幸福だけを祈って、天に仕えて祖先を祭るということを知らない者もおります。世の中の卑しい習慣を続けて、変わったことが好きな者は、有りもしない説をこじつけて、神が乗り移ったなどと言って嘘をつき、巫覡の信徒になってしまいます。その後には、儒教や仏教の本から一部分をとってきては都合よく利用して、金を稼ぐ手段としている者もおります。それらは、皇室の祖先が伝えてきた、「本に報い始めに反る」という意味とは違うものです。忠の心がある臣下や、孝の心を持った子がいたとしても、そうした孝敬の心を尽くす道というものがなければ、人々の志は一つになれないのです。

仏教が日本に入った時、朝廷の意見は、日本には古来の祭りの儀式があり、外国の神を崇拝する必要はない、というものでした。しかし、朝廷に背いた逆臣《ぎゃくしん》である蘇我馬子は密かに仏教を崇拝して、聖徳太子らと一緒に寺院を作りました。このため僧侶の数は日々多くなり、争って仏教の教えを宣伝したので、民の志はばらばらになってしまいました。七〇一年に作られた法典である「大宝令《たいほうりょう》」で、神祇《じんぎ》官を太政官の上に置き、仏教の信徒である僧尼《そうに》を外国関係を扱う玄蕃寮《げんばりょう》に管理させたのは、日本の国体を理解した優れた制度でした。ただし祭政一致ではなく、祭《まつり》を扱う神祇官と、政《まつりごと》を扱う太政官を分けて設置したのは、当時の人情や社会が、昔のように純粋に一つではなかったことを表しています。そして、聖武天皇と孝謙天皇の時代には、仏教がますます盛んになって、朝廷の政治も仏教に関係するものばかりとなり、遂に国分寺を諸国に置いて、地方行政を行う国府と同格にし、その法を国郡に広めて、仏教と政《まつりごと》とを一つにしてしまいました。上の者が好んで用いたのですから、下の者は争って仏教に傾いていきました。ここにおいて天下は、風になびくように仏教に傾倒し、外国の神のみを崇拝するようになりました。本地垂迹《ほんじすいじゃく》、つまりは仏教の大日如来《だいにちにょらい》が本体で、天照大神はその仮の姿であるとする説が起こると、尊い我が国の神々に仏教の名前をつけて汚しました。天をねじ曲げて人を欺き、日本人が昔から信仰している神々を指して、全て仏教の流派の一つとし、神州日本の心をインドの心に変え、日本人を西の異国の人にしてしまいました。心の中が外国となってしまったならば、日本の国体はどこに存在することができるのでしょうか。このため白河上皇ほどの方でさえ山法師、つまりは比叡山延暦寺の僧兵の、身勝手な行いを嘆かれたのです。親鸞《しんらん》の浄土真宗において専修念仏の説が起こると、ひたすら念仏を唱えることを教え、名高い大社や神社であっても礼拝することを許さず、「本に報い始めに反る」心を断ち切って、ひたすら仏教の神を拝ませました。ここにおいて人々は、インドの心を知っても日本の心は知らず、仏教の僧尼がいるのを知っても、自分の君主や親のことは忘れてしまいました。一向一揆のような反乱を起こす時には、反乱者を討つ者を指さして「仏教の敵」と呼び、これに惑わされて有力な家臣であっても、君主や親に弓を引いて武器を取り、逆らうようになってしまいました。忠孝の心が失われ、人々の志がばらばらとなった状況は、頂点に達しました〔仏教を統制する「僧尼令《そうにりょう》」では、次のように書かれています。「僧尼の身分でありながら、星の動きなどを利用して、将来の幸福や不幸を予言し、さらに国の政治にまで触れて人々を惑わし、武術の書籍を読んで人を殺し盗みを働き、また「聖道を得た」などと嘘を言う者は、全て役人に引き渡して処罰せよ。勝手に道場を作り、人々を集めて講演を行い、いいかげんに善悪などを説明しているのを知っているのに、これを禁止しない役人は法律に基づいて処罰せよ。僧尼でありながら幸不幸を占い、まじないで医療を行う者、酒を飲んで暴れ、人と喧嘩する者は、全て一般人に戻しなさい。仏への捧げ物を利用して役人に賄賂を渡し、もしくは集団を作って乱暴をはたらき、音楽やギャンブルなどをする者、高価な服装をしている者、男子専用の僧坊《そうぼう》に女性を、女子専用の尼《あま》房《や》に男性を泊まらせる者、権力者の機嫌をとり、徳のない者を出世させて家々に教えを説かせている者は全て、罰として定められた日数の肉体労働をさせよ。僧尼というものは、こっそりと土地や財産を増やしたり、品物を安く買って高く売ったり、利子をとったりして金儲けをしてはいけない」これらのことは、禁止事項を作ることで僧尼としての体面を保たせ、罪を犯させないようにする心づかいであって、一つや二つで足りるものではないのです。もし僧尼が謹んで法律を守り、仏教の法にも従うのであれば、樹の下や石の上で修行を行い、一生を終えるのも良いでしょう。ただ、国の法律に従おうとしないために、このように様々な弊害が生じたのです」。

昔から、知識や徳があるとされてきた聖人や賢者たちが、人を教える基本としたのは、自分自身を正してはじめて他人を正すことができる、という道理が全てでした。ところが、最近の視野の狭い学者や程度の低い学問は、根本を理解しようとせず、自分勝手なことを話し、自分の主張に合わせて権威ある書物から無理やり引用し、目新しさを競い合って、物知りであることをひけらかし、文章を書いては戦わせ、そうやって名前を売って金もうけをしていて、このような連中が世の中にあふれているので、今さら口にするまでもないほどになってしまいました。それらは、「大義名分」というものを理解せず、明国や清国を重んじて華夏《かか》などと呼び、我が国の国体を汚すもの。または世の中の流行に乗せられて、「名分」を乱して「大義」を忘れて、天皇を亡命した君主のように見なし、天上に対しては歴代天皇の教えを傷つけ、天下に対しては幕府の正義を害するもの。細かいことを数え上げ、金もうけの方法だけを言って、経済学だと自称するもの。外見を着飾って、人生や運命について語れば、言葉は立派そうに聞こえ、行いは慎み深いように見えますが、その実体は偽者《にせもの》であって、国家をどう守るかについては知らず、現実には何ひとつ役立たないもの。これらは全て、「忠」でも「孝」でもなく、尭、舜、孔子が言っている「道」ではありません。こうして天照大神の教えは、怪しいまじないの類《たぐい》に乱され、仏教に変えられ、俗物の学者や学問にねじ曲げられて、世論は左右に傾かされ、民の心はバラバラになって、「君臣の義」「父子の親」はぼやけて、見えなくなってしまいました。天と人とをつなぐ「大道」は、いったいどこへ行ってしまったのでしょうか。それにしても、これまで人々の心を乱してきたのは、せいぜい国内の悪しき者たちに限られていました。しかしながら、西洋の野蛮な考えを持った者たちにいたっては、キリスト教を利用して諸国を侵略し、各地の宗教施設を焼き払い、人々を騙して、その国を奪い取っております。彼らは他国の君主を配下にして、その国民を支配せずにはいられないのです。その野望が激しくなった結果、フィリピンやインドネシアを亡ぼして、ついに神州日本をも服従させようとしております。かつて彼らは、西日本の島原の人々を誘惑しましたが、これはフィリピンやインドネシアに使ったのと同じやり方を用いました。その思想が影響を与えるのは、変わったことが好きな人だけに止まるのでしょうか。幸いなことに、我が国の優れた君主や賢い家来たちのおかげで、その野望を見破り、一人残らず排除することができました。キリスト教の種が根を張ることができなくなってから二百年、人々をこの誘惑から守ったのは、先人の立派な徳のおかげなのです。

しかしながら、神々から伝えられた「大道」は、なお明らかになっておらず、人々が心のよりどころとするものもなく、国内の邪悪な思想は消えてはおりません。このため人々が信じてしまうのは、偽物の神道や仏教、もしくは見識の狭い学者の意見か、低俗な学問です。たとえるなら急病を乗り越えても、いまだ元気は回復せず、その後に何をしていいのかわからず、心の中によりどころがないため、外からの刺激に影響されやすいということです。最近では蘭学《らんがく》がそれで、もともとは通訳から出て来たもので、オランダ語を読んで解釈するに過ぎず、世の中の害となるものではありませんでした。しかしながら、それを聞きかじっただけの者たちが、西洋人の大げさな説明を信じ切って、盛んにほめたたえ、または書物を出版し、外国の思想で日本を変えてしまおうとする者まで現れました。そのほか、珍しい品物や不思議とよく効く薬など、人の目を奪って心を麻痺させてしまうものもあり、それらの弊害としては、外国に対し憧れを抱かせるようになることです。いつの日か、外国人がこれを利用して、無知な人々から洗脳しようとするのであれば、外国の価値観や習慣に変えられていくのを、誰が止めることができるでしょうか。『易経』には、「霜を履《ふ》み、堅氷《けんぴょう》いたらん」とありますが、悪が堅い氷のようになる前に、深く考えて対策をとらなければならないのです。今、外国人は野心を抱いて我が国の周辺をうかがっており、「邪説の害」は国内にあふれていて、非常に危険な状態になっています。もし、外国人を我が国に引き入れるのであれば、天下はざわめき、また彼らの仲間となったり、その力を利用する者が出てくるのです。こうして見てみると、ここは日本なのでしょうか。明国、清国なのでしょうか。またはインド、それとも西洋なのでしょうか。我が国の国体は、どこへ行ってしまったのでしょうか。身体が備わってはじめて人と言えるように、国家としての身体がなければ、国とは言えないのです。評論家の中には、「国を豊かにして軍備を強くする富国強兵こそが、国境を守るのに必要なことだ」と言う者もおります。しかし今、外国人は人々の心の中に、よりどころがないのを利用して、こっそりと利用できそうな人を誘惑し、その人の心を支配しようとしております。たった一度でも人々の心が奪われたならば、戦争をしなくても日本は外国のものとなってしまうのです。そうなると富国強兵というのも、すでに我が国のものではなく、盗賊に兵隊を利用されて、食料を与えるだけのものとなってしまうのです。苦心して知恵を絞って、富国強兵を達成したとしても、これを外国に利用されてしまうのであれば、何と残念なことでしょう。少しでも事態の本質を理解できる人々であるなら、腕をにぎりしめ、歯をくいしばって、怒りに震えることでしょう。今、幕府がはっきりと明確に天下に命令したことは、海辺の人々が外国船に接近して救済することを禁じ、これにより外国人が意図的に日本人をおだてて、誘惑できないようにしました。この命令が出されてから一日にして、天下の人々は個人の教養に関係なく、外国の悪賢い計画が、いかに憎むべきもので、恐ろしいものであるかを知りました。天下の人々の志は、なお健在でした。

たしかに現在は、古代からは遠い時代となってしまいましたが、仰ぎ奉る天皇陛下は、間違いなく天照大神につながる血統のお方であり、治められる人々は、依然として天照大神が愛し、養ってきた人々の子孫たちです。人々の志が健在であるうちに、正統な教えに導き、神々が天下を繁栄させようとした精神に基づいて、天に仕えて祖先を祭り、本に報い始めに反り、君臣の義を正し、父子の親を敦《あつ》くして、人々の目を覚まさせて、心を一つにするのであれば、難しいことなどありはしないのです。今こそ千載一遇の時であり、決して失ってはならない機会なのです。私は、このように日本の弊害が生じた原因を、くわしく明らかにしようと思い、「邪説の害」に触れざるをえなかったのです。そもそも英雄というものは、変化を見極めて、状況に応じて神業《かみわざ》のようなことをするもので、行うべき時、行うべきでない時を、わきまえております。そして帝王が天下を平和に治めるために頼みとするものは、天と人との「大道」であり、表面的な形式は変化したとしても、その中身の「義」は変えてはいけないのです。つまりは神々が天地を治めて、人々が君主に親しみ、その心から離れることができない、という国になることは、現在であっても決して不可能ではないのです。目の前にある「時勢の変」や「邪説の害」に、世の中が押しつぶされそうになっておりますが、物事を引き締めて、日本人の心を取り戻そうとするのであれば、これら二つに対処する方法を、考えればよいのです。

〈語釈〉

○綏撫《すいぶ》　人々をしずめおさめること。○周官　周礼《しゅらい》とも言い、十三の経書の一つ。理想的な国家の行政組織について記されており、正志斎には『読周官』六巻の大著がある。○不《ふ》庭《てい》　朝廷に反抗するもの。○遐陬《かすう》　人里離れた土地。○拮据《きっきょ》　懸命に働くこと。○趨向《すうこう》　ある方向へ向かうこと。○儲闈《ちょい》　皇太子。○僭奢《せんしゃ》　身分不相応におごること。○依附《いふ》　よりすがること。○鼎沸《ていふつ》　湯が沸き立つように乱れること。○靡爛《びらん》　ただれ崩れること。○消鑠《しょうしゃく》　とけること。○薙染《ていせん》　出家して僧となること。○彝倫《いりん》　人が常に守るべき道。○緇徒《しと》　僧侶。○瓜瓞蕃衍《かてつはんえん》　子孫が次々に増えること。○消息盈虚《しょうそくえいきょ》　消えたり生じたり、満ちたり欠けたりすること。○孫謀《そんぼう》　子孫のための計画。○怠傲放肆《たいごうほうし》　怠りあそび、わがままなさま。○糊塗《こと》　一時しのぎをしてごまかすこと。○陸梁《りくりょう》　暴れまわること。○蒙《もう》蔽《へい》　おおいかくすこと。○高拱端倪《こうきょうたんげい》　何もしないまま推測すること。○眷眷《けんけん》　常に心にかけること。○霊時《れいじ》　祭りの庭、神の降りとどまる所。○巫覡《ふげき》　神がかりとなって予言などをする者。○浮屠《ふと》　仏。この場合は仏教のこと。○陋儒《ろうじゅ》　見識のせまい学者。○耶蘇《やそ》　キリスト教。○淫祠《いんし》　いかがわしい神をまつること。○怪妄迂《う》僻《へき》　怪しく正統でない。

○雑糅《ざつじゅう》　雑然と入り交じること。○伽藍《がらん》　寺院。○玄蕃《げんば》　玄蕃寮のこと。外国人の送迎接待や、仏事、僧尼の名籍等を扱った。○靡然《ひぜん》　風に草木がなびくように従うさま。○本地《ほんじ》の説　本地垂迹説。本地である仏が世を救うために、姿をかえて現れたものが日本の神であるとするもの。○瞻仰《せんごう》　仰ぎ見ること。○身毒《しんどく》　インド。○後白河上皇　この箇所は白河上皇の誤記である。○山法師　比叡山延暦寺の僧徒。○一向専念の説　一向宗（浄土真宗）の専修念仏の説。○瞻礼《せんらい》　礼拝すること。○遏絶《あつぜつ》　断ち切ること。○玄象《げんしょう》　日月や星座など。○巫術《ふじゅつ》　みこの行うまじない。○還俗《げんぞく》　僧が俗人にかえること。○餉遺《しょうい》　贈りもの。○博戯《はくぎ》　かけを伴う勝負事。○綾羅錦綺《りょうらきんき》　美しい衣服や布。○阿党朋扇《ほうせん》　権力者の仲間となり、集団となって煽動する。○苦使　苦役を科す。○興販《こうはん》出息　さかんに売り買いをして利益を求めること。○寓公　領地を失い異国に身を寄せる貴族。○惇謹《とんきん》　つつしみ深い。○奇衺《きしゃ》　怪しく不正であること。○呑併《どんぺい》　侵略して自国のものとすること。○祠宇《しう》　神社。○焚燬《ふんき》　焼き尽くすこと。○誣罔《ふもう》　人をおとしいれること。○朶頤《だい》　強国が弱国を従えようとすること。○誅鋤《ちゅうじょ》　悪人などを絶滅させること。○劇疾《げきしつ》　急病。○耳食《じしょく》の徒　人の話のうわべを聞いただけで、物事の是非を十分に判断しないままに従う者。○蠱惑《こわく》　珍しさ、美しさなどで人の心をひきつけてまどわすこと。○辺陲《へんすい》　辺境の地。○窺伺《きし》　人の様子をうかがうこと。○中国《なかつくに》　日本。○黠虜《かつりょ》　ずる賢い外国の民。○裔孫《えいそん》　遠い子孫。○淬礪《さいれい》　きたえ磨くこと。○橐籥《たくやく》　火を強めるためのふいご。○更張《こうちょう》　物事のゆるんでいたのを引き締めて盛んにすること。

国体　中

正志斎は「国体」篇を三つに分け、その二つめとして「武」を取り上げている。これはすなわち、日本の国体と「武」とは、不可分の関係にあるということである。「武」が国体となる以上、それは単に一般的な武器や武力を意味するだけでなく、前篇と同じく「心」の領域にも関係することとなる。また「武」が、暴力的要素を持たざるを得ない故に、その使用においても、一定の基準が必要となる。現代では、自衛や国際協調などを理由とすることで、その行使が正当化される傾向がある。しかし、何か本質的なものから乖離した印象を受ける人は、少なくないであろう。その昔、我が国では兵器を神社に収納し、戦いがあるごとに神々の祭祀を行い、その指示を仰いだ。これは天皇といえども勝手に兵を動かすことはできず、これにより民と志が一つとなり、「天《あま》つ神の兵」となることができた、と本篇では書かれている。

正志斎が理想とする日本の「武」とは、ここにあると思われる。それは征夷大将軍として、天皇から任じられた政権であっても、その正統性を揺るがす主張にもなりえるものである。正志斎は、太平の世の中で堕落した武士では、現状の国際情勢下で我が国を守ることができないとし、土着論等の具体策を提言している。結果として幕府は倒れ、維新政府によって「武」も刷新されるわけであるが、後に明治憲法に記された「天皇ハ陸海軍ヲ統帥ス」の一文は、一個人の意思以上のものを含んでいるのかもしれない。

〈読み下し〉

天朝、武を以て国を建て、詰戎《きつじゅう》方行せしこと、由来旧《ふる》し。弧矢《こし》の利、戈矛《かぼう》の用は、すでに神代に見えたり。宝剣は与《とも》に三器の一に居《お》る。故に号して細戈千足《くわしほこちたる》の国と曰う。天祖、中州《ちゅうしゅう》を天孫に授け、押日《おしひ》をして来目《くめ》の兵を帥《ひき》いて行に従わしめたまう。太祖の征戦も、また専ら来目を以て折衝《せっしょう》の用となし、遂に中土を平定したまう。また物部《もののべ》を置き、来目と相参《あいさん》して、以て宮城を衛《まも》り、国土を鎮めしむ。崇神天皇、将軍を四道に遣わし、不庭を討平し、皇子豊《とよ》城命《きのみこと》をして東国を治めしめたまう。而して民をして農隙《のうげき》に射猟して、以てその物を貢ぎ、以て征役に従わしめたまう。規制一たび立ちて、歴朝遵奉し、土疆《どきょう》は日に以て広く、東は蝦夷を斥《しりぞ》け、西は筑紫を清め、遂に三韓を平げ、府を任那《みまな》に建てて、以てこれを控制《こうせい》す。治強の実、ここにおいてか見《あらわ》る。仁徳の朝に至り、海内事なく、兵革、試みず。履中、安康よりして後、漸く衰弱に趨き、十余世を歴《へ》て、任那は守りを失い、三韓は朝せず。中宗中興して、皇化の振るわざるを憤り、躬《みずか》ら行営に臨み、任那を経略したまいしも、終《つい》に克つこと能わず。然れども当時、東略を事とし、大いに蝦夷を攘斥《じょうせき》し、府を後方羊蹄《シリベシ》に建て〔今、西蝦夷の地に止利別《シリベシ》山あり。蓋《けだ》し、古の後方羊蹄の地ならん。嘗《かつ》て聞く、この山中に本路径あり、蝦夷恒《つね》にこれを往来せり。百余年前、蝦夷叛乱す。これより蝦夷を禁じ、この路に由るを得ざらしめて、路、遂に廃せりと。蓋しこれ、地、険要にして、叛虜阻《そ》に依りて以て変をなし易し。故にその往来を禁ぜり。而して古者《いにしえ》、府を此《ここ》に建てしも、また険要に拠りて、以て夷虜を制せしならん」、遂に以て粛慎《しゅくしん》を征す。その事はすなわち斉明天皇の世に在りといえども、蓋し中宗、儲宮《ちょきゅう》に在《いま》して、英略を佐《たす》けたまう。而して余威の震う所、渤海《ぼっかい》もまた使を遣わして貢献せり。治強の実また見る。爾後百余年、世道漸く汚るといえども、しかも桓武、嵯峨の朝に迨《およ》び、遂に陸奥の賊を平げ、蝦夷《あらわ》、跡を海外に屏《しりぞ》けたれば、すなわちなお未だ以て衰弱せりとなさざるなり。夫れ寇賊を攘除し、土宇を開拓するは、天祖の孫謀を貽《のこ》したまいし所以にして、天孫の天祖を継述したまう所以なり。故に皇太神を祭るの祝詞に称するあり、「神明の照臨する所は、天を窮め地を極め、狭きものは広からしめ、険《さか》きものは平らかならしめ、遠きものは八十《やそ》綱《つな》を以《も》てこれを牽《ひ》くがごとくす」と。これ皇化の、日に四表に被《こうむ》るを禱る所以にして、天朝、国を建つるに武を尚《たっと》ぶの意もまた見るべきなり。

然れども事は時を逐いて変革するは、天下の常勢にして、兵制のごときは、その変一ならず。古者、来目、物部の兵を用いて、参《まじ》うるに民兵を以てし、国造、県主も、またおのおの兵ありて、以て民社を保てり。国家、制を立つるの初めは、大約かくのごとし。而して一変しては軍団となり、再変しては募兵となる。ここにおいてか、兵は皆世業となり、号して弓馬の家となす。而して兵農の分かるること、始めてここに起これり。天下、戦国となるに及んで、英雄割拠し、遂に封建の勢を成して、兵制もまた随って変ぜり。これその大略なり。兵制はしばしば変ぜり。もしその大勢を論ずれば、すなわちまたその変ぜしもの三なり。

古者、兵器を神社に蔵し、征戦するごとに必ず神祇を礼祭す。これ天子といえども、敢えて以て自から専らにせずして、必ず命を天神に受けたまいしなり。ここを以て民志一にして、その力分かれず、これ天神の兵なり。身毒の法、中国《なかつくに》に入るに及んで、民志遂に分かる。その天神を敬戴するや専らならずして、その命を天に受くる所以の意も明らかならず。兵の専ら人事となりしは、一変なり。源頼朝よりして後、鎌倉、室町相継いで天下の兵馬を管轄せしは、再変なり。古より兵は皆地着なりしが、四海鼎沸するに及んで、豪傑、その土を離れて四方に客游す。禍乱すでに平《たいら》ぐも、天下の平はおのおの都城に聚処して、土に兵なく、兵に土なきは、三変なり。この三者はただにその制に変革ありしのみにあらずして、その勢に大いに変ぜしものなり。

夫れ兵は地着にして、天皇、命を天に受くるは、これ天、地、人、合して一となるなり。苟しくもよく因りてこれが規制を立て、訓練講習し、戢《おさ》めて時に動きて、以て天地の威令を光《かがや》かし、鬼神の功用を鼓すれば、すなわち功烈の盛んなること、勝げて言うべけんや。しかるに大勢一変して、人は天を奉《す》ぜず、天と人と懸隔し、由りて以て億兆の心を一にするなし。鎌倉、室町の兵権を統ぶるや、豪族、大姓、国郡を拠有し、その末年に及んでは、東に滅び西に起こり、こもごも相攻伐して、天下の兵士、おのおの趨向するところを異にし、海内瓦解して兵力ますます分かる。ただその恃むべきところは、兵のなお未だ地を離れざるなり。夫れ兵の地着するは、これを「地中に水ある」に譬《たと》う。遐陬僻壌《かすうへきじょう》といえども、之《ゆ》く所として兵にあらざるものなく、寸土尺地も、守りあらざるはなきなり。故に朝廷衰えたりといえども、天下乱れたりといえども、しかも天下の勢は、なお未だその強たるを失わず。ここを以てよく胡元の賊船を却《しりぞ》け、朝鮮の国都を抜きたり。兵威の海外に震いしこと、なおなおかくのごときなり。豊臣氏、天下の太《はなは》だ強きことを患え、有土の君を挙げて、ことごとくこれを大阪に処《お》き、或いはこれを土木に役し、或いはこれを戦伐に用いて、これをして一日も強をその国に養うを得ざらしむ。東照宮の興るや、その務めもまた本を強くして、末を弱くするに在り。武士をしておのおの都城に聚処せしめ、これをして一日も強をその邑《ゆう》に養うを得ざらしめ、庶民をして耳に金鼓《きんこ》を聞かず、目に干戈《かんか》を見ざらしむ。ここにおいてか、兵は寡《すくな》く民は愚にして、天下始めて弱し。而して一時の人豪も、屏息《へいそく》して命を聴けり。英算偉略の、天下の独り運《めぐら》せし所以のもの、その効速《すみ》やかなりと謂うべし。

夫れ天下の事は、この利あれば必ずこの害あり。弱の弊は必ず振るわざるに至る。然れども当時、弱勢ありて弱形なきは何ぞや。東照宮の基を立つるや、専ら節義の以て士衆を磨励し、士は進んで死するあるも退いて生くるなし。兵の加うるところ、大衆勁敵《けいてき》なりといえども、敢えてその鋒に当たるなし。天下すでに平らぎしも、麾下《きか》の将士、皆名節を重んじ、勇武を尚《たっと》び、しかも世未だ干戈を忘れず、不虞《ふぐ》に備うるを知れり。故に天下弱しといえども、通邑《つうゆう》、大都、武士の聚処する所は、すなわちまた未だその弱たるを見ざるなり。

夫れすでに天下の膏血《こうけつ》を尽くして以て武士を養えば、武士の聚《あつま》る所には、貨財もまた聚り、貨財の聚る所には、商賈《しょうこ》もまた聚る。商賈は時好に走り、花利を追い、珍怪奇異、備えざるはなし。猛将、勇士をして戦伐を忘れ、升平を楽しましむる所以のものは固よりよろしくかくのごとくなるべしといえども、その流弊に至りては、すなわち僭奢《せんしゃ》、風を成し、情に触れ欲に従いて、礼義を知らず、故に富みて教なければ、すなわち驕淫蕩佚《きょういんとういつ》して、至らざるところなし。ここを以て富溢れて貧を生じ、貧は弱と相依る。貧にして奢れば、すなわち生を営むことを慮《おもんぱか》り、生を営むことを慮れば、すなわち貨財を顧み、貨財を顧みれば、すなわち利を見て義を忘る。ここを以て上下こもごも利を征《と》りて、また廉恥なし。国に廉恥なければ、すなわち天下に生気なくして、弱形見《あらわ》る。進退、疾徐《しつじょ》、歩伐《ほばつ》、止斉《しせい》、敵に因りて転化し、地を相《み》て変を制するは、陣に臨むの用なり。武夫は城市を出でず、論ずるところは、すなわち婦女、酒食、俳優、雑劇、種樹、挿花《そうか》、羅鳥《らちょう》、釣魚《ちょうぎょ》のことのみ。撃刺《げきし》を習う者は、以て私闘の用となすに過ぎず、弓銃を学ぶ者は、演場の具に充《あ》つるに過ぎず。馬を調するは徒《いたず》らに以て儀容に供し、甲冑、槍槊《そうさく》は、以て観美をなし、衣糧、器械は、その用に適する所以を弁ぜず、遠近、険易《けんい》、広狭、死生は、その何物たるかを知らず。武夫は筋力を以て用となす。馳駆《ちく》、跳騰《ちょうとう》、険阻を軽んじ風雪を冒《おか》し、菲衣《ひい》、悪食、飢を忍び渇《かつ》に堪うるは、固より武夫のことなり。故に兵家、兵を選ぶに、郷野《きょうや》の老実にして、土作の色ある者を第一となす。而して城市の游滑にして、形動伶便《れいべん》なる者は、その切に忌むところなり。武夫は市人と並び長じて、風習偸薄《とうはく》にして、靡麗《びれい》を以て相尚び、醇を飲み鮮を茹《くら》いて、身体豊満に、手足軟弱にして、以て筵席《えんせき》の間に周旋《しゅうせん》すべきも、未だ以て危険に臨み艱苦《かんく》に堪うべからず。これ兵家の切に忌むところにして、緩急《かんきゅう》には用うべからず。

およそこれ皆、兵を養う所以の道にあらず。古人の謂うところの「養うところは、用うるところにあらざる」者にして、弱態備われり。兵士を禄するは、素《もと》より従卒を養う所以なり。しかも驕奢淫佚、自から困弊を致し、養うところあるを得ず。約《おおむ》ね皆市井《しせい》の間民を雇いて、以て騶従《すうじゅう》に充て、一旦、事あればすなわち厚禄の士もまた匹夫に異なることなし。而して天下の兵幾何《いくばく》ぞや。民すでに過倍《かばい》の税を出して、以て兵士を養う、また点じて兵となすべからずして、その民たる者も、また畏懦《いだ》自棄《じき》して、或いは奮励する能わず。以てこれを干戈に役すべからざれば、すなわち通邑、大都は世臣《せいしん》及び公卒の外、天下また所謂《いわゆる》兵なる者あるなくして、遐陬僻壌《かすうへきじょう》、将《は》た何の兵を以てかこれを守らん。今、夫れ兵は皆、都城に聚処し、日に撃刺を学ぶ。都城中に就きてこれを視れば、すなわち衆《おお》きに似《に》、強きに似たれども、天下よりこれを視れば、地の守りあるものは幾《いく》ばくもなく、その寡弱たるや極まれり。

夫れ兵は地を守る所以、地は兵を養う所以なり。兵と地とは、相離るるを得ず、離るればすなわち地は空虚にして、兵は寡弱《かじゃく》となる。これ自然の勢なり。故に休養生息すること、日たるすでに久しく、戸口は古に倍すれども、兵の寡《すくな》きことかくのごとくそれ甚だし。その帰は遂に本末共に弱きを致せば、すなわちまた東照宮、太平の基を立てし所以の意にあらざるなり。世徒《いたず》らに治強の名ありて、衰弱の実に居る、包桑の戒め、将《は》たいずくんぞ思わざるを得んや。今、俗は日に驕淫《きょういん》に走り、諸侯は僭奢にして、その心未だ必ずしも皆恭順ならざるも、しかもその背叛するなきは、侈惰《しだ》に狃《な》れて貧弱に苦しめばなり。細民怨咨《えんし》して、騒擾なきにあらざるも、しかも未だ兵を用うるに至らざるは、志気尩怯《おうきょう》にして、首唱者、兵を知らざればなり。姦民は閭閻《りょえん》に横行し、異化の徒は天下に充斥《じゅうせき》し、禍端萌《きざ》さざるにあらざるも、しかも天下未だ動揺せざるは、撫御《ぶぎょ》、仁柔を務め、事、姑息《こそく》多くして、未だこれを変に激せざればなり。

夫れすでに天下を弱にせんとして、天下弱なり。黔首《けんしゅ》を愚にせんとして黔首愚なり。弱にして且つ愚なれば、すなわち自から動揺せんと欲するも得んや。故に天下に変なき所以のものは、一言にして尽くすべし、曰《い》く「戦を畏るるのみ」。歴代、史伝の紀するところ、一語、戦を畏ると曰うあれば、すなわち豎子《じゅし》といえどもその弱国たるを知る。堂堂たる武を用いるの邦を挙げて、反って狼顧《ろうこ》して戦を畏るるの俗となるは、また羞ずべからずや。任那を守られざる、渤海の貢せざるも、またすでに久し。而して蝦夷諸島のごときも、また日に蚕《さん》食《しょく》に就く。内地といえども、一水の外は、直ちに虜人《りょじん》の巣窟となる。所謂《いわゆる》「先王、日に国を辟《ひら》くこと百里、今や日に国を蹙《ちぢ》むること百里」とは、独り周人のみに嘆ずるところならざるなり。日に蹙まるの勢に処《お》りて、日に辟《ひら》くの虜を待ち、戦を畏るるの俗を用いて、以て百戦の寇に抗せんと、いずくんぞ寒心せざるを得んや。

論者はただ治強の跡のみを見て、衰弱の勢を忘れ、頑然として視ること、なお文禄、慶長の旧のごとし。何ぞそれ惑《まど》えるや。今、虜は犬羊の性にして、与《と》もには長短を較《くら》ぶるに足らずといえども、しかもその俗は残忍にして、日に干戈を尋《つ》ぎ、勢《いきおい》その民を愚弱にして、以て自から国を立つるを得ず。故に闔国《こうこく》皆籍《せき》して兵となすべく、また役を海外の諸蛮に徴すれば、未だ侮りて以て寡となすべからざるなり。各国、戦争し、民は兵に習えば、未だ侮りて、以て弱となすべからざるなり。妖教を用いて以てその民を誘《いざな》い、民心皆一なれば、以て戦うに足る。巨艦、大礮《たいほう》は、固よりその長技なれば、以て人を嚇《おど》すに足る。これに由りて毎《つね》に海上に雄視し、その呑噬《どんぜい》を逞《たくま》しくすれば、未だ侮りて以て愚となすべからざるなり。しかも今、これに応ぜんと欲す。豈にただ自から愚にし、自から弱むるの余謀のみを恃みて、安坐高枕《こうちん》し、変通するところなかるべけんや。民を愚にし兵を弱くするは、治をなすの奇策なりといえども、しかも利の在るところ、弊もまたこれに随えば、これを矯めざるを得ず。今、幕府の議すでに虜を擯《しりぞ》くるに決したれば、すなわち寡を転じて衆となし、弱を更《あらた》めて強となるは、その勢の得て已むべからざるものなり。

夫れ節義を以て士衆を磨励《まれい》するに、必ず東照宮の当日の意に倣傚《ほうこう》するは、本を強くする所以なり。邦君をして強を国に養うを得しめ、士大夫をして強を邑に養いて、兵に土あり、土に兵あるは、末を強くする所以なり。本末共に強く、兵甲すでに衆《おお》ければ、天下の民、勇ありて方を知り、義気、海内に溢る。海内の全力を用いて、以て膺懲《ようちょう》の師を興し、醜虜をして跡を屏《しりぞ》け形を竄《かく》し、敢えて辺に近づかざらしめば、庶幾《こいねがわ》くは国体を忝《はずか》しめざらん。或いは曰く「末をして強を養わしむれば、恐らくは尾大の患を生ぜん」と。臣謂う、英雄の天下を用うるは、時を相《み》て弛張《しちょう》し、羈絆《きはん》を解脱《かいだつ》して、そのなさんと欲するところを縦《ほしいまま》にすといえども、しかも天下敢えて動揺せざるは、その襟胸《きんきょう》は恢廓《かいかく》にして、天下の変に処するに足り、綱紀は振粛《しんしゅく》にして、天下の死命を制するに足ればなり。今、天下すでに幕府の英断を知り、天下感憤激励す。たれか敢えて俯伏《ふふく》して命を奉ぜざらん。ここにおいて大いに赤心《せきしん》を推し、天下とその休戚を同じくして、天下をしておのおの自からその強を養うを得しむれば、天下豈に奔走して令に趨かざるものあらんや。万一、兇頑《きょうがん》、桀驁《けつごう》にして、強を恃み命を拒む者あらば、すなわち天下の忠義の士を率いて、以てこれを征討し、一たび指揮して定むべきなり。且つ夫れ謂うところの「強を国邑《こくゆう》に養う」とは、豈に必ずことごとく旧制を革《あらた》め、都城を空《むな》しくして、皆これを遣帰《けんき》するの謂《いい》ならんや。前賢、往々兵のよろしく土着すべきを論ぜり。その見《けん》、卓なりといえども、郡県の制を以て、封建の勢を論ずれば、未だ施行すべからざるものあり。臣、別に見るところあれども、今は未だ具《つぶさ》には論ぜず。

夫れ英雄の弛張用捨は、その捨つるはこれを用うる所以、その弛むはこれを張る所以なり。今、まさに天下と与《と》もに更張せんとす。しかもその膏血《こうけつ》を都城に竭《つく》さしむる所以のものは、小《すこし》く弛むところあらざるを得ず。ここに弛めてかしこに張り、ここに捨ててかしこに用うるは、権衡《けんこう》ありて存す。およそ物は以て一日も用いざるべからず、用いざれば、すなわち腐敗これに随う。庶邦の冢君《ちょうくん》、及び大夫、士はよろしく生生たらしむべく、よろしく腐敗せしむべからず。今、虜を擯《しりぞ》くるの機に乗じて、おのおのをしてその強を養わしめ、強を養う者は、これに任ずるに事を以てす。その強を今日に用うるは、一時の権宜《けんぎ》にして、必ずしも永制となさず。而して強を用うる者は、これを責むるに功を以てし、その実を国に輸《いた》さしむ。天下は公器なり、蓄えて以て私有となすを得ざるなり。もしその弛張の機、用捨の権は、すなわちこれに処するに方あり、これを発するに時あり。朝聘《ちょうへい》の疏《そ》数《さく》、去留の久近、職責の軽重、征役の施舎は、一を執りて論ずべからず。その変に通じて、民をして倦まざらしむる要は機会に投ずるに在るのみ。然らざれば、すなわち徒らに旧轍《きゅうてつ》を守りて、以て天下を把持せんと欲するも、浜海寡弱の卒、或いは一たび敗衄《はいじく》を致さば、勢《いきおい》固よりその君を遣わして国に就かしめざるを得ざるなり。均しくこれを遣わすも、まず自から断ずるをなさずして、情見《あらわ》れ勢屈するに至り、然る後に已むを得ずしてこれを遣せば、たまたま以て侮りを天下に取るに足る。故に曰く「先んずればすなわち人を制し、後るればすなわち人に制せらる」と。今、天下を制御せんと欲せば、縦送磬控《しょうそうけいこう》、その機は断と不断とに在り。古人曰く「断じてこれを行えば、鬼神もこれを避《さ》く」と。況《いわ》んや行うところは、すなわち鬼神の祐《たす》くるところなるをや。

昔、東照宮の武力を尚びしは、基業を建つる所以、その天下を愚弱にせしは、天下と与に休息する所以にして、張りてこれを弛むるものなり。今や外夷、日に干戈を尋《つ》ぎ、呑併《どんぺい》を事とし、遆《たがい》に出で並び至りて、以て人の辺境を窺う。その勢はなお尾、甲、相の、浜松に隣するがごとし。固より休息を得るの時にあらざれば、すなわち将《は》たいずくんぞ弛めて張らざるを得んや。故にその基業を建てし所以の意は、必ず法とすべくして、これを愚弱にせし跡は、必ずしも泥《なず》むべからざるは、時変の見易《みやす》きものなり。「尺蠖《せきかく》の屈するは、以て信《の》びんことを求むるなり」と。故に弛めしものはまさに以て張るところあらんとし、捨てしものはまさに以て用うるところあらんとす。今の用うるところを捨てて、捨てしところを用い、今の張るところを弛めて、弛めしところを張り、末節を略にして先務を急にし、虚文を去りて実効を責め、以て古の張りしところを張りて、古の用いしところを用う。これを行うは、その人に存す。夫れ東照宮の興るや、浜松の強は天下に鳴れり。今まさに天下を以て浜松となして、殊方《しゅほう》絶域に鳴さんとすれば、すなわちまた以て東照宮の、士衆を磨励せし遺意を奉ずるに足らん。ここにおいてか政を立て教を明らかにし、兵は必ず命を天神に受け、天人一となり、億兆心を同じくし、光を覿《あらわ》し烈を揚げ、国威を海外に宣《の》べ、夷狄を攘除し、土宇を開拓すれば、すなわち天祖の貽謀《いぼう》と天孫の継述との、深意の存せしところのもの、実にここにおいてか在り。

〈現代語訳〉

朝廷が武道によって国を建て、武人を率いて日本をまとめていった由来は、古くからあります。弓矢や戈《ほこ》といった武器の利用は、『日本書紀』の「神代」にも書かれております。宝剣は三種の神器の一つであり、立派な武器が数多くある国、という意味で細戈千足国《くわしほこちたるくに》とも書かれております。天祖である天照大神は、日本を天孫である瓊瓊杵尊《ににぎのみこと》に授けられた時、天忍《あまのおし》日命《ひのみこと》に久米《くめ》の兵を率いさせて、同行させました。神武天皇の征戦におきましても、久米の兵によって敵軍を破り、ついに天下を平定なさいました。また物部《もののべ》を置いて、久米の兵と共に皇居の護衛にあたらせ、国の守りとしました。崇神《すじん》天皇は北陸、東海、西道、丹波の四道に将軍を派遣して、抵抗する勢力を平定し、豊城入彦命《とよきいりひこのみこと》に東国を治めさせました。そうして民衆には、農業の合間に狩猟をさせるようにし、獲物を納めさせて、租税と労役とにしました。こうした制度が一度できあがると、歴代の朝廷は固くこれを守り、領土は広がり、東は東北から西は九州まで平定し、ついに朝鮮半島まで及び、日本府を半島南部の任那《みまな》に置いて制圧しました。強国としての実体が、ここに明らかとなったのです。仁徳《にんとく》天皇の時代は平和な世の中で、争いはありませんでした。履中《りちゅう》天皇、安康《あんこう》天皇の時代からは、しだいに国力が衰えてきて、十数代後に任那は亡び、朝鮮半島は日本へ貢ぎ物をしなくなりました。国力を再び大きくした中興《ちゅうこう》の祖である天智天皇は、こうした状況を憂いて、自ら指揮をとって朝鮮半島の百済救済のために戦いましたが、白村江《はくすきのえ》の戦いで敗れてしまいました。しかしながら、当時は東方の攻略が中心であり、北海道方面へ進出して、役所を後方羊蹄《しりべし》に建てました〔今、北海道西部に止利別《しりべし》という山があり、これが古代の後方羊蹄の土地なのでしょう。以前に聞いたところによると、この山の中にはもともと小道があり、蝦夷《えぞ》の人が往来していたということでした。百年ほど前に蝦夷の人が反乱を起こした時、この道の通交を禁じて、廃道となったということです。思うにここは、地形が厳しく戦いの陣地として適しているので、反乱を起こそうとする者が利用しやすいため、往来を禁止したのでしょう。同様にここに役所を建てたのも、陣地として適しているため、抵抗する者を統制しやすかったからでしょう〕。そしてついには、中国大陸東北部のツングース族まで平定したのです。これは斉明《さいめい》天皇の時代のことですが、後の天智天皇が皇太子として、この優れた計画を助けました。こうして勢力は拡大し、中国大陸東北部の渤海《ぼっかい》からも、日本へ使節を派遣して貢ぎ物を献上しました。強国としての実体が、再び明らかとなったのです。それから百年あまり、世間の道義は次第に汚れていってしまいましたが、桓武《かんむ》天皇や嵯峨《さが》天皇の時代には、陸奥《みちのく》の賊を平定し、蝦夷の反乱者を海外へ追いやったのですから、いまだ武の精神が衰えたとは言えないのです。そもそも外敵を払いのけ領土を開拓することは、天照大神が遺した教えであり、歴代天皇はその後を継いでこられたのです。それゆえに、天照大神を祭る祝詞《のりと》には、「天照大神の威光に照らされし所は、天地の果てまでも、狭き所は広く、険しき所は平らかにし、遠き所は八十綱《やそつな》を掛けて引き寄せるごとく」とあります。これは、天皇のお心が四方へと広がってゆくことを祈るものであり、朝廷の建国の精神において、武道を重んじてきた意味を見るべきなのです。

けれども、物事が時代の流れで変化するのは、天下には常にあることで、兵備の制度においても同様でした。古代には久米や物部の兵を用いて、それに民間の兵士を加え、また国造《くにのみやつこ》や県主《あがたぬし》の地方官も各々兵を持ち、そうやって民衆と社会を守りました。我が国の兵制のはじめは、このようなものでしたが、それが軍団の制となり、さらに募兵の制へと変わりました。ここにおいて兵士は世襲の家業となり、武家と呼ばれるようになりました。兵士と農民とに職業が分かれたのは、ここからでした。天下が戦国の世となると、英雄たちが各領地に勢力を拡大し、封建制度が成立して、兵制もこれに伴って変化しました。以上が兵制の概要となりますが、その特徴を論じるのであれば、次の三つの変化があったと言えるでしょう。

古代において、武器は神社に収蔵されており、戦いのたびに神々を祭りました。これは天皇といえども、勝手に兵を動かすことは許されず、必ず天の神々のご指示を受けられたということです。これによって民の志が一つになり、その力も一つになって、天《あま》つ神の兵となったのです。ところが、仏教が日本に入ると民との志が分かれてしまい、天の神々を崇拝する心も一つでなくなり、天からご指示を受けるという意味も、曖昧となってしまいました。兵制が神ではなく、人の意志によって動かされるようになったのが、第一の変化です。そうして源頼朝から鎌倉幕府、室町幕府と続けて、天下の兵馬を幕府が支配したのが第二の変化です。昔から兵士は、農業にも従事していた土着の者たちでしたが、戦乱の世となると、武勇に優れた者はその土地を離れて、各地の大名の家来となるために、四方へと流れていきました。その後、戦乱が治まっても、天下の武士は各々の城下町に集中して土着の兵士がいなくなり、兵士と土地の結びつきが、なくなってしまったのが第三の変化です。この三つの変化は、ただその制度が変わったということだけではなく、世の中の大勢というものが変わったことを表しております。

兵士が代々の土地に住んでいて、天皇が天からの命令を受けるのであれば、天と地と人との心が和合して、一つとなります。これに基づいて規制をつくり、訓練や講習を行い、戦う時とそうでない時を見極め、天地の命令を実行し、神々のはたらきを助けるのであれば、言うまでもなく輝かしい戦果を収めることができるのです。しかしながら世の中の大勢が変わり、人々が天を奉ることをせず、天と人とがつながらずに、人々の心を一つにすることができなくなってしまいました。鎌倉幕府、室町幕府が兵制の権利を統治するようになると、勢力のある豪族や、代々続く家柄の者たちは、各地を支配しました。戦国時代になると、勢力が東に亡んだと思うと西に現れるという具合で、互いに戦い合って、天下の兵士が従属する先は異なり、国内はバラバラとなって、兵力は分散してしまいました。ただ、そうした状況であっても良かったのは、兵士が土着していたことです。兵士が各地に住んで土着しているのは、『易経』の「地中に水ある」に譬《たと》えることができます。遠く離れた片田舎であっても、その土地に水があるように、兵士が生活しているのであれば、わずかな土地であっても、守られているのです。ですから朝廷が衰えて、天下が乱れたとしても、天下の大勢においては強さを失っておらず、モンゴル軍の侵略を撃退し、朝鮮の国都を陥落させました。我が国の武力は、海外と比べても強力でした。豊臣秀吉は、天下の兵力が強すぎることを心配して、諸大名を大阪に住まわせ、土木事業の役目を負わせ、または戦いに動員して、各地の兵力を強化できないようにしました。東照宮こと徳川家康におきましても、「本《もと》」である幕府を強くして、「末《すえ》」である諸大名の兵力を弱めることに務めました。武士を各地の城下町に集中して住まわせ、一日も各地の兵力を強くさせないようにして、民衆に戦争で用いる太鼓の合図を聞かせず、武器を見せないようにしました。こうして兵士は少なく、民は愚かにして、天下の兵力はやっと弱くなりました。戦国の世であれば、力を持ったであろう者であっても、静かに幕府の命令を聞くようになりました。家康公の優れた計略が天下を動かし、その効果は速やかに現れたのでした。

天下には「利」というものがあると、その半面で必ず「害」というものがあります。兵力を弱くすれば、必ず武の精神までも弱くなってしまうものです。ところが当時は、兵力を弱くしたにもかかわらず、それが形として表れなかったのは、どうしてでしょうか。家康公は、人として正しい道を志す、という節義を武士たちに守らせ、それを基礎としたので、武士は戦いに際して進んで死を恐れず、逃げ帰って生きようとする者はおりませんでした。こうした武士が戦いに加わると、相手が多人数の強敵であっても、その中から立ち向かおうとする者はいませんでした。天下は平和となっても、将軍に直属する武士は皆、名誉と節義を重んじて、勇気と武道を尊重し、世の中も戦乱を忘れず、常に戦いに備えていました。このため天下の兵力が弱くなったといっても、街道沿いや大都市といった武士の集まる所は、いまだその弱さが形となって見えませんでした。

一方で、天下の税金によって武士を養うと、武士の集まる所には必然的にお金や品物が集まり、それらが集まると商人も集まってきます。商人は流行を追い、利益を求め、常にめずらしい不思議なものを取りそろえています。これらは強くて勇気のある武将や武士であっても、戦いを忘れさせてくれて、平和な世の中を楽しませるという意味においては、それで良いのかもしれません。ただ、それが悪い習慣になってしまうと、身分に合わない驕《おご》りの心も習慣となり、感情や欲望のままに行動して礼義を忘れ、仮にお金に恵まれたとしても教養がないので、欲望に支配されて財産を失い、どうしようもない人間になってしまいます。このようにして、お金が集まっても貧乏を生み、さらに貧乏というのは弱さと切り離せない関係があります。貧乏であるのに驕りの心があると、自分を良くみせることにお金を使って、生活していくお金が心配になります。生活するお金が心配になると、自分の財産のことばかり考え、財産のことが心配になると、自分の利益ばかりに目がいって、「義」の心を忘れてしまいます。こうして上の者も下の者も、自分の利益ばかりを追い求めて、恥を知る心をなくしてしまいます。恥を知る心がなければ、天下に生き生きとした活気がなくなり、弱さが形となって表れます。戦いにおいて軍の行動とは時に速く、時に遅く、足並みをそろえて形勢を整えるなど、敵によって変化させる必要があり、また地形を観察して異変を制御することも、戦争に必要なことです。しかしながら、武士は城下町から出ないで、口にする話題といえば女性、酒食、俳優、演劇、園芸、生け花、鳥の捕獲、魚釣りのことです。武術を習う者がいても、その目的は自分を強くするだけのものであり、弓矢や鉄砲を学ぶ者がいても、その目的は演武場での小道具にすぎません。馬の乗り方を練習する者は、自分の姿を良く見せるためであり、甲冑や槍といった武具は見た目だけ美しく、衣服や食料、器械を戦闘用に準備していないため、戦場における「遠近、険易、広狭、生死」という孫子の兵法を理解できません。武士は、体力があってこそ役立つのです。走り、飛び、険しい道をものともせず、風雪を受け、粗末な服を着て、粗末な食事を取り、飢えを忍び、喉の渇きに耐えるのが武士というものなのです。それゆえに兵法家が兵士を選ぶ時は、田舎に住んでいて誠実で、よく働く者を第一としています。逆に都会育ちの遊び慣れた、姿や動作が軽々しい者は、最も嫌われました。武士が町人と生活するようになると、習慣が薄っぺらくなり、贅沢であることを誉め合って、いい酒を飲んで高い魚を食べ、体は太り手足は弱くなって、宴会の席で接待をするのには、それで都合が良いかもしれませんが、危険な戦場や苦しい状況に耐えることはできません。これは兵法家の最も嫌うところで、非常時の役には立ちません。

これらは全て、兵士を養う道ではありません。『史記』にある「養っている者が、役に立たない」という類《たぐい》であり、弱さが形に表れております。武士に俸禄《ほうろく》を与えて養うことは、君主に従って戦う兵士を養うためです。驕り高ぶり、怠けて遊びほうけ、自分から苦しみに陥る者を養うためではありません。ほとんどの武士は、町中で定職を持たない遊民を雇って家来にしているので、非常時には、高い給料を取っている武士でも、できることは身分の低い一人の男と同じなのです。いったい天下に、兵士は何人いるでしょうか。民衆は多額の税金を払って兵士を養っています。昔のように民衆を兵隊にすることはできず、もっとも民衆も臆病で自信がなく、やる気を起こさせることもできません。このように戦乱の役に立たないとなると、交通の要衝や大都市にいる代々の家臣や、直属の兵士以外は、天下に兵士というものがなく、遠く離れた片田舎をどんな兵士で守ればよいのでしょうか。今、兵士は皆、城下町に住み、毎日剣術や槍術を学んでいます。城下町だけを見れば、兵士は多くて強いようですが、天下の視点から見れば、各地を守れる戦力はほとんどなく、その弱さは極度に達しています。

兵士というものは、土地を守るものであり、土地は兵士を養うものです。兵士と土地は互いに離れることができず、離れてしまえば土地は空虚となり、兵士は非力になります。これは自然のなりゆきなのです。戦乱の世が終わり、兵士が休養し続けて生きるようになってから、長い時間がたちましたが、人口は倍になっても、兵士の数は非常に少なくなってしまいました。その結果、幕府も諸大名も弱体化してしまい、これは家康公が天下太平の基本とした精神ではありません。世の中で言われる、国が治まり兵も強い、という意見は名目だけであり、『易経』にある「根本を固くする」、という意味の「包桑《ほうそう》の戒《いましめ》」を思わずにはいられないのです。現在、世の中は贅沢をして遊びにふけり、諸大名は身分に合わない暮らしをして、内心は必ずしも幕府に従おうとする者ばかりではないものの、反乱を起こそうとしないのは、贅沢と怠け癖に慣れて、お金もないからです。貧しい者が支配者を怨んで、騒ぎを起こすことがないわけではありませんが、武力を使用するまでいかないのは、臆病になっていて、中心の人物に兵法の知識もないからです。悪人はそこら中にいて、外国の宗教の信者は天下にあふれていて、内乱の予感がないわけではありません。しかし天下がいまだ乱れるまでいかないのは、政治が事なかれ主義で民衆を統治し、何事もその場しのぎの対策が多く、人々を刺激しないようにしているからです。

天下の兵力を弱めようとして弱くなり、民衆を愚かにしようとして愚かになりました。弱くて愚かであれば、動乱を起こそうとしても、できるものではありません。それゆえに、天下に混乱のない理由を一言で言えば、「戦争が恐い」これだけです。歴史の本を読んで、「戦争が恐い」という言葉があれば、その国が弱い国であることは子供でもわかります。立派な武道の精神を用いてきた国でありながら、戦いが恐いという心になってしまったのは、何と恥ずかしいことでしょう。朝鮮半島の任那を失い、中国大陸の渤海が貢ぎ物をしなくなってから、長い時間がたちましたが、北海道の島々も侵略されつつあります。本州であっても、近海には外国人がうろついております。『詩経』にある「先王の時代には日に国を開くこと百里、今や日に国を縮むること百里」というのは、周の国の人に限られた嘆きではありません。我が国は日々領土を縮めている状況にありながら、日々領土を開いている外国を待ち、「戦争が恐い」という心でありながら、数多くの戦いを経験した外敵に立ち向かおうとしております。何と恐ろしいことでしょう。

評論家の中には、日本が強かった過去のみを論じて、弱体化してしまった現在を考えることができず、頑固にも豊臣秀吉が朝鮮半島へ出兵した文禄慶長の時代と同様に見ている者がいます。何と誤った見方でしょうか。現在の外国は犬や羊のような性質で、その長所と短所を我が国と簡単に比較はできません。ただ、その性格は残酷で毎日のように戦争をしており、民衆を愚かに弱くしておいたままでは、国家として成り立ちません。このため全国民を登録して徴兵し、また海外の植民地の人間をも兵隊とするので、兵力が少ないと侮《あなど》ってはいけません。各国が戦争をして、民衆は兵法にも習熟しているので、弱いと侮ってはいけません。キリスト教を用いて民衆をまとめて、心を一つにしているので、戦いに不足はありません。大型船や大砲は、もともと彼らの得意とするところなので、人々を脅すには十分です。これによって常に海上を我がものとして航行し、侵略を計画しているので、彼らを愚かだと侮ってはいけません。そして日本は今、彼らへの対応をせまられています。我が国を愚かに弱くする政策のままで、何もしないで安心し、対抗策を取らないでよいのでしょうか。民衆を愚かにして、兵力を弱くするのは、政治を行う上では、予想もつかないような奇策《きさく》ではありますが、「利」があれば弊害も生じるので、これは正さなければなりません。今、幕府は外国を打ち払うことを決定したのですから、兵力が少ないのを多く、弱いのを強くすることは、やむを得ない大勢《たいせい》なのです。

人として正しい道を守ることに武士が励み、必ず徳川家康の意志を大切にさせるのであれば、本《もと》である幕府を強くすることができます。大名には強兵を各藩に養わせ、上級の武士には強兵を各領地に養成させて、兵士に土地があり、土地に兵士がいるのであれば、末である諸大名を強くすることができます。本末が共に強く兵士が多ければ、天下の民は勇気に満ちあふれて向かうべき方法を知り、正義の心が国中にあふれます。国中の力を用いて、敵を破る軍を作り、醜い心の外国人の影も形も見えないようにして、国境に近づかせないのであれば、私が強く願っている「国体を守る」ことになるでしょう。ある人は、「末である大名諸侯に強兵を養成させると、幕府の支配を危うくするかもしれない」と言います。私が思うに、英雄が天下で力を発揮できるのは、タイミングを見計らって緩めたり緊張させたりして、古い考えに囚《とら》われず、やり遂げたいことを自由に行いながらも、それでいて天下が乱れず、心が大きく天下の異変に十分対応し、国家の大原則を引き締めて、天下の運命を制御できるからです。今、天下はすでに幕府の決断を知って感激し、一つとなって行動を起こそうとしています。皆、頭を下げて従おうとしております。ですから幕府が真心によって民衆に接し、天下の人々と心を同じくして、天下の人々が強兵を養成できるようにすれば、天下に従わない者などいないのです。万が一、凶悪頑固で驕り高ぶった者が、強兵を利用して命令に従わなければ、忠義の心ある天下の武士を率いて征討し、指示して統制して平定すればよいのです。また「強兵を諸国に養成する」とは、全ての古い制度をあらためて、城下町を空《から》にして、兵士を地方に帰すことではありません。昔の賢人にも、兵士が土着すべきことを論じている者がおります。その意見は優れておりますが、郡県の制度をそのまま封建の制度に施行できないものもあります。これについて私には別に意見がありますが、今ここで細かく論じないことにいたします。

英雄の手段で、緩めたり緊張させたり、用いたり捨てたりするのには意味があります。つまり、捨てるということは、それを後に用いようとする準備であり、緩めるということは、それを後に緊張させようとする準備なのです。今、天下は一つとなり、緩んだものを緊張させようとしております。人材や経済を城下町に集中させた政策は、緩めなければなりません。一方で緩めて他方で緊張させ、一方で捨てて他方で用いるのには基準があります。形ある物は、一日も用いないことがあってはなりません。用いなければ、腐敗というものが伴います。諸大名や武士は、常に活動的であるようにして、腐敗させてはなりません。今、外国から我が国を守ることをきっかけにして、各藩に強兵を養成させて、任命された者には仕事を与えるのです。強兵を養成するのは、一時的な対策であって、長く続けるわけではありません。そうして強兵を運用する者には、結果が出るように責務を負わせ、その実績を国に集約させるのです。天下のものは全て「公器《こうき》」であって、一個人や私的な集団が所有したり、蓄えたりするものではありません。また緩めたり緊張させたりする機会と、用いたり捨てたりする権威には適当な方法と時期があります。参勤の回数、江戸在住期間の長短、献上品の多少、軍役の有無は一律に論じることはできません。状況の変化に通じて、民衆を失望させないようにするのに必要なことは、機会を逃さないということです。そうしないと、ひたすら古い前例を守って天下を維持しようとしても、海岸にいる力のない兵力が仮に一度でも戦いに敗れたならば、その藩主を藩へ帰さなければならなくなります。藩主を江戸から藩へ帰すという同じ行為であっても、自分の判断で帰るのではなく、状況がわかって情勢が行き詰まってから、仕方なく帰るのでは、天下に侮辱されることになります。これは『史記』の「先んずればすなわち人を制し、後るればすなわち人に制せらる」と言うように、先に行動を起こすことが大切なのです。今、天下を自在に制御しようとするのであれば、『詩経』の「縦送磬控《しょうそうけいこう》」、つまり馬を自由にあやつるように、その機会を逃さず決断することです。昔から「断じてこれを行えば、鬼神もこれを避《さ》く」と言われますが、今やろうとしていることは、むしろ「鬼神」からの助けを得られる行動なのです。

かつて徳川家康が武力を重んじたのは、戦乱のない世の中をつくるためであり、天下をあえて弱くしたのは、天下の人々と共に平和を受け入れ休息するためで、この時は緊張していたものを緩める政策でした。今、外国は日々戦争を繰り広げ、侵略を事業とし、かわるがわるやって来て、日本の国境を密かに探っております。それはかつて、織田信長の尾張、武田信玄の甲斐、北条氏政の相模が、家康公の浜松と隣り合っていた戦国時代のようです。ですから今は、休息する時ではなく、緩めずに緊張させなければならないのです。家康公が平和な世の中を作ろうとした精神は、必ず法として守らなければなりませんが、天下を弱くした手段については、必ずしもこだわるべきでなく、これは時勢の変化のよい例なのです。「しやくとり虫のかがむは、その伸《の》びんがためなり」と言うように、緩めることは緊張させるための準備であり、捨てることは用いるための準備なのです。現在用いているものを捨てて、捨ててしまったものを用い、現在緊張させているものを緩めて、緩めてしまったものを緊張させて、細かいことは省略して急務を優先し、形式主義をやめて現実主義にし、我が国がかつて緊張させたものを再び緊張させて、用いていたものを用いるのです。これは実行する人にかかっております。かつて家康公が立ち上がった時には、浜松の強さは天下に鳴り響いておりました。今まさに天下を浜松にして、海外にまで鳴り響かせるのであれば、家康公が遺した精神を受け継ぐのに不足はありません。これにより政治を行い、教えを明らかにして、兵士は必ず天の命令を受け、天と人とが一つとなり、日本人が心を一つにして、祖先の精神と業績を受け継ぎ、国威を海外に示し、侵略者を払いのけ、領土を開拓するのであれば、天照大神が遺されたお言葉と、それを受け継いできた歴代天皇の精神とが実現されるのです。

〈語釈〉

○詰戎《きつじゅう》　「戎」は武人、「詰」は謹み治めるの意。○中州《ちゅうしゅう》　日本の中央の国。○押日《おしひ》天《あまの》忍日命《おしひのみこと》のことで、大伴氏の祖。○太祖の征戦　神武天皇の東征のこと。○控制《こうせい》　引きつけて自由な行動をとらせないこと。○粛慎《しゅくしん》　黒竜江流域のツングース族。○儲宮《ちょきゅう》　皇太子。○渤海《ぼっかい》　中国東北地方から朝鮮北部にあったツングース系の国で、三十数回日本へ朝貢した。○遐陬僻壌《かすうへきじょう》　人里離れたへんぴな土地。○胡元の賊船　元寇のこと。○金鼓《きんこ》　戦争で命令の伝達に用いる陣鉦《じんがね》と陣太鼓のこと。○干戈《かんか》　武器。○屏息《へいそく》　じっと静かにすること。○勁敵《けいてき》　強敵。○麾下《きか》　家来。○通邑《つうゆう》　都会。○膏血《こうけつ》　人のあぶらと血、ここでは租税のこと。○商賈《しょうこ》　商人。○疾徐《しつじょ》　速いことと遅いこと。○歩伐《ほばつ》　足並み。○止斉《しせい》　形勢を整える。○羅鳥《らちょう》　鳥をとること。○槍槊《そうさく》　やりとほこ。○馳駆《ちく》　走りまわること。○跳騰《ちょうとう》　跳ね上がること。○菲衣《ひい》　粗末な服。○伶便《れいべん》　軽快に働くこと。○偸薄《とうはく》　人情が薄く不誠実なこと。○靡麗《びれい》　美しく贅沢なこと。○筵席《えんせき》　宴会の席。○緩急《かんきゅう》　危急の場合。○騶従《すうじゅう》　車馬に従う者。○畏懦《いだ》　おそれひるむこと。○怨咨《えんし》　うらみなげく。○尩怯《おうきょう》　臆病。○閭閻《りょえん》　村里。○撫御《ぶぎょ》　統治すること。○仁柔　仁恵（なさけ）と懐柔。○黔首《けんしゅ》　庶民。人民。○豎子《じゅし》　幼い子供。○狼顧《ろうこ》　恐れてうしろを振り返ってみること。○蚕食《さんしょく》　蚕が桑の葉を食べるように、他国の領域などをだんだんと侵してゆくこと。○闔《こう》国《こく》　国じゅう。○呑噬《どんぜい》　他国を攻めてその領土を奪い取ること。○磨励《まれい》　一生懸命に励むこと。○倣傚《ほうこう》　摸倣してならうこと。○膺懲《ようちょう》　征伐してこらしめること。○羇絆《きはん》　足手まといとなるもの。○恢廓《かいかく》　大きくする。○振粛《しんしゅく》　奮い起こして引き締めること。○俯《ふ》伏《ふく》　頭を下げること。○赤心《せきしん》　うそいつわりのない心。○休戚　喜びと悲しみ。○兇頑《きょうがん》　兇暴で頑固。○桀驁《けつごう》　服従しない兇暴なもの。○権衡《けんこう》　物事の軽重の判断。○冢君《ちょうくん》　藩主。○権宜《けんぎ》　その場の処置。○朝聘《ちょうへい》の疏《そ》数《さく》　参勤の回数。○旧轍《きゅうてつ》　古人の行為のあと。○敗衄《はいじく》　戦いに負けること。○尾、甲、相　尾張の織田氏、甲州の武田氏、相模の北条氏。○殊方《しゅほう》　外国。○貽謀《いぼう》　子孫のための計画。

国体　下

「国体」篇の最後では、我が国における穀物のあり方について記されている。中でも「米」というものが、天照大神から与えられたものであり、日本人にとって特別な存在であることを述べている。

これまで米の起源については、大陸からの伝来によるものと言われてきたが、近年になって、それよりも古い遺跡が日本で発見されるようになり、古代史は修正されつつある。そして、大嘗祭をはじめとする皇室祭祀において、中心となるものが「米」であり、建国の神々の「心」が「米」に宿るものと考えられる。それは、その昔、大嘗祭において天下の人々と誠敬を共にした、という本文の記述に見ることができよう。誠敬とは、まごころをもってうやまう、という意味であり、本来の「米」とは、我々にとって「神」に準じる概念として存在してきたのである。

本篇においてはさらに、当時の米の売買と貨幣経済についても具体的に書かれており、幕末における経済事情の視点からも、興味深い史料となっている。正志斎の師である藤田幽谷には、『勧農或問《かんのうわくもん》』という書があり、贅沢を控えることや、藩財政の収支均衡を行うことなどが述べられている。一般に武士とは、その身分が異なることから、商業に関することを軽視していたように考えられる傾向があるが、本篇を読むと少し印象が異なってくる。それは為政者として、経済について無知であることは責務の放棄であり、また経済というものが、道徳と切り離せない関係であることを再認識させてくれるのである。

〈読み下し〉

天祖、丕《おお》いに民命を重んじ、肇《はじ》めて蒼生《そうせい》の衣食の原《もと》を開きたまい、御田《みた》の稲、機殿《はたどの》の繭《まゆ》、遂に天下に遍満《へんまん》して、民今に至るまでその賜《たまもの》を受く。これ固より天祖の仁沢《じんたく》の曁《およ》ぶところにして、土もまた穀によろしきなり。夫れ神州は東方に位《くらい》し、朝陽に向かう。帝は震《しん》に出で、五行において木となせば、穀によろしき所以、四時にてはすなわち春となせば、万物を生養する所以にして、元々の民は、固より血を飲み毛を茹《くら》うの俗のごときにあらざれば、すなわち古より号して瑞穂《みずほ》の国と称するも、また宜《うべ》ならずや。

古者、天子、嘉穀を天神に受け、以て民物を生養したまう〔天神、斎庭稲《ゆにわのいなほ》を皇孫に授けたまい、皇孫、用いて以て天神に饗したまう。その説ほぼ上編に見ゆ〕。その富なるものはすなわち天地の富に因るなり。後世に至りては、すなわち天下の富、稍々に分散し、一転して武人に移り、また転じて市人に帰して、天下その弊を受くる所以のものは、枚挙に勝えず。請う試みにその説を竟《お》えん。

古者、大嘗の祭に、天下その誠敬を共にす。新穀すでに熟すれば、必ず用いて以て天神に報い、然る後に天下と与にこれを嘗《な》む。而して天下皆食《は》むところの粟《ぞく》は、すなわちこれ天神の頒《わか》ちたまいしところの種なるを知るなり。ここにおいてか、天命を畏れて地力を尽くし、人心は天地と一にして、同じくその富を受け、天地と間なき所以なり。然れども創業の世、治化なお未だ洽《あまね》からずして、朝政も時に盛衰あり、人、或いは自からその富を私す。天智天皇、積弊を革除したまい、天下に令して私地私儲《しちょ》を廃し、天下とその富を同じくし、大宝に至りて制度大いに備《そなわ》れり。古者、百事易簡にして、四民勤動し、その営求する所以のものは、功を通じ事を易《か》うるに過ぎず。これを生ずること甚だ広くして、用途甚だ狭し。朝廷漸く奢靡《しゃび》を尚ぶに及びて、国家の用を貶《へん》して、以て婦女の玩好《がんこう》に供す。異化の徒は横肆《おうし》にして、天下の財を傾けて、以て堂宇《どうう》を造り、天下の穀を糜《ついや》して、以て浮冗《ふじょう》を食《やしな》う。藤氏、権を専らにして、権勢の家は、私儲を営み私人を蓄え、荘園天下に遍《あまね》くして、その正税《しょうぜい》を出して以て王事に供するものは幾ばくもなきなり。しかも権勢の私人の、所謂守護、地頭なる者、また私《ひそ》かに財穀を儲《たくわ》え、富厚《ふこう》世を累《かさ》ね、国郡を拠有して、天下の富は遂に武人に移れり。然れども兵なるものは、民社を鎮《しず》むる所以なれば、天下の武士おのおの私卒を養うも、また未だ冗食となさず。故に古者、天下乱るといえども、しかも未だ甚だしくは貧に苦しまざりしなり。今、天下治平なれども、上下皇々《こうこう》として、ただ貧をのみこれ患《うれ》うるものは何ぞや。天下の財を理《おさ》むるに、その道を得ざればなり。

　夫れ武人は土《ど》を離るれば、その勢は多く卒《そつ》を養うを得ず。故に間民《かんみん》を市井《しせい》に雇いて、以て騶従《すうじゅう》に充て、工役《こうえき》に供す。間民、都城に充斥《じゅうせき》するも、緩急には用うべからず、坐して粱肉《りょうにく》に飽き、その冗たるや大なり。天下の仏寺は殆《ほとん》ど五十万、僧尼及び奴隷を通計すれば、その幾百万なるかを知らず〔唐の傅奕《ふえき》、高祖にして上書して言う「僧尼をして匹配《ひっぱい》せしむれば、すなわち十余万戸あり云々」と。武宗《ぶそう》、仏寺を廃し、その上都及び東都に二寺を留め、節鎮《せっちん》におのおの一寺を留む。寺を毀《こぼ》つこと四千六百余区、招提《しょうだい》、蘭若《らんにゃ》四万余区、帰俗の僧尼二十六万五百人、良田数千万頃、奴婢十五万人を収むと。これに拠ればすなわち唐国の土地の大にして、その仏寺の多きも、神州の十分の一に及ばず。然るに時人なお以て夥《おびただ》しとなせば、すなわち神州の仏寺もまた盛んなりと謂うべきなり〕。大廈《たいか》崇甍《すうぼう》、靡麗を窮極し、工商の徒、間民及び僧徒に仰ぎて、以て自から衣食する者も、また尠《すくな》からずとなす。乞丐《きっかい》の類、その業を世《よよ》にして、以て子を抱き孫を長ぜしむる者、天下にその幾何《いくばく》なるかを知らず。博徒の閭閻《りょえん》に横行するもの、またその幾何なるかをしらず。巫医《ふい》、卜筮《ぼくぜい》を仮りて、以て民を誑《たぶら》かし財を要《もと》むる者、幾何なるかを知らず。俳優、雑劇、また幾何なるかをしらず、その冗たるもまた甚だし。而して天下、米穀を銷耗《しょうこう》する所以のもの、酒、餅、餌、麺の類のごとき、すでに枚挙すべからず。米穀は都会に雑遝《ざっとう》し、四方に運輸して、火災の燬《や》くところ、波濤の没するところも、また枚挙に勝えず。その農功を妨《さまた》ぐる所以のものは、茶、蔫《えん》のごとき、紅茜《こうせん》、蔗梨《しゃり》の属のごときも、また騰げて数うべからず。夫れ浮食の民、彼《か》のごとくそれ衆《おお》く、米穀を糜《ついや》し農功を妨ぐるもの、このごとくそれ夥しくして、年穀もまた甚だしくは豊穰ならず。然るに天下常に穀多きに困《くる》しみ、粒米《りゅうまい》狼戻《ろうれい》して、天下貧に困しむは、また異《あや》しむべきなり。

　夫れ天下の米穀は未だ嘗て多からざるなり。しかも甚だ多きがごときは、その勢これをして然らしむるのみ。およそ物は散じてこれを各所に蔵すれば、その数多しといえども、未だその甚だ多きを見ることあらず。聚《あつ》めてこれを一所に陳《つら》ぬれば、寡《すくな》しといえどもまたなお多きがごときは、これ自然の勢なり。故に一石の米を家に蔵するも、未だ以て多しとなすに足らず。万家にしてこれを鬻《ひさ》ぎ、万石を市に陳ぬれば、未だ嘗て視て以て夥しとなさずんばあらず。而して武士は都城に聚処し、終歳の俸を尽くして、以て口腹に奉じ婦女を悦ばすも、甲兵を繕《おさ》め徒卒を養うを得ず。故に米穀は家に蔵せず、挙げてこれを市に鬻ぐ。農民の困乏《こんぼう》にして奢惰《しゃだ》なるも、また歳収を挙げてこれを鬻ぐ。鬻ぐところいよいよ多ければ、すなわち米価いよいよ賤《いや》し。賤しければすなわちその鬻ぐこと多からざるを得ず、これを鬻ぐことといよいよ多けれども、直《あたい》を得ること旧に益さず。ここを以て民、流亡して地に余りあり、地に余りありてしかも祖賦《そふ》減ぜず。それ税しそれ鬻ぎて、一家の産を傾くといえども、なお且つ足らず。故にこれを鬻ぐこと日に多くして、しかも天下の穀は日に耗《こう》し、天下の穀日に耗して、しかも都会の穀は日に盈《み》つ。都会の盈つるを見れば、すなわち天下の虚《むな》しきことを知るべきなり。且つ夫れ都会もまた多く無用の穀を儲《たくわ》うること能わず、故に都会の穀といえども、また以て都会の人を食《やしな》いて稍《やや》余りあるに過ぎざるのみ。その実、甚だしくは多からざるなり。およそ盈縮《えいしゅく》の数は、その実は甚だしくは相遠からざれども、その勢は相霄壌《しょうじょう》するがごときものあり。これを啖《くら》いて飽く者に譬うるに、すでに腹に充ちて稍多きこと一分なれば、すなわち甚だ余りあるがごとく、未だ飽くに及ばずして一分を少《か》けば、すなわち大いに足らざるがごとし。これその過不及の差たる、眇少《びょうしょう》のみ。然れどもその不足のものを取りて、これを余りあるものに比すれば、盈虚《えいきょ》の相去ること、大いに相懸《へだ》たるがごときは勢なり。故に曰く「天下の穀は未だ嘗て多からずして、都会の穀もまた未だ甚だしくは多からざるなり」と。

今、夫れ天下、米穀の賤しくして、貨幣の乏しきを患う。米穀すなわち賤しきにあらざるなり、貨幣すなわち乏しきにあらざるなり。而して百物の甚だ貴《たか》きなり。もし斗米《とべい》の価《あたい》銀五銭にして、一衣裘《いきゅう》もまた五銭ならしむれば、すなわち斗米は以て一衣裘に易うべし。今は木綿の裘といえども、六七斗を鬻ぐにあらざれば、すなわちその直《あたい》を償《つぐな》うこと能わず。これ衣裘の貴くして、穀の賤しきにあらざるなり。穀なるものは、以て腹に充つるに取るのみ、これを銷《しょう》するに限りあり。百物は新を競い奇を闘わし、いよいよ出でていよいよ窮まりなし。すなわち一婦の首飾にして、中農一家の産に当たるに至る。これを銷すれば限りあるものを以てして、いよいよ出でて窮まりなきものを逐えば、百物の皆貴き所以にして、米穀の独り賤しき所以なり。貨幣は軽重を権《はか》る所以にして、物多ければ、すなわち物軽くして金重し。金重ければ、すなわちその数寡《すくな》しといえども、また用に乏しからず。故に古は貨幣甚だ寡くして、しかも天下甚だしくは貧を患えず。慶長以来、金を産すること極めて多く、幣を造ることもまた夥《おびただ》し。貨幣多ければすなわち軽く、軽ければすなわち百物随って重し。工商の生活に、用うるところの物すでに重ければ、すなわち必ずその造作、貿易するところのものを貴《たか》くして、以て衣食の費を償《つぐな》う。故に百物いよいよ重くして、貨幣いよいよ軽し。いよいよ軽ければ、すなわち多しといえどもまたなお乏しきがごときなり〔西夷もまた謂う「西洋の、東方諸国の謂うところの亜墨利加《アメリカ》なるものに通じてより以来、歳々交易し、獲《う》るところの金銀甚だ多し。故に西土の金銀漸く賤しくして、米穀、用物は漸く貴し。識者以為《おもえ》らく、後来まさに多金の累を受くべしと。然れども利を獲ることすでに厚くして、知るといえども絶つ能わず」と。これ戎狄の智も、またなお金多きの累たるを知る。今、中国に在りて、反って未だこれを知らずして、可ならんや」。

およそ天下の物は偏重あれば、すなわちその軽からざるものもまたなお軽きがごとし。故に百物の偏重にして、貨幣の偏軽あり、百物の偏貴にして、米穀の偏賤あり、これその勢の尤も見易《みやす》きものなり。しかるに武士は都会に聚処し、終歳用うるところは、一毫《ごう》といえども市に資《と》らざるを得ず。いよいよ賤しきの穀を以て、いよいよ軽きの金に易え、いよいよ軽きの金を以て、いよいよ貴きの物を償う。その費は固より給せずして、その養うところの陪卒も、また皆奢侈に習い、養うに薄俸《はくほう》を以てすべからず、陪卒を罷《や》めて歳《とし》に奴隷を買う〔俚語《りご》に謂うところの年季者《ねんきもの》、これなり〕。奴隷もまた奢なれば、また多くはこれを蓄うるを得ず、故に時に臨みてこれを市井に傭《やと》う。市井もまた奢なれば、雇銭日に貴《たか》く、またその給し難きを患う。而してその居家の冗費、妻妾の奉、玩好の用、日一日より厚く、終歳の入は、出すところを償わず。富人に就いて乞貸《きっとく》し、習いて以て俗を成し、有邦、有土といえども、また給を富民に仰がざるはなし。豪姦大猾《ごうかんたいかつ》、貨財の権を操り、王公を股掌《こしょう》の上に愚弄す。ここにおいてか、天下の富は遂に市人に帰せり。

夫れ米穀なるものは、帝王の甚だ重んずるところにして、天子の尊といえども、必ず天神に報祭し、然る後に敢えてこれを用いたまう。これを天に受けて以て民を養う所以のものは、固よりよろしくかくのごとくなるべし。今、天下の糶糴《てきちょう》の権を挙げて、一にこれを賈豎《こじゅ》に委《ゆだ》ね、王公、大人《たいじん》も俯伏して命を聴きて、問うところあるを得ず。天下の民命は、専ら市人の手に係り、凶荒に備えなく、兵行に糧なく、海内空虚にして、怪しとなさず。手を拱《こまね》きて環視《かんし》し、徒らに米穀の多きを患う、何ぞそれ惑えるや。

天祖の民命を重んじたまうや、遺沢の及ぶところ、伝えて今日に至る。今、その食《は》むところの粟《ぞく》は、すなわち天祖の頒《わか》ちたまいしところの種なり。しかるに世はこれを重んじ嗇《おし》むことを知らず、方《まさ》に且つ海内虚耗《きょこう》の未だ極まらざるを患う。甚だしきは或いは挙げて蛮夷と市《いち》し、必ずこれを海外に棄てて、しかる後に已まんと欲するに至る。生まれて瑞穂の国に在りて、瑞穂の重しとなるを知らず、犬羊に投畀《とうひ》して、以て得計となす、豈に臣民の天祖に報ゆる所以の心ならんや。

夫れ海内の穀は、よろしく海内に蔵すべくして、まさにこれを海外に棄つべからざるは、理の知り易きものなり。今、五畿七道にて、その田は無慮二千五百万石なり、上農、下農を通ずれば、大約、田を受くること家ごとに十石なれば、すなわち農たるもの二百五十万家なり。一家にて糧を儲《たくわ》うること、見今《げんこん》歳するところの外において、更に一石の米を蔵せんか、米たる二百五十万石なり。今、大坂にて終歳、糶糴するところは、大率《おおむね》、二百万石に過ぎず（天明の初め、大坂の商賈、その糶糴するところの数を記す。宝暦癸未より安永庚子に至るまで、載するところの糶糴の数は、大約二百万石以内なり。而してその見に大坂に在るは、寡《すくな》きは三、四十万石、多きもまた百万石に過ぎず。然れども商賈のことは、未だその詳を知らず。これを商賈に問うて可なり」。その他の都会の地も、また推して知るべきなり。而して天下にて糶《ちょう》するところ、歳に二百五十万石を減じ、且つ邦君及び大夫、士も、またおのおの儲蓄するところあれば、すなわち穀の貴《たか》からざるを欲するも得《う》べけんや。穀貴ければ、すなわち民多くは糴《ひさ》がずして、その用給すべし。これを糴ぐことますます寡ければ、すなわち都会の地も、甚だしくは狼戻《ろうれい》に至らず、天下たまたま穀の多からざるを患うるのみ。穀を輸《いた》すこといよいよ寡くして、天下の穀いよいよ多きは、盈虚《えいきょ》の勢すなわち然るなり。天下の穀いよいよ多くして、人困《くる》しまざるは、散じてこれを民間に蔵すればなり。故に穀を蔵せんと欲すれば、海内自からその所あり、何ぞ必ずしもこれを海外に棄てて、しかる後に天下の困しまざるを見んや。今、民をしてこれを蔵せしめんと欲すれば、その措置の方、制度のよろしき、固より一にして足らず。苟しくもよく穀のよろしく海内に蔵すべきを知りて、然る後に挙げてこれを行わば、措置、制度の事機に適する所以のもの、得て施すべきなり。穀、蔵する所ありて民困しまざれば、すなわち民に恒心《こうしん》あり。民に恒心ありて、然る後、以てこれをして天命を畏れ、地力を尽くし、天地の富に因りて、同じく天祖の 賜《たまもの》 を受けしむべきなり。

〈現代語訳〉

天照大神はたいへん人々の生活を重んじられたので、最初に衣食の基本を作られました。

それは御田《みた》の稲と機殿《はたどの》の繭《まゆ》のことで、これは天下に広がっていき、人々は今もその恩恵を受けております。もちろんこれは、天照大神の思いやりの心が通じたためでしたが、日本の土地も穀物を育てるのに合っておりました。そもそも神州日本は東方に位置しており、朝日の恵みを受けております。『易経』には、「帝王は東から出現し」とあり、東は木《もく》、火《か》、土《ど》、金《ごん》、水《すい》の五行説によれば、穀物を育てるのに適した「木」に当たります。また四季で東は春に当たるため、万物を養い育てるのに合っているので、日本人には肉食をして毛皮を着る習慣はなく、昔から、みずみずしい稲穂のみのる国、という意味の「瑞穂《みずほ》の国」と呼ばれるのも当然のことなのです。

その昔、天皇は良い穀物を天の神々から与えられて、人々を養い育てました（天照大神は斎庭《ゆにわ》の稲穂《いなほ》を皇孫に授けられて、皇孫はこれを天の神々にお供えしました。これは本篇の「上」に書いておきました）。「富《とみ》」というものは、天地からいただいたものでした。後世になると、天下の富はだんだんと荘園などに分散して、一転して武士に移り、また町人に移ってしまって、天下が受けた弊害は数えきれません。ここでは次に、こうしたことについて、お伝えしたいと思います。

古代では大嘗祭《だいじょうさい》において、天下と誠敬の心を共にしておりました。新しい稲ができると、新嘗祭《にいなめさい》では必ずそれを用いて天の神々に感謝し、その後に天下の人々と共にこれを味わいました。そうやって天下の人々は皆、食べている穀物が天の神々から与えられたことを知っておりました。こうして天から与えられた使命を大切にし、多くの作物がとれるように力を尽くし、人々の心は天地と一つとなって、等しくその富を受けて、天と地と人とが一体となっておりました。しかしながら、古代においては人々を治め導くことが十分に行きわたらず、朝廷にも不安定な時代があり、人々の中にはその富を自分だけのものとしてしまう者もおりました。天智天皇は大化の改新によって、そうした弊害を取り除き、天下に命令して私有地や私有財産を廃止し、天下の富を平等にしました。この制度は、後の「大宝律令」において、大いに整備されました。古代においては、全てのことが素直であって人々はよく働き、要求されたものは、収穫物や労働力を交換することでした。従って生産物は多かったのですが、その用途は限られていました。それから朝廷がだんだんと贅沢を重んじるようになると、国家のための費用を減らして、女性好みの品物にあてるようになりました。仏教徒はわがままで、天下の財産を傾けて仏堂を造り、天下の穀物を消費して、無駄な僧尼を養いました。藤原氏が実権を握ると、権力のある家は私有財産や私有民を蓄え、荘園が天下に広がり、税金として皇室に納められるものは少なくなりました。鎌倉将軍家の家来であった守護、地頭といった者も、陰で財産や穀物を蓄え、代々に富を増やし、領地を持って、天下の富はついに武人に移りました。しかしながら、兵というものは民衆や社会を守るものであって、天下の武士が各自に部下を養うのは、無駄飯《むだめし》を与えることにはなりません。このため昔は、天下が乱れたといっても、それほど貧乏に苦しむことはありませんでした。ところが今は、天下が平和であるのに、上の者も下の者も慌ただしくして、ただ貧乏になることだけを心配しているのはどうしてでしょうか。それは天下の財を収める方法を、心得ていないからです。

そもそも武人が土地をはなれると、多くの部下を養う力がなくなります。そこで無職の者を町中から雇って手下にして、土木工事をさせたりします。無職の者は都市にあふれていますが、非常時の役には立ちません。何もしないで、ご馳走を食べているだけなので、無駄なことこの上ありません。天下の仏寺の数は約五十万で、それに付属する僧尼と使用人を合計すれば何百万になるかわかりません〔唐の国の傅奕《ふえき》という人が、皇帝に申し上げたことは、「もし僧尼を結婚させたならば、その家の数は十数万になる」ということです。唐の武宗《ぶそう》皇帝は仏寺を廃止して、長安と洛陽だけに二寺を残し、それ以外は地方の節度使の置かれた役所ごとに、一箇を残しただけでした。取り壊した寺は四千六百あまり、道場、修行場は四万あまり、一般人へ帰させた僧尼は二十六万五百人、そして田畑数千万頃《けい》と使用人十五万人を収めさせました。これによれば唐の国は広大ですが、仏寺の数は日本の十分の一もありません。それでも当時の人は非常に多いと考えていたのですから、我が国の仏寺は、全盛を極めていると言うべきなのです〕。壮大な建築物は贅沢を極め、職人や商人、無職の者や僧尼は、仏寺のおかげで暮らしている者も少なくないのです。乞食の類で、その仕事を家業にして、子孫を養う者も天下に何人いるかわかりません。ギャンブルが地方の村々で横行しているのも、どれほどあるかわかりません。祈禱師や占い師を自称し、民衆を騙して金銭を要求する者は、何人いるかわかりません。俳優や茶番劇もどれほどあるかわかりません。無駄なこと、この上ありません。また天下に米穀を消耗させるものは酒、餅、団子、麺類など数えきれません。米穀は都会に集中していますが、輸送の途中で火災や水没でなくなるものも数えきれません。米穀の生産を妨害する茶、煙草、紅花、茜、さとうきび、梨の類も非常に多いのです。無駄飯を食う者が多く、米穀を浪費し、生産を妨げるものがこれほどあり、年間の収穫高もそれほど多くはありません。しかし天下は常に、米の過剰を理由に苦しみ、米が粗末に扱われているのに、天下が貧困で苦しんでいるのは、変だと気づくべきなのです。

そもそも天下の米穀は、決して多くはありません。多いように見えるのは、そう思わせる情勢があるのです。物というものは、分散して各所に収蔵すれば、その数が多いとしても、決してそれが過剰に多いようには見えません。ところが集めて一ヵ所に陳列すれば、少ないとしても多く見えるのは自然の情勢です。このため一石の米を一家に収蔵しても、決して多いとは言えません。しかし一万の家がこれを売って、万石の米を市場に陳列したならば、今まで見たこともないほど多く見えるのです。武士は城下町に集中して住んでいて、一年分の俸禄を費やして飲食や女性に使っているので、武具を準備し部下を養うことはできません。このため給料である米穀は武士の家に収蔵されずに、すべて市場に売られています。農民の方も貧乏なのに贅沢な者がいて、一年分の収穫を全て市場に売ってしまっています。市場に売られるものが多くなれば米の価格は安くなり、米の価格が安くなれば、儲けが少なくなるので、市場へ売りに出す米の量を、今までより多くしなければならなくなります。多くの米を市場へ売っても、以前より儲けが少なくなるのです。こうして民は生活ができなくなり、逃げ出す者も出て土地が余ります。しかし土地が余っていても、その土地の税金がなくなるわけではありません。税金としての年貢米を納めて、残りの米も市場に売って、一家の財産が傾くほどになっても足りないようになります。そうやって市場に売り出される米穀は日々多くなり、天下全体の米穀は日々少なくなります。天下全体の米穀は少なくなっているのに、都会の米穀は満ちあふれるようになります。都会に米穀が満ちあふれているのを見たならば、天下全体の米穀が足りていないことを知るべきなのです。また都会にしても、多くの必要のない米穀を蓄えておくことはできず、都会にある米穀も、人口が多いので、人々を食べさせてやや余るくらいしかありません。実際には、特別多いというわけではないのです。そもそも「多い」「少ない」というのは、実際にはそれほど差がないとしても、情勢としては天と地ほど差があるように感じることがあります。食事に例えると、満腹な時に、もう少し食事が加わると非常に多いように感じられるのに、空腹の時には少し食事が足りないだけでも、非常に足りないように感じられるようなものです。この「多い」「少ない」の差は、ほとんどありません。しかし、足りない者の感覚と、有り余っている者の感覚を比べたならば、実際の差がわからなくなって、たいへん差があるように感じられるのは情勢というものです。それゆえに私は、天下の米穀は決して多くはなく、また都会の米穀も決して多くないと言ったのです。

今、天下では米穀の価格が安く、貨幣が少ないのを心配しております。しかし、米穀の価格は安いわけではなく、貨幣が少ないわけでもありません。多くの物の値段が、高くなっているのです。もし米一斗《と》（約十八リットル）が銀五銭で、一着の衣服も銀五銭であれば、米一斗は一着の衣服と交換できます。ところが今は、木綿の衣服であっても米六、七斗を売らなければ、衣服の値段を支払うことはできません。これは衣服の値段が高くて、米の値段が安いというわけではありません。米というものは、腹を満たすだけであって、消費するには限界があります。しかし品物というものは、目新しさを競って、珍しさを戦わせ、どんどん出て来て限りがありません。例えば女性の首飾り一つで、中流の農民一家の財産に相当するものもあります。消費に限界のある米によって、限界のない品物を求めるために、多くの品物の値段が高く、米穀の値段が安くなるというのがその理由なのです。貨幣というものは、価値をはかる基準であって、物が多ければその物の価値は低く、お金の価値が高くなります。お金の価値が高ければ、貨幣が少なくても使用に不便はありません。ですから古代は、貨幣がたいへん少なくても、天下は貧乏を心配することはありませんでした。慶長の時代以来、金の産出が極めて多くなり、貨幣を造ることもまた多くなりました。貨幣が多くなると、貨幣の価値が低くなり、貨幣の価値が低くなると、品物の値段が高くなりました。職人や商人の生活用品の値段が高くなると、必ずその製造費や販売費を高くして、彼らの衣食の生活の費用を補います。そうして多くの品物の値段が高くなって、貨幣の価値が低くなります。貨幣の価値がますます低くなると、貨幣が多くあっても貧乏になります〔西洋人も次のように言っております。「西洋が東方諸国、アメリカと言われる地域と通商して以来、貿易で得る金銀が年々非常に多くなった。このため西洋の金銀の価値が次第に低くなり、米穀や品物の値段は次第に高くなった。見識のある者は、金銀の過剰が問題を起こすと考えている。しかしながら、貿易による利益の獲得が多くなってしまっていて、知っていても止めることができないのだ」西洋人ですら、金が多くなりすぎる問題を知っています。今、日本で生活していながら、このことを未だに知らなくていいのでしょうか」。

そもそも天下の物は偏《かたよ》りがあると、軽くないものであっても、軽いようになります。このため、多くの品物が偏って重くなると貨幣は偏って軽くなり、多くの品物の値段が高くなると米穀の値段が安くなることは、そのわかりやすい例なのです。武士は都会に集中して住んでいて、一年中必要な品物は、町で買わなければなりません。給料として与えられる米穀はどんどん安くなり、それをどんどん価値の下がる貨幣に交換し、どんどん価値の下がった貨幣によって、どんどん値段の高くなる品物を買うのです。その費用は、はじめから足りないのに、養っている家来も皆贅沢を習慣にしていて、安い給料では養うことができなくなり、俗に言う年季者を買うようになります。この年季者もまた贅沢で、多くを養うことはできないので、臨時に町中の者から雇います。町中の者もまた贅沢なので、その賃金も日々高くなり、養うのが難しくなります。そうやって住居のむだな費用、妻や愛人への費用、趣味の費用は日々多くなり、年間の収入は支出を補いきれません。お金持ちから借金をして、これが習慣になってしまって、大名や旗本であっても、借金をしない者はおりません。悪賢いお金持ちが貨幣と財産の権力を使って、王族や公族を「手のひらの上で玩《もてあそ》ぶ」ようになっております。ここにおいて、天下の富は遂に商人に移ってしまったのです。

そもそも米穀というものは、帝王がたいへん重んじたものであって、尊い天子の位の者であっても、必ず天の神々に感謝の祭りを行い、その後に天下に用いました。天から与えられて民を養うためのものなのですから、これは当然のことなのです。今、天下の米穀の売買の権利は、全て卑しい商人が持っており、王族や公族、大名であっても頭を下げて言うことを聞いて、反対することができません。天下の人々の生活は、ほとんど商人に握られて、不作の時に備えることもせず、戦時の食糧もなく、本当は国内に米穀がないのに誰も不思議に思いません。手をこまねいて周りから見ているだけで、ただ都会の米穀が多いことを心配しているのは、何と血迷ったことなのでしょう。

天照大神は民衆の生活を重んじられ、その残された恵みは伝えられて、今日に至っております。今、私たちが食べている穀物は、天照大神から分け与えられた種からできたものなのです。しかしながら、世の中はこのことを重んじて、大切にしようとする心を忘れ、国内の米が減らないのを心配しております。それどころか、外国と貿易をして米を海外へ棄て、国内の米の量を減らそうと考える者もおります。瑞穂の国に生まれながら、その瑞穂を大切にする心を知らず、犬羊《けんよう》のような卑しい者たちに投げ与えて、それが得策であるかのようにするのは、天照大神のご恩に報いようとする臣民の心と言えるのでしょうか。

そもそも国内の穀物は、国内に収蔵しておくものであって、これを海外に捨て去ってはいけないことは、当然の道理です。今、五畿七道、つまり日本全体の水田は二千五百万石の収穫があります。各農家を平均すれば、一農家おおよそ十石の水田を持っているので、農家の数は二百五十万家となります。これらの農家が、現在収蔵している米のほかに、さらに一石米の輸送量がますます少なくなり、天下に収蔵させるからです。今、大阪で一年間に売買されている米の量は、だいたい二百万石にすぎません（天明の時代の初めに、大阪の商人が米の売買を記録したものがあります。宝暦十三年（一七六三）から安永九年（一七八〇）まで、記録された米の売買の量は、おおよそ二百万石以内です。現実に大阪にあるのは、少ない時で三、四十万石、多い時で百万石にすぎません。ただ商売のことについては詳細がわからないので、あとは商人に尋ねるのがよいでしょう」。その他の都会についても、たいした量でないことは、大阪の例からも予想できるでしょう。このようにして天下の米の販売量を年に二百五十万石減らし、さらに大名や家老、武士も各自で米を貯蔵させるようにすれば、米穀の値段は高くならざるを得ません。米穀の値段が高くなれば、農民は米を多く売りに出さなくても、米の値段が高くなるので生活をしていくことができます。売られる米穀がさらに少なくなれば、都会においても米が無意味に積み重ねられることはなくなり、天下は時々、米穀が少ないことを心配するだけになるでしょう。米の輸送量がますます少なくなり、天下に収蔵された穀物がますます多くなるのは、最初に述べた情勢というものがそうさせるのです。天下の穀物がますます多くなって、人々が困窮しないのは、米を分散して民間に収蔵させるからです。このように米穀を収蔵しようと思えば、国内にはじめからその場所はあるので、どうして米穀を海外へ棄てるようなことをして、天下の困窮を救おうなどと考えるのでしょうか。今、民衆に米穀を収蔵させるようにするのであれば、その措置の方法、制度の充実など一言では足りません。ただ、米穀を国内に収蔵させるという基本を知って、その後にこれを行うのであれば措置、制度についても、その時々に合ったものを実施していくだけです。米穀を収蔵して民衆が困窮しないのであれば、民衆には恒心《こうしん》という、しっかりとした正しい心を持つことができます。民衆に恒心が芽生えるようにして、その後に天からの命を畏れ敬う心が生じ、土地の生産力を上げることに力を尽くすことができます。天地の富によって人々が同じように、天照大神からの恵みを受けられるようにしなくてはならないのです。

〈語釈〉
○震《しん》　易の八卦の一つで、万物が動き出すさまを示す。○五行　古代中国の思想で、木火土金水の五つの元素をいう。○瑞穂《みずほ》の国　みずみずしい稲穂のみのる国。○私儲《しちょ》　一個人のたくわえ。○大宝　大宝律令の制定をいう。○奢靡《しゃび》　身のほどをすぎた贅沢。○玩好《がんこう》　その物を好んで楽しむこと。○横肆《おうし》　わがままなこと。○堂宇《どうう》　堂の建物。○浮冗《ふじょう》　むだなもの。○皇々《こうこう》　あわただしいさま。○粱肉《りょうにく》　美食。○匹配《ひっぱい》　配偶。○節鎮《せっちん》　唐の時代に節度使を置いた場所。○招提《しょうだい》、蘭若《らんにゃ》　寺院や道場。○大厦崇甍《たいかすうぼう》　大きく立派な建物。○乞丐《きっかい》　乞食。○巫毉《ふい》　祈禱師。○卜筮《ぼくぜい》　占い。○蔫《えん》　煙草。○紅茜《こうせん》　染料のべにやあかね。○蔗梨《しゃり》　さとうきびやなし。○狼戻《ろうれい》　秩序なく乱れること。○鬻《ひさ》ぐ　売る。○盈《えい》縮《しゅく》　余りと不足。○霄壌《しょうじょう》　天地ほどの差があること。○盈虚《えいきょ》　満たされることとむなしいこと。○衣裘《いきゅう》　衣服。○陪卒　家来。○俚語《りご》　俗語。○年季者《ねんきもの》　年季の奉公をするもの。○乞貸《きっとく》　金品を借りること。○有邦、有土　大名や旗本。○豪姦大猾《ごうかんたいかつ》　悪賢い大金持ち。○股掌《こしょう》の上に愚弄　思いどおりに動かすこと。○糴糶《てきちょう》　米の売買。○賈豎《こじゅ》　いやしい商人。○虚耗《きょこう》　しだいになくなっていくこと。○投畀《とうひ》　投げ与えること。○恒心《こうしん》　変わることのない正しい心。

形勢

本篇の名称は、『孫子』の中の「形」篇と「勢」篇を意識したものと考えられる。この二つは、主として戦術を解説する部分に含まれている。

「形」と「勢」については、様々な解釈があり、例えば「形」とは人間の内側に隠れている「情」(=感情)が、外側に「形《かたち》」となってあらわれたものとするものがある。また「勢」とは内に潜む趨勢《すうせい》であり、それが外にあらわれたものが「形」であって、「形」と「勢」とは、共に相通じるものであるとしている。

『孫子』については、古来の注釈書のみならず、我が国においても多くの解説書がある。その中でも、本篇との関係においては、より大局的な解釈をしているものが参考となろう。それは単に、「軍隊の陣形」といった意味のみならず、敵国と自国、さらに第三国との関係も視野に入れているものである。そして、彼我の軍備、総力の大小優劣、及び第三国との関係における有利不利等を「軍形」とし、「これを知るものは戦わずして勝敗を知る」、としているものがそれにあたる。

そうした意味において本篇は、我が国のみならず世界の「形勢」が歴史的に説かれていると言える。そして「形」というものが、内側の「情」と不可分である以上、各国における宗教の研究が重要だということになる。

〈読み下し〉

変動して居らざるは、天地の常道なり。而して万国の両間に在るや、形勢の変、豈に窮まりあらんや。夫れ地の大洋に在る、その大なるもの二あり、一はすなわち中国《なかつくに》及び海西諸国、南海諸島、これなり〔その地、東は京師《けいし》以東二十五度の地に起こり、西は京師以西七十五度の地に至る。或いは称して亜細亜《アジア》、亜弗利加《アフリカ》、欧羅巴《ヨーロッパ》と曰うものは、西夷の私呼するところにして、宇内の公名にあらず、且つ天朝の命ずるところの名にあらず、故に今は言わず〕。一はすなわち海東諸国、これなり〔西は京師以東五十度の地に起こり、東は九十五度の地に至る。或いは称して南亜墨利加《アメリカ》、北亜墨利加と曰うものも、また西夷の名づくるところなり〕。而してその中、おのおの区域を分かち、自から相保聚《ほしゅう》するものは、すなわち、所謂万国なり。

古者《いにしえ》、人文未だ開けず、夷蛮戎狄《いばんじゅうてき》、禽獣《きんじゅう》の相群《あいむら》がるがごとく、未だ以てその沿革を論ずるに足らざるなり。中国は旧国造、県主を建てて、おのおの土疆《どきょう》を守らしむ。中ごろ変じて郡県となり、また変じて英雄割拠し、沿うてまた封建の勢を成せり。而して虞《ぐ》、夏《か》、商、周の国を為《おさ》むるがごときも、また嘗て諸侯を封建せり。秦漢以後、郡県の制となり、世代相襲《つ》ぎ、小《すこ》く沿革あり。虞、夏、商、周は、治、一に統《す》べたるも、春秋のごときは、すなわちこもごも盟主となり、戦国にはすなわち七雄こもごも相攻伐せり。爾後、変革一ならざること、具《つぶさ》に史書に見ゆ。

而して古者その称するところの戎狄なるものは、禽《とり》のごとく挙がり獣のごとく走りて、時に寇害をなすに過ぎず。而して玁狁《けんいん》の禍《か》は、虞、夏のなきところ、匈奴のごときは、商、周の未だあらざるところ、吐蕃《とばん》、回紇《かいこつ》は、すなわち秦、漢未だこれあらず。契丹《きったん》、女真《じょしん》、蒙古は、すなわち隋、唐未だあらず。而して西洋諸蕃の絶海万里にして相併呑するがごときに至りては、すなわちまた宋、元の未だ嘗てあらざるところなり。人文漸く開けたれば、すなわち夷狄なるものもまた漸く条教を設け規則を立つるを知り、その高城深池は、古の穹廬《きゅうろ》にあらず、鉅礟《きょほう》大艦は、古の騎射にあらず、回回《フイフイ》、邏馬《ローマ》の教法は、古の威もて駆け、利もて誘いて麕《きん》のごとく至り鳥のごとく散ずるものにあらず、おのおの一方に雄拠し、合従連衡《がっしょうれんこう》して、宇内を挙げて一教に帰せしめんと欲し、また水、草を逐うて転移するの類にはあらざるなり。故に古者、一区の中に就きて、分かれて戦国となりしが、今はすなわち各区に並立して、こもごも戦国となれり。ここを以て中国及び満清を除くの外、自から号して至尊を称するものは、曰く莫臥児《ムガル》、曰く百児西《ペルシャ》、曰く度爾格《トルコ》、曰く熟馬《ゼルマニア》、曰く鄂羅《ロシア》なり。これ宇内を挙げて列して七雄となす、分れて一区に雄たるの比にあらざるなり〔蘭学家の説に、以上の七国は、西夷皆称して帝国となして、その他の亜毘心域《アビシニア》、馬邏古《モロッコ》、暹羅《シャム》及び爪哇《ジャワ》の瑪荅郎《スマトラ》等のごときも、また帝国と称すと。然れども亜毘心域はただその地域の広大なるを以て、馬邏古はただ回子《かいし》の正系なるを以てして自から雄たり。然れども一はすなわち黒人愚陋の俗にして、一はすなわち衰乱削弱す。而して暹羅はすなわちその国富むといえども、兵力は劣弱、瑪荅郎はすなわち諸蕃の要会なりといえども、国最も弱小にして、皆以て雄を争うに足らず。故に論ぜざるものなり。蘭学家、前数国の王を謂いて帝となすは、すなわち西夷称するところの奚瑟爾《ケイゼル》なるもの、原邏馬《もとローマ》の先祖の名に出ず。蘭学家、訳して帝となすは、ただ漢字を仮りて以て尊卑の等を分かてるのみ。その実はすなわち我が所謂帝の義にあらず。故に今は帝国等の字を用いざるなり〕。

夫れ古者、夷狄の辺患をなせしものは、熊襲《くまそ》なり、隼人《はやと》なり、蝦夷《かい》、蝦狄《かてき》なり。その馴服《じゅんぷく》するに及びて、海外の貢を修めしものは三韓なり、粛慎《しゅくしん》、渤海の諸国なり。その寇賊をなせしものは女真、蒙古なり〔女真はすでに契丹《きったん》を破り、まさに宋を侵さんとし、寛仁中、筑紫に寇す。世に称して刀伊《とい》の賊となす。後二百余年、蒙古強盛にして、雄を西北に称し、まさに宋を併せんとし、また筑紫に寇す。これその寇害をなせしもの、皆、彼の南を図るの時に在りしなり〕。而して狂瀾怒濤《きょうらんどとう》に阻まれて、卒《つい》に深患をなす能わざりき。この時に当たり、神州は四面皆海にして、号して天険となせり。今、西夷は巨艦大舶に駕《が》し、電奔《でんぽん》すること数万里、駛《は》すること風飈《ふうひょう》のごとく、大洋を視て坦路《たんろ》となし、数万里の外も直《ただ》ちに隣境となす。四面皆海なれば、すなわち備えざるところなし。向《さき》に所謂天険なりしものは、すなわち今の所謂賊衝《ぞくしょう》なり。しかるに疆《きょう》を保ち辺を安んずるもの、豈に疇昔《ちゅうせき》の跡を執りて、以て今日の勢を論ずるを得んや。

方今戦国にして、その回教を挾《さしはさ》みて以てその兵を強くしその地を広くするものは、莫臥《ムガ》児《ル》、度爾格《トルコ》なり。而して度爾《トルコ》最も張る。然れども未だ嘗て一たびも中土を窺わざるは、その俗専ら騎戦を務めて、航海の術はその長ずるところにあらざればなり。西洋は皆邏馬《ローマ》の法を奉じ、仏郎察《フランス》、伊斯把《イスパニヤ》、雪際亜《シュウジャ》、諳厄利《イギリス》はその尤《ゆう》なるものにして、熱馬《ゼルマニア》これが祖たり。然れども熱馬はすでに衰弱し、諸蕃はただ名位を以てこれを尊奉するのみ。鄂羅斯《ロシア》のごときも、また嘗て仏郎察等と肩を比《なら》べ、熱馬に役属せしも、近時に至りては、すなわち猖獗《しょうけつ》特に甚だしく、新たに至尊の号を称し、その地は諸国の東西を包《か》ね、神州の東北に綿亘《めんこう》し、毎《つね》に度爾《トルコ》と雄を争う。然れどもなお窮髪《きゅうはつ》の北に僻在《へきざい》し、未だ志を南方に得ず。百児西《ペルシャ》は嘗て衰乱せしが、鄂羅ためにこれを興復し、兵を合せて度爾を撃破す。百児西と鄂羅と合すれば、すなわち度爾はその左臂《さひ》を断つ。鄂羅は素《もと》大地の北に弥亘《びこう》して、これが領襟《りょうきん》となり、今また声勢、南海に震い、大地を中断して、その咽喉《いんこう》を扼《やく》し、度爾をして莫臥児と合するを得ざらしむ。満清の威もまたここに限られて、西被《せいひ》するを得ず。隣国の権を撓《たわ》めて、以て四方を嚇《おど》し、絶を継ぎ滅を興すの義を仮りて、以てその盛を鳴らす。熾焰《しえん》の煽《あお》るところ、百蛮震恐す。これその勢、宇内を席巻してことごとくこれを臣とするにあらざれば、すなわち止《とど》まらざるなり。

且つ古より漢土を病《や》ましめしものは、西羌《せいきょう》、北胡《ほくこ》にして、前に五胡の乱あり、後に沙陀《さだ》、契丹、女真、蒙古あり、遂にその地を践みて皇帝を称するに至れり。今、鄂羅はすでに兼ねて羌胡の勢を挟めば、その勢、清を図らざるを得ず。然れども清はなお強盛にして、未だ間し易しからず。故に顧みて神州に涎《せん》す。彼その勢、志を神州に得て、然る後に我が民を駆って以て閩《びん》、浙《せつ》を擾《みだ》すこと、往時の海賊、明人の倭寇と称するところのもののごとくして、清の東南を罷弊せしめ、釁《きん》に乗じて哈密《ハミ》、満洲等の地を取り、直ちに北京を衝《つ》かんと欲するのみ。かくのごとくなれば、すなわち満清もまたまさに支うる能わざらんとす。虜よく満清の地を得れば、すなわち莫臥児を覆《くつがえ》し、百児を提《ひっさ》げて、度爾を殪《たお》すは、枯れたるを拉《ひし》ぐがごときなり。或いは東方未だ間し易からずして、満清もまた未だ以て遽《にわか》に克つべからざれば、すなわち彼まさにまず西方を事《こと》とせんとす。西方、釁あれば、すなわち百児と与に度爾を図り、もしよくこれに克てば、すなわち南して莫臥児を襲い、満清と準噶爾《ジュンガル》の故地を争いて、長駆して清に臨み、すでに清に克つことを得れば、すなわちまさに連艦して以て神州に偪《せま》らんとす。この二策は、或いは東よりして西し、或いは西よりして東す。虜まさに時を相《み》、変を察してその一を用いんとす。一よく済《な》るあれば、すなわち宇内を臣とするの形、成らん。ここを以て二策なるものにおいて、その易きものを先にせんと欲す。故にしばしば神州を窺《き》伺《し》して、以て難易を嘗《こころ》むるなり。而して航海の術は、固よりその長ずるところなれば、狂瀾怒濤をも忌むことなし。すでにして度爾を陸戦で挫《くじ》き、諸島を海外に収め、方《まさ》に神州と隣をなす。これに由りてこれを観れば、その深患をなす所以のものは、また女真、蒙古の比にあらざるや、知るべきのみ。疆を保ち辺を安んずる者、豈に古今の形勢の変を審らかにして、これに応ずる所以の術を求めざるを得んや。

　夫れ方今、宇内を挙げ列して七雄となして、周末の所謂七雄なるものと、小大異《ことな》れりといえども、その勢もまた絶《はなは》だ相似たるものあり。鄂羅、度爾は、土広く兵強く、壌を接し雄を争うものは秦、楚の勢なり。満清の富強にして東方に在るものは斉なり。莫臥児及び百児亜の、その中間に在るものは韓、魏なり。熟馬はすなわち名位を以て諸蕃の尊奉するところとなるといえども、その実はすなわち仏郎察、伊斯把、諳厄利諸国と相伯仲せり。大なるは韓、魏、小なるは宋、衛、中山《ちゅうざん》のみ〔熟馬は西洋の諸蕃よりこれを視れば、すなわち東周の勢に似たるものあり。然れども宇内よりこれを大観すれば、すなわち宗周の尊あるにあらず、故に爾《し》か云う〕。而して神州の満清の東に在るは、なお燕の斉、趙に蔽《おお》わるるがごとし。然れども今、四辺皆賊衝なれば、すなわちまた燕の独り兵を受けざるがごとき能わずして、周の韓、魏の郊に在るがごときものあるなり。且つ仏郎察、伊斯把、諳厄利諸国のごとき、その奉ずるところの法は皆鄂羅と同じ〔或いは云う、諳厄利の奉ずるところは、伊斯把等と異れり、と。然れども皆同宗別派にして、大異あるにあらず。而してその教法を仮りて以て吞併《どんぺい》を逞《たくま》しくするに至っては、すなわち一なり〕。すなわちその動くや与に相合するは、必然の勢なり。而して各国皆すでに南海の諸島を併せ、海東の地を吞みて、大地の勢、日に侵削に就けば、すなわち神州のその間に介居《かいきょ》するは、たとえば独り孤城を保ち、隣敵、境を築き、日にまさに偪らんとするの勢のごときなり。故にその殊に擯《しりぞ》けざるを得ざるものは、鄂羅に若くはなし。而して度爾のごとき、よく勢声を以て東方と掎《き》角《かく》を相なせば、すなわちその力は以て鄂羅に東侵を禁ずるに足る。莫臥児もまた度爾と力を勠《あわ》せ、同じく百児西の地を争うを得ば、すなわちまた以て鄂羅を制するに足るものあらん。もし夫れ未だ嘗て回《フイ》回《フイ》、邏馬の法に沾染《せんせん》せざるものは、すなわち神州の外、独り満清あるのみ〔朝鮮、安南等の諸国のごときも、また頗るよく特立し、未だ妖法に変ぜられず。然れどもその国は弱小にして、本より数うるに足らず、故に論ぜざるなり」。ここを以て神州と唇歯《しんし》を相なすものは清なり。夫れ方今、天下の形勢、大略かくのごとし。善くその勢に処し、その変に応じて、内は以て守禦の備えを設け、外は以て謀を伐ち交を伐つの計を施すもののごときに至っては、すなわち曰く、択《えら》んで将相に任ずるのみ、と。

〈現代語訳〉

常に変化し続けるというのは、天地における真理です。ですから、万国が天地の間に存在する以上、その形勢も変化し続けるのです。大地は大洋にあって、その中で大きなものは二つあります。一つは日本、アジア、アフリカ、ヨーロッパからなる海西諸国と、東南アジア、オセアニアからなる南海諸島です〔その場所は、京都から東へ二十五度の地点から、京都から西へ七十五度までの地点です。アジア、アフリカ、ヨーロッパというのは、ヨーロッパ人が勝手に付けた名前であって、世界共通の名前でもなく、日本が認めた名前でもないので今は使いません〕。もう一つは、南北のアメリカを含む西半球の海東諸国です〔京都から東へ五十度の地点から、九十五度の地点までです。南アメリカ、北アメリカという名前もまた、ヨーロッパ人が付けた名前です〕。これらの大地の中で、各国が区域を分けて集団を作っているのが、いわゆる万国なのです。

その昔、文明は開かれず、野蛮な異民族は鳥や獣が集まっているような状態で、その沿革については論じるほどのものではありません。日本の古代は国造《くにのみやつこ》や県主《あがたぬし》を置いて、各地を守らせておりました。途中で郡県制度に変わり、その後に変化したのは英雄たちが割拠した時で、封建の制度となりました。中国古代の王朝である虞《ぐ》、夏《か》、商《しょう》、周《しゅう》の国は、諸侯に土地を分け与える封建制度でした。秦と漢の時代以降は、中央集権的な郡県制度となって代々その制度を続け、ほとんど変化はありませんでした。虞、夏、商、周の時代は、政治的に統一されていましたが、春秋時代になると、代わる代わる盟主となって治めましたが、戦国時代になると斉《せい》、楚《そ》、燕《えん》、韓《かん》、魏《ぎ》、趙《ちょう》、秦《しん》の七雄《しちゆう》と呼ばれる七つの国家が戦い、その後多くの変革が行われたことは歴史書に詳しく書いてあります。

古代において夷狄《いてき》と呼ばれた異民族は、鳥のように飛んで、獣のように走って、時々侵略を試みてきただけでした。中国において北方の異民族の害は虞《ぐ》や夏《か》の時代にはなく、匈奴《きょうど》と呼ばれる遊牧民族も商や周の時代にはなく、チベットやウイグルからの侵略も秦や漢の時代にはありませんでした。契丹《きったん》、女真《じょしん》、モンゴルは、隋、唐の時代にはありませんでした。そして西洋諸国が万里の海を越えて植民地化するようなことは、宋《そう》や元《げん》の時代にはありませんでした。文明がようやく開けてくると、異民族であってもやっと人として守るべき教義をつくり、規制を定めることを知るようになりました。ですから彼らの立派な城や深い堀は、昔の単なるテントのようなものではなく、大砲や大型船は、昔の馬に乗って弓を射る騎射《きしゃ》とは、比べものになりません。イスラムとキリストの教法は、昔のように力で脅し、利益で誘って、集団になったり分散したりするものではありません。それぞれが本拠地を持って同盟関係となり、世界中を一つの宗教にしようとしており、水や牧草を求める遊牧民の移動とは全く違います。それは古代のように、一つの地域の中で分かれて戦国の時代となるのではなく、今は世界の各地域が並び立って行動を起こし、戦国の時代となっております。具体的に日本と清国以外で自ら王国を名乗るのはインド、イラン、トルコ、ドイツ、ロシアであり、これが現在の世界の「七雄」であって、かつての限られた地域内での強国とは比較になりません〔蘭学者の説によると、これらの七国は西洋人が帝国と呼び、エチオピア、モロッコ、タイ、及びジャワ、スマトラ等もまた帝国と称しているということです。しかしながら、エチオピアは面積が広いことで、モロッコはイスラム教の正統ということで強国を称しておりますが、一方は黒人による文明に達していない風俗であり、他方は国力が衰退しております。タイは、国家の経済力はありますが軍事力が弱く、スマトラは諸民族が集まっている土地ですが国家が最も弱小です。これらは強国とは言えないので、ここでは論じません。蘭学者は、以上のような国々の「王」を「帝」と言うこともありますが、これはもともと、西洋のカイゼルというローマの先祖の名前から出た名前です。蘭学者が翻訳して「帝」としているのは、ただ漢字によって階級を区別しているだけで、その実体は我が国の「帝」の意味ではありません。このため、ここでは帝国などの文字は用いません〕。

　古代において日本の国境を脅かしたものは、南九州の熊襲《くまそ》、隼人《はやと》であり、東北の蝦夷《かい》、蝦《か》狄《てき》でした。友好国となって海外から貢《みつ》ぎ物を送ってきたのは、朝鮮半島の馬韓《ばかん》、辰韓《しんかん》、弁韓《べんかん》の三韓であり、中国大陸東北部の粛慎《しゅくしん》や渤海《ぼっかい》でした。また日本へ攻めてきたのは、女真《じょしん》とモンゴルでした〔女真は契丹《きったん》を破って、宋を侵略しようとしており、寛仁《かんにん》三年（一〇一九）には北九州の筑紫を攻撃しました。これは刀伊《とい》の入寇《にゅうこう》と呼ばれております。その約二百年後、モンゴルが強大になり、西北に力を伸ばし宋を併合しようとし、そして筑紫を攻撃しました。我が国が侵略を受けるのは、彼らが南下を計画する時なのです」。しかしながら、荒波に阻まれて我が国を侵略することはできませんでした。この当時、神州日本は四方が海であることから、自然の要塞に囲まれた天険《てんけん》と考えられました。今、西洋人は大砲を備えた大艦に乗り、数万キロメートルの距離を移動し、旋風《つむじかぜ》のように速く、大洋を平らな道であるかのように考えて、数万キロメートル先の国であっても隣国であるかのようにしてしまいます。日本は四方が全て海なので、これを利用して彼らは準備しております。かつて自然の要塞であったものは、今では敵の侵入路なのです。このように国境を確保し、辺境の安全を守るためには、昔の考えに囚《とら》われていては現在の大勢を論じることはできないのです。

現在の世界的な戦国時代において、イスラム教によって軍事力を強め、領地を広げているのはインドとトルコです。特にトルコが最も力を拡張しています。しかしながら、今まで一度も日本を狙わなかったのは、その文化は乗馬による騎兵戦を得意としており、航海術においては発達しなかったからです。西洋はキリスト教を信仰し、フランス、スペイン、スウェーデン、イギリスは中でも有力なもので、ドイツが元祖となります。しかしドイツはすでに衰退しており、各国はかつての神聖ローマの伝統に対してのみ尊敬を払っています。ロシアにおいても、かつてはフランスなどと肩を並べてドイツに服属していましたが、近ごろは盛んに勢力を伸ばし、新たに皇帝と称して、領土は諸国の東西を包み、日本の東北方面に続いていて、常にトルコと覇権を争っております。しかしながら、領土は草木の育たない北方の土地にあり、いまだに南方への進出を果たせずにおります。イランはかつては衰退していましたが、ロシアの援助によって復興し、兵力を合わせて露土《ろと》戦争でトルコを撃破しました。イランとロシアが連合して、トルコは左腕を失いました。ロシアはもともと、北の大地に領土が広がっており、その領主となって、今また勢力を南方の海域へ振るい、大地を断ち切って、交通の要衝を押さえて、トルコとインドが連合できないようにしております。清国もロシアに阻まれて、西へ勢力を伸ばすことができません。ロシアは隣国の権利を利用して周辺国を脅し、途絶えた国を継承し、消滅した国を再興するという名目で勢力を伸ばしております。その勢いの激しさに、諸国は震え上がっております。その勢力は全世界を征服して、全てを臣下としなければ、止まることはないのです。

また、昔から中国を悩ましたのはチベット地域の民族と、北方の遊牧民族やウイグルであり、五胡十六国の乱が起こって、それから沙陀《さだ》、契丹《きったん》、女真《じょしん》、モンゴルが成立して、その地をおさえて皇帝と称するにいたりました。今、ロシアはすでにチベットと北方の民族を合わせたような力を持ち、その勢力は必ず清国を狙うことでしょう。しかし清国はまだ強国であるので、簡単にはいきません。ですから、日本から攻略しようと考えております。清国攻略という最終目的のために、ロシアはまず日本を攻略し、その次に日本人を使って福建や浙江《せっこう》といった南東の海岸地域で暴動を起こさせ、これは明国の人がかつて倭寇《わこう》と呼んだ海賊のように行動させて、清国の東南地域を疲弊させ、隙をみてウイグルや満洲等を奪ってから、北京を直接攻撃しようと考えております。こうなってしまうと、清国も政権を支えることが不可能となるでしょう。ロシアが清国の土地を占領すればインドを転覆させ、それからイランと協力してトルコを倒すのは、枯れた木を砕くように簡単なことになるでしょう。もしくは、東側の攻略が簡単ではなく、清国にもすぐには打ち勝つことができないとなると、ロシアは西側から手をつけるでしょう。西側に隙があれば、イランと共にトルコを狙い、トルコを倒すことができたならば、南下してインドを襲い、清国と中国北西部のジュンガル地方を争い、遠征して清国に攻撃を仕掛け、そこで清国に勝つことができたならば、軍艦を率いて我が国に迫ってくるでしょう。この二つの計画は、東側からはじめて西側へ、あるいは西側からはじめて東側へ実行するでしょう。ロシアは時機を見て、情勢の変化を観察して一方の計画を実行しようとしております。この一つが成功してしまえば、世界を征服する形勢ができあがってしまいます。そこで、この二つの計画のうち、簡単な方を先に実行しようとしております。このために、時々日本の状況を観察して、その難易の度合いを試しているのです。そしてロシアは、航海術も得意とするところなので、日本周辺の荒波も問題ではありません。ロシアはすでにトルコを陸上戦で破り、島々を奪って、日本と隣接しております。こうした理由を踏まえて考えると、その脅威はかつての女真やモンゴルとは比べものにならないことを知るべきなのです。国境を確保し辺境の安全を守ろうとする者は、古今の形勢の変化を詳しく分析して、これに対処する方法を求めなければならないのです。

現在の世界には七雄と言うべき七大国があり、周の時代末期の七雄とは大小の差はありますが、その形勢においては似ているところがあります。ロシアとトルコは、共に領土が広くて兵力も強く、国境を接して覇権を争っているので、かつての秦や楚の国の形勢に似ています。清国は経済力があり強国で、東方にあるので斉と言えるでしょう。インドとイランがその中間に位置しているので、韓と魏の形勢と言えます。ドイツは歴史的地位において諸国の尊敬を集めておりますが、その実力はフランス、スペイン、イギリス諸国とほぼ同じです。大きくみても韓や魏、小さく見れば宋、衛、中山《ちゅうざん》くらいでしょう〔ドイツは西洋諸国から見れば、勢力を失って東方へ移った時の周の国に似ています。しかし世界から見れば、勢力があったころの周ほどの尊敬を集めたわけではないので、このように書きました〕。そして日本が清国の東に位置しているのは、かつて燕《えん》の国が斉や趙を間に挟んで、秦の影響を受けづらかった形勢に似ております。しかしながら現在は、四方の海が全て、外国からの通路となってしまったので、燕だけが攻撃を受けなかったようにはいかず、周の国が韓や魏と接していたのと同じ状況なのです。またフランス、スペイン、イギリス諸国においては、信仰する宗教はロシアと同じです〔イギリスが信仰している宗教は、スペインとは違うと言う人がいるかもしれませんが、皆同じ宗教から出た宗派であって、大差はありません。その教法を利用して諸国の侵略を拡大している点では同じなのです〕。ですから、その行動が共に歩調を合わせるのは必然のことなのです。すでに各国は南海の諸島を併合し、アメリカ大陸を手に入れて、地球上の大地が彼らに削り取られております。日本がその間にあるのは、たとえるなら単独で城を守り、迫り来る敵は領地を拡大していて、刻々と迫ってくる形勢と言えるでしょう。それゆえに特に排除しなくてはならないのはロシアです。そこでトルコのようなロシアの西側の強国と、反対に位置する東側の国が協力すれば、ロシアの東方への侵略をくい止めることができるのです。インドもまたトルコと協力して、イランの領地に介入することができれば、ロシアを牽制することができます。それにしても、これまで一度もイスラム教とキリスト教に染まっていないのは、日本のほかには清国しかありません（朝鮮や安南の諸国も、たいへんよく独立し、いまだこれらの妖法に変えられてはおりません。しかしながら国力が弱いので数には入れず、ここでは論じません）。ですから、日本と密接な国益を有するのは清国なのです。現在の天下の形勢は、およそ以上のようなものとなります。じっくりとその形勢を押さえて変化に対応し、国内においては守りの備えを設け、国外に対しては敵の裏を読み、その協力者を分裂させることが必要であり、そのためには軍事と政治におけるリーダーの人選が重要となるのです。

〈語釈〉

○夷蛮戎狄《いばんじゅうてき》　周辺の異民族の意味で、東方を夷、南方を蛮、西方を戎、北方を狄という。○禽獣《きんじゅう》　鳥獣。○土疆《どきょう》　域内。○玁狁《けんいん》　北方の異民族。○吐蕃《とばん》　チベット。○回紇《かいこつ》　ウイグル。○契丹《きったん》　中国東北部付近のモンゴル系民族。○女真《じょしん》　中国東北部付近のツングース系民族。○穹廬《きゅうろ》　モンゴル人のテント。○回回《フィフィ》、羅馬《ローマ》の教法　イスラム教とローマカトリック教。○釁《きん》　むらがる。○熟馬《ゼルマニア》　ゲルマニア、ゲルマン人の立てた国家。ドイツ・

神聖ローマ帝国のこと。〇回子《かいし》　イスラム教徒。〇奚瑟爾《ケイゼル》　皇帝。〇粛慎《しゅくしん》　黒竜江流域のツングース族。〇刀伊《とい》　朝鮮語で夷狄の意味で女真族のこと。〇狂瀾怒濤《きょうらんどとう》　荒波。〇坦路《たんろ》　平坦なみち。〇疆《きょう》　さかい。〇疇昔《ちゅうせき》　過去。〇雪際亜《シュウジャ》　スウェーデン。〇猖獗《しょうけつ》　勢いが強く荒れ狂うこと。〇綿亙《めんこう》　長く連なること。〇窮髪《きゅうはつ》　北方の地のはての不毛の地。〇弥亙《びこう》　連なり続く。〇西羌《せいきょう》　中国西北辺境のチベット族。〇北胡《ほくこ》　北方の異民族。〇閩《びん》、浙《せつ》　現在の福建省と浙江省。〇釁《きん》　隙、油断。〇哈密《ハミ》　新疆ウイグル自治区東部の都市。〇準噶爾《ジュンガル》　西北モンゴルにあったモンゴル系オイラート民族の遊牧国家。〇介居《かいきょ》　孤立して援助のないこと。〇掎角《きかく》　前後から敵を制すること。〇沾染《せんせん》　影響を受ける。〇唇歯《しんし》　利害関係が密接であること。

虜情

前篇の補説において「形」とは、内側にある「情」（＝感情）が外にあらわれたものであると述べたが、本篇は「虜」、すなわち西洋人の心情について分析している。それは一言で言えば一神教であるというもので、そうした正志斎独自の分析が、歴史的経緯を踏まえて展開されている。

また、前篇とも共通することであるが、海外知識の豊富な記述についても注目しておく必要があろう。それは同時代の学者の中でも、特筆すべきものであり、当時の世界情勢や各国の動向を知る上でも興味深い史料となっている。

本篇では、西洋各国が侵略国家群として描かれている。「侵略」という言葉については、その立場により定義が異なるけれども、ここで言われる侵略は、「布教」という言葉で言い換えることも可能であろう。幕末から昭和にかけての日本と西洋との軋轢の背景には、宗教的要素があったことも見逃すべきではない。

〈読み下し〉

西夷の海上に跋扈《ばっこ》すること、幾《ほと》んど三百年にして、土疆《どきょう》日に広く、意欲日に満つるものは、これその智勇の大いに人に過絶するものあるか、仁恩の甚だ民に洽《あまね》きか、礼楽刑政の修備せざるなきか、そもそも神造鬼設、人力のよくなすところにあらざるものあるか、而して皆然るにあらざるなり。彼その恃みて以て伎倆を逞しくするところのものは、独り一耶蘇教あるのみ。夫れ彼の所謂教法なるものは、邪僻浅陋《じゃへきせんろう》にして、固より論ずるに足るなし。然れどもその帰は易簡にして、その言は猥瑣《わいさ》、以て愚民を誑誘し易く、巧言繁辞、天を誣《し》いて以て天を敬するとなし、人道を滅裂して、以て倫理を暁《さと》るとなす。時に小恵を行いて、以て仁聞を市《う》り、因りてその説を誇張して、舌を鼓《こ》し世を眩《まど》わし、誕妄《たんぼう》迂怪《かい》にして、以て耳を濫《みだ》るに足る。故に世の異を好む者は、道聴途説して、士大夫といえども、また往々にして沾染を免れざる者あり。心蠱《まど》い、志溺れ、頑乎としてそれ解くべからざるに至る。これ狡夷《こうい》の用いて以てその術を售《う》るところなり。故に人の国家を傾けんと欲せば、すなわち必ずまず通市に因りてその虚実を窺い、乗ずべきを見ればすなわち兵を挙げてこれを襲い、不可なればすなわち夷教を唱えて、以て民心を煽惑《せんわく》す。民心一たび移れば、箪壺《たんこ》相迎え、これを得て禁ずるなし。而して民は胡神《こしん》のために死を致し、相欣羨《きんせん》して以て栄となし、その勇は以て闘うに足る。資産を傾けて、以て胡神に奉じ、その財は以て兵を行《や》るに足る。人の民を誘い人の国を傾くるを以て、胡神の心に副うとなし、兼愛の言を仮りて、以てその呑噬《どんぜい》を逞《たくま》しくす。その兵は貪《たん》なりと云うといえども、以て義兵の名を銜《いざな》うに足る。その国を併《あわ》せ地を略するは、皆この術に由らざるはなきなり。

各国ますます強梁《きょうりょう》するに及び、すなわち始めて中国《なかつくに》を覬覦《きゆ》す。その首《はじめ》て内地に入りしものは、波爾杜瓦《ポルトガル》なり。波爾杜瓦は伊斯把《イスパニヤ》の属国にして、天文、弘治の間、張ること甚だしく、南海の諸島を略し、新たに海東の地を闢《ひら》くこと最も多し。次を以て豊、薩諸国に来たり、夷教を唱え、蠢氓《しゅんぼう》を煽動せり。而して有土の者もまた往々にして欺罔《ぎもう》するところとなり、大友、小西の徒、首としてこれに帰向《きこう》せり。織田氏もまた嘗て寺を京師に創《はじ》めて、以て胡僧を延《ひ》き、その法漸く中州《ちゅうしゅう》に浸淫《しんいん》せり。夷輩《いはい》因りて困窮を賑恤《しんじゅつ》し、務めて民心を収めたり。織田氏、その異図《いと》あるを暁り、胡寺を毀《こぼ》ち胡僧を逐わんと欲せしも、未だ果たさずして世に即《つ》けり〔織田氏の胡寺を創《はじ》むるや、その臣刑部正則諫《いさ》むれども聴かず。蓋し用いて以て隣国を傾けんと欲せしなり。邪徒を遣わして、荒木の君臣を離間せしがごとき、これなり。すでにして自から悔いて曰く「およそ仏を信ずる者は、檀家、財物を奉じて、以て僧侶に布施し、未だ僧の檀家に奉ずるを聞かざるなり。且つその初めて来るや、貿易を以て名となし、今、利を収むるをなさずして、賑恤これ務む、必ずまさに人の国家を傾けんとす。正則の言、果たして験あり」と〕。豊臣氏に至り、胡僧及び愚民の夷教に汚《けが》るる者を駈りて、ことごとくこれを海外に出せり。東照宮興り、禁を設くること殊に厳なり。故に伊斯把、諳厄利の諸蕃、相踵《つ》いで至るありといえども、卒に夷教を以て入ること能わざりき〔東照宮嘗て西宗真なる者を西洋に遣わし、三年にして還る。台徳公《たいとくこう》もまた揖斐《いび》某を遣わして西洋に至らしめ、七年にして還る。皆虜情を探偵する所以にして、蓋しこれに由りて、審らかに異言を識《し》るを得たりと云う、痛くこれを禁絶する所以なり。大猷公《たいゆうこう》もまた嘗て訳官を遣わして天竺《てんじく》に往き、精舎を視せしむ、疑うらくはまた深意ありしなり〕。寛永の初め、令を下し、胡神の像を鋳《い》て、愚民の過を悔い正に帰する者をして、足もてこれを踏ましむ。外夷もまた自から脱するを得ざるを度《はか》り、長崎を望みて股栗《こりつ》せり。清人或いは胡神の堂を毀《こぼ》たんと欲するもの、またこれを引きて以て言となせり〔西湖志、台湾志等の載するところ、大約かくのごとし〕。国家の興隆するや、天もまたこれを保佑《ほゆう》す。故に時に島原の賊起こるありて、天下の邪徒を一城に聚め、一掃してこれを殲《つく》し、余燼《よじん》の再燃するを得ざりしは、実にこれに由りてなり。この時に当たりてや、西夷の妖教の唱うこと甚だ力《つと》め、那勿蠟《ナバラ》はすなわちその王を以て自から入り、波羅泥《ボロニヤ》はすなわち王の姪を以て入る。入ればすなわち皆戮《りく》に就けり。ここにおいてか、夷輩、胆《たん》落ち、相告げて曰く「日本人三眼あり」と。国威の海外に震うも、また快と称するに足れり〔明人、戊寅の歳を以て、この事を書に筆す。実に寛永十五年なり。本注に云う「再び日本に至りて教を開きしに、その両殺を被《こうむ》るが故に云う」と。今按ずるに、これ那勿蠟、波羅泥を指すに似たり。而して那勿蠟王は、寛永丙子を以て戮に就きし者にして、その年暦は正に戊寅の前二年に当たる。波羅泥王の姪の戮に就きしがごときは、すなわち己卯の年のことにして、戊寅に後《おく》るること一年なれば、疑うらくは一誤あらん。また按ずるに、島原の賊の誅に伏するも、また戊寅の年に在り。これまた虜胆を寒うするに足りて、明人の言うところ、島原のことに及ばざるものは、蓋し西夷すでに知りてこれを畏れ、たまたま明人未だ聞かざりしならん〕。

　升平すでに久しきに及び、海内無事にして、夷また中国を窺い、諳厄利重ねて通商を乞う〔長崎夜話にこのことを載せたり。大略に云う「諳厄利、往年市船を通じたるに、元和中に至り、自からその通船を罷《や》めしは、蓋し深く時勢を知るあるものなり。世移り時改まるに及びて、また徼幸《ぎょうこう》するところあらんと欲し、延宝癸丑を以てまた通商を乞いしも、許されざりき」と。今その語意を詳らかにするに、また泛言《はんげん》するものにあらざるに似たり」。而して邏馬もまた僧を遣わして潜かに入り、窃かに夷教を唱えしも、また皆未だその志を得る能わざりしなり。近時に至れば、すなわち鄂羅殊に張り、蝦夷を誘うに邪教を以てし、諸島を蚕食して、遂に内地を伺う。而して諳厄利もまた頻りに来たり、潜かに辺氓を誘う。然ればすなわち、その胡神を奉じて以て中国を覬覦《きゆ》するものは、豈に独り波爾杜瓦のみにして止まらんや。

夫れ西夷は並び立ちて戦国となり、同じく一神を奉ず。利を見ればすなわち相連和して、以てその欲を済《な》し、その利を分ち、害あればすなわちおのおの疆場《きょうえき》を保つは、固よりこれその常なり。故に西方に難あれば、すなわち東方は無事なれども、難平《たい》げばすなわちおのおの地を四方に略し、東方ここにおいてか寧《やす》きを得ず。鄂羅のごときも、またすでに西荒を平げて、すなわち東して止百里《シベリヤ》を収め、潜かに黒竜江に入れども、満清なお強くして、未だ志を得《う》る能わず、転じて蝦夷の地を略し、まずその取り易きものを取り、然る後にその難《かた》きものを争わんと欲す。これ秦の司馬錯《しばさく》、蜀を取るの策なり。その師を控噶爾《コンガル》に喪うに及び〔控噶爾は未だその何国たるかを詳らかにせず、疑うらくは熟馬《ゼルマニア》の別名ならん。余別に説あれども、今は贅《ぜい》せず。当時、熟馬は甚だしく強大ならず。蓋しその西夷の祖国たるを以ての故に、近旁の諸国、与に共にこれを助け、同じく鄂羅を擯く。しかるを清人伝聞して、以て強大国となせしならん〕、講和すでに成りてますます東略を事とす。豈に償いを取るところあらんと欲するにあらずや。而してその中国を窺うこと、ここにおいてかますます甚だし〔元文中、鄂羅の舶、陸奥、安房に抵《いた》る。然れどもこの後また未だしばしば来らず。明和七年を以て控噶爾と和し、明年鄂羅の畔弁《ハンベン》なる者、中国の東南を経て、海深を測り、東洋図を造り、書を荷蘭《オランダ》の商夷に遣わして、そのまさに蝦夷諸島を収めんとするの意を言う。また明年、蝦夷と猟虎《ラッコ》島を争い、啗《くら》わすに物を以てし、遂にこれを役属せしめ、失母失利《シモシリ》島を取る。尋《つ》いで潜かに訥加麻《ノッカマプ》に入り、夷教を月多頼《エトロフ》に唱え、蝦夷を誘うこと日一日より甚だし。ここにおいて、幕府、蝦夷を闢《ひら》くの議興る〕。

その初めや、洋中に出没して、以て吾が地形を測り、吾が動静を覘《うかが》いて、また吾が人民を誘い、尋いで礼を厚くして以て通商を乞う。黠計《かっけい》の行われざるに及びて、すなわち蝦夷を劫《おびやか》し、吾が官府を焚《や》き、吾が戎器《じゅうき》を掠《かす》めて、また更《あらた》めて通市を要《もと》む。これその闚伺《きし》するに漸《ぜん》ありて、その請求するや、或いは自から飾るに礼を以てし、或いは人を嚇すに兵を以てし、百方兼ね施して、その術至らざるなし。而して、その意もまた知るべきなり。而るに偸《とう》安《あん》の徒、ややもすれば謂う「彼ただ米穀を欲するのみ、深く慮《おもんぱか》るに足らず」と。何ぞそれ思わざるの甚だしきや。虜の肉して粒せざるは、なお我が民の粒して肉せざるがごとし。その稲米《とうべい》なき、彼において何ぞ歉《けん》せんや〔虜、稲米を用うるところなきにあらず。然れどもそのこれを用うるは、以て餌餅《じへい》となすに過ぎざるのみ〕。且つ彼をして稲を欲せしめんか、すなわちその国中、及び他の属国とその与国との、稲を産するの地も、また尠からずとなす。しかるに何ぞ必ずしも懇請すること、かくのごとき甚だしきに至らんや〔インド諸国及び南海諸島のごとき、その地皆稲を産す。他の諸国の南方に在るものも、また推して知るべくして、近時大抵《たいてい》、西夷の併有するところとなれば、その稲米に乏《う》しからざるや明らかなり」。且つ彼は互市に因りて以て間を窺いて、以て妖教を售らんと欲するや、固より論なきのみ。しかも交易一たび開かば、すなわちその東辺の柬薩噶《カムサツカ》、烏抱等の地のごとき、これに由りて富庶《ふしょ》を致すを得ん。これその兵衆を増して以て東方を図るにおいて、勢甚だ便なりとなせば、すなわち一挙にして両利存す。故を以て浸淫漸漬《ぜんし》し、日一日より甚だし。これその勢よろしく必ず求むるところを得て、しかる後に已むべきなり。しかも一旦声息を絶ち、闃《げき》として形迹《けいせき》なし。ここにおいて諳厄利、突然として来りて長崎を擾《みだ》し、浦賀に闌入《らんにゅう》し、常に洋中に往来渟泊す。夫れ鄂羅の禍心を懐きて、百方窺伺すること、殆どまさに百年ならんとして、飈去電滅《ひょうきょでんめつ》し、影響を見ず。諳厄利は、これより先その来ること甚だ疏なりしが、しかも忽ち鄂羅と相代り、人の側《かたわら》に偪《せま》り、人の懐を捜る、また甚だ怪しむべからずや。鷙鳥《しちょう》の撃つや、必ずその形を匿《かく》せば、すなわち将たいずくんぞ鄂羅、内に自から潜伏し、諳厄利を誘いて先駆となして、その機を深くし、形迹を見《あらわ》さざるにあらざるを知らんや〔尾張の漂民、嘗て諳厄利の拯《すく》うところとなり、薩摩の漂民、鄂羅の拯うところとなり、洋中に相遇うて、諳厄利は鄂羅に託し、同じくこれを護送せり。唐太《カラフト》、月多頓《エトロフ》の戍卒《じゅそつ》、嘗て鄂羅の捕うるところとなり、押送《おうそう》せられて柬薩噶に至り訊鞫《じんきく》せられ、時に諳厄もまた座に在り、と。その好を通じ謀を合することと見るべし。丁卯《ていぼう》の虜変に、たまたま撲斯動《ボストン》の商船あり、長崎に至りて、薪水を乞う。撲斯動は、海東の新諳厄利の地にして、その府の在る所なり。鄂羅は東北辺を擾して、新諳厄利は西辺を窺う。その機深し〉。

　昔、諸葛亮のまさに魏を伐たんとするや、まず南蛮を征して、以て兵甲を足らす。しかも魏の君臣、寂然として聞ゆるなく、兵出でて朝野震動せり。今、虜もまたまさに亮の故智を襲わんとするか、何ぞ虜の甚だ智にして、我の未だこれを察せざるや。嚮《さき》には幕府、嘗て鄂羅に喩《さと》すに国法を以てして曰く「蕃船、辺に近づかば、まさにこれを海上に摧《くじ》くべし」と。今、諳厄利、常々停泊して、未だこれを駈らず。その陸に登る者といえども、また慰撫《いぶ》してこれを遣る。外夷をしてこれを聞かしめば、将は国法を何とか謂わんや。しかも諳厄利はまた倘佯自肆《しょうようじし》し、吾が山川を図画し、吾が運輸を妨害して、しかも吾が人民を誘い、啗《くら》わすに貨利を以てし、眩ますに妖教を以てす。異日、もし姦闌《かんらん》いよいよ多くして、しかも接済《せっさい》禁ぜざらしめば、すなわち変の不測に寓するは、勝げて言うべけんや。しかも偸安の徒、ややもすれば謂う、彼は漁たり商たり、固よりその常事にして、深く慮るには足らず、と。何ぞその思わざるの甚だしきや。虜は航海万里にして、人の国家を伺えば、糧を敵に因らざるを得ず、故に至る所、或いは商し、或いは漁し、以て屯田の用となすにあらざるはなきなり。然らずして、彼をしてただ鯨をのみ獲るを欲せしめんか、すなわちその近旁の海中に、鯨を捕うるの処もまた多し、しかるに何ぞ必ず遥々、絶険を度《わた》りて、これを東洋に捕えんや〔臥児狼徳《グルーンランデヤ》等の地は、諳厄利と、一水を隔つるのみ。しかも海上には鯨甚だ多く、諸国人皆往きてこれを捕らうと云う〕。しかもその船制たる、以て漁すべく、以て商すべく、また以て戦うべければ、すなわちいずくんぞ今日の漁船、商船の、果たして異日の戦艦とならざるを知らんや。且つ彼、我が海上に停住往来し、その針路の難易、港奥《こうおう》の曲折、風土人情、諳熟せざるはなし。彼をして由りて東南諸島に拠るを獲て〔東南諸島は、小笠原島に接近するもの極めて多し〕、次を以て八丈、掖玖《やく》、種子《たね》等の島に及び、盤踞《ばんきょ》して以て巣窟《そうくつ》となさしめば、すなわちその中国を図るにおいて、勢《いきおい》甚だ便《べん》となす。これまた一挙にして両利存す。故にその鄂羅と謀を合わせて我が辺徼《へんきょう》を伺い、与にその欲を済しその利を分かたんと欲するも、また勢の見るべきものなり。然らばすなわちその海上に漁商して去るを背《がえん》ぜざるも、また趙充国《ちょうじゅうこく》の氐羌《ていきょう》を制するの故智を襲わんと欲するか、何ぞ虜の甚だ智にして、我の未だこれを察せざるや。

夫れ天は未だ神州を棄《す》てず。廟堂の議、幸いに黠虜の狡謀を洞察して、厳に接済を禁じ、禍源を未だ流れざるに塞《ふさ》ぐ。而して蹈像《とうぞう》の意継ぐべし。諸侯をして虜を海上に拉《らっ》せしめて、嚮《さき》に国法を以て鄂羅に喩せしもの、終に飾辞となさず、威信立ちて三眼の威宣ぶべし。英略雄断、士気を奮い虜胆《りょたん》を破る所以のもの、豈に偉ならずや。然り而して庸俗の論、なお未だ廟堂、深遠の慮《おもんぱかり》あるを暁らず、すなわち謂う、黠虜は、これを撫するに恩を以てすれば、すなわち恭順馴服《じゅんぷく》し、これを畏《い》するに威を以てすれば、すなわち忿恚《ふんい》して変を生ず、と。甚だしいかな、頑を執り迷を守る者の、暁《さと》すに幕府の令を以てすといえども、それ卒に得て喩すべからざるや。

夫れ虜の妖教を仮りて、以て諸国を顚滅《てんめつ》し、その宇内を呑みてこれを尽さんと欲する、日たるや久し。すなわちその喜怒、すでに数百年の前に定まれり。しかるに豈に一恩一威の故を以て、俄《にわか》にその素謀を易えんや。而してその或いは忿恚《ふんい》に出ずるものは、人をして恇怯《きょうきょう》して敢えて拒まらしむるに足り、恭順なるものは、人をして怠惰して守りを失わしむるに足る。二者、遞《たがい》に出でてこもごも発するは、すなわち所謂、これを角して有余、不足のところを知るものも、また以て彼の術となすべきなり。人を窺う者の情は、人に窺わるる者の固より知らざるところあり。故に虜善く人に形《かたち》して、我が喜懼《きく》随って変じ、心悸《おそ》れ眼眩《くら》み、しばしば誤るところとなりて、自からは知らず、また何を以て廟堂に深遠の慮あるを知るを得んや。

しかも庸俗また謂う「昔より神州の兵は、精鋭万国に冠たり。夷狄は小醜《しょうしゅう》、憂うるに足らず」と。夫れ神州の士は勇に兵は鋭なり、風土これをして然らしむといえども、然れども世に汚隆《おりゅう》あり、時に変革あり。戦国の世、士卒は戦に習い、進退疾徐、自から機宜《きぎ》に合せり、故に旗を搴《と》り将を斬る、その勇得て施すべきなり。今や士卒、兵革を見ざること二百年、一旦事に臨まば、虚実の変、奇正の用、誰かよく素練してこれに熟習せん。而して怯者はまず走りて陣を乱し、勇者は徒《いたず》らに死して勇を傷《そこな》う。所謂精鋭は、未だ恃むべからずなり。昔、蒙古の、変に寇するや、世未だ戦を忘れず。然れども軍容、戦法、皆我の未だ見ざるところにして、猛将勇士の、素練の技も施すところなく、豕突《しとつ》して元《こうべ》を喪《うしな》い、以て敗衄《はいじく》を致す。故に兵の勝敗は、主将の方略に在るのみ。今、兵法を席上に講ずるも、講ずるところのものもまた概《おおむ》ね甲越の陳迹《ちんせき》にして、海外の兵は、目未だこれを睹《み》ず、耳未だこれを聞かず、一旦接戦せば、扞格《かんかく》するところあるなきを得んや。しかもただ往昔の精鋭を恃むのみにして、今日の計をなさざるは、未だその可なるを見ざるなり。

庸俗また謂う「虜は海を絶《わた》りて遠く来たり、その兵甚だしくは衆《おお》きを得ず、自から螳臂《とうひ》を試む、憂うるに足らず」と。夫れ衆寡は勢に在り、善く勢を用うる者は、よく敵の衆に由りて以て吾が勢をなす。法に曰く「国を全うするを上となし、国を破るはこれに次ぐ」と。善く勢を用いざる者は、吾が衆を以て敵の勢を助くれば、その衆も恃むに足らざるなり。昔、西辺の姦民、闌出《らんしゅつ》して盗をなす。たまたま明国衰乱し、群盗の相嘯聚《しょうしゅ》する者、引いて以て援となし、号して倭寇と称し、州郡を陥没して、ほぼ寧歳《ねいさい》なし。その戮に就くに及べば、我が辺民の党中に在る者、僅かに二十五人のみ、用いて以て声勢を助け、また以て朱明の命脈を蹙《ちぢ》むるに足れり。故に兵は固より声を先にするありて、衆寡は定形なきなり。夫れ善く兵を用うる者は、豈に独り糧を敵に因るのみならん、しかもまた以て衆を敵に因るべきなり。虜は妖教、詭術《きじゅつ》を用いて、以て人の民を誘《いざな》う。万一、彼をして我が民を引きて、以てその勢を援《たす》けしめば、すなわち彼の寡と我の衆と、またいずくんぞ恃むべけんや〔明人言う「西蕃は機深く謀巧みなれば、一国に到れば必ず一国を壊《やぶ》る。皆その国に即《つ》いて以てその国を攻む。歴呑《れきどん》すでに三十余あり」と〕。

庸俗また謂う「夷教は浅陋《せんろう》なり。蠢愚《しゅんぐ》を欺くべきも、君子を罔《し》うべからず、憂うるに足らず」と。夫れ天下の民、蠢愚甚だ衆《おお》くして、君子甚だ鮮《すくな》し。蠢愚の心一たび傾かば、すなわち天下固より治むべからず。故に聖人、造言、乱民の刑を設くること甚だ厳なるは、その愚民を惑わすを悪《にく》めばなり。昔、夷教の西辺に入りしとき、愚民を誑惑《きょうわく》し、在る所に蔓延し、未だ百年ならずして、詿誤《かいご》されて戮に陥りし者、二十八万なり。その民に入るの速《すみ》やかなることかくのごとし。万一、愚夫愚婦をして、詿誤するところとなること、往日のごとくならしめ、而して或いは巨姦大憝《たいたい》大友、小西の徒のごときありて、邪徒を引き以て自からのために利を謀ること、また往日のごとくならしめば、すなわち逆焔《ぎゃくえん》の熾《さか》んなる、誰か得て遽《にわか》にこれを撲滅せんや。しかも一二の君子、横流の中に端拱《たんきょう》するも、未だその世に益あるを見ざればすなわちその君子を罔《し》うる能わざるも、またいずくんぞ恃むべけんや。

庸俗また謂う「今日、耶蘇の禁、厳なること甚だしければ、民も得て詿誤すべからず。その自から小智を衒うも憂うるに足らず」と。夫れ異虜の伎倆《ぎりょう》を騁《は》するを得ずして、以て今日に至れるものは、実に幕府厲禁《れいきん》の致すところにして、億兆生霊の大幸なり。然れども神姦の潜《ひそ》かに行わるるや、その名は変ずべく、その状は更《あらた》むべきも、しかもその民心を蠱《こ》する所以のものは自若たり。すなわち彼その術をなす、豈に必ずしも柱《ことじ》に膠《にかわ》し、舷《ふなべり》に刻して、以て往日の轍を践《ふ》まんや。民の利を好み鬼を畏るるは、その情の免《まぬが》るる能《あた》わざるところ、苟しくも潜かにその心を移す所以のものあらば、すなわち厳刑峻法といえども、また得て詰《せ》むべからざるものあらん。今、博奕《ばくえき》及び徒党のごときは、国に明禁あり。然れども無頼の姦民、村里に横行し、夜聚り暁に散じ、飲博《いんぱく》して相煽誘するも、これをよく息《や》むるものなきは、その利を好むに因ればなり。禱師《とうし》呪詛《じゅそ》は、神姦を仮りて以て友を喚び党を聚め、随って除けば生ずるは、その鬼を畏るるに因ればなり〔不受不施《ふじゅふせ》、蓮華往生《れんげおうじょう》等の徒のごとき、前《さき》にすでに戮に就けり。しかるに近時、或いは淫祠に因り、或いは仏説を仮りて、以て相朋比《ほうひ》する者勝げて計るべからず。所謂富士講なるもののごときも、またその党を聚むる、蓋しすでに七万人に至ると云う。また皆その鬼を畏るるに因りて、相聚結するものなり」。万一、虜をして利と鬼とに因りて、名を変じ状を更《あらた》め、以て民心を蠱《こ》し、その術毎《つね》に刑禁の未だ及ばざるところに出でしめて、民心、暗移黙傾《あんいもっけい》すれば、すなわちまたいずくんぞ独り成法を恃むのみにして、これを慮らざるべけんや。夫れ小智曲慮、齷齪《あくせく》として大計を知らざる者は、心放れ眼眩《くら》み、相率いて黠虜《かつりょ》の術中に入りて自から知らず。古より庸俗の徒、長舌巧辞し、終に窮極なきやかくのごとし。孔子曰く「利口の邦家を覆《くつがえ》す者を悪《にく》む」と。正にこれを謂うなり。

夫れ西夷の中国を窺うものは、前後、武《あと》を接し、各国遆《たがい》に至る。その国は殊なれりといえども、その敬事し尊奉する所以のものは、すなわち同一の胡神なり。故に耶蘇の中原を闚《うかが》うこと、三百年にして変ぜず、しかも中国のこれを待つ所以のものは、すなわち時論の趨舎《すうしゃ》に係り、或いは雄断に出で、或いは姑息に出ず。これその間闚《うかが》うものは終始一意にして、しかもこれに応ずるものは、前後、論を異にす。一意のものを以て、論を異にするものを闚う。いずくんぞそのよく久しくして、間《かん》の乗ずべきなきを保《ほ》せんや。然らばすなわち時論をして一定し、乗ずべきの間なからしめんと欲せば、虜情を審らかにするに在るかな、虜情を審らかにするに在るかな。

巻上　終

〈現代語訳〉

西洋人が世界の海を身勝手に航行するようになってから、およそ三百年がたちました。彼らは領土を日々拡大しておりますが、その野心をかき立てるものは、知恵と勇気が勝っているからでしょうか。政治が仁愛に満ちており、それが民衆に行きわたっているからでしょうか。礼楽刑政といった文化や法制度が整っているからでしょうか。それとも、人間ばなれした神業《かみわざ》のようなことができるからでしょうか。これらは全て間違っております。彼らが頼みとして力を発揮できるのは、ただ一つキリスト教の存在があるからです。そもそもキリスト教の教えというものは、偏っていて浅はかなので、わざわざ論じるまでもありません。しかしながら、その中心的な内容は簡単に理解できるようになっており、日常生活のくだらないことにまで触れているので、考えの浅い人々を誘惑しやすいのです。巧《たく》みな言いまわしや多くの物語、天を騙《だま》すことが天を尊敬することだと言ったり、人としての道を踏み外すことが、倫理を知ることだと言ったりします。時々少しばかりの恵みを与えて、仁愛の評判を広め、大げさな説明をして、その話し方が上手なので世の中を惑わし、嘘くさくて怪しげであっても、人々の興味を引きつけるのです。このため、世の中の変わったことが好きな人は、聞きかじっただけなのに知ったかぶりをして他人に話し、また身分のある者であっても、かなりの頻度で影響を受けてしまいます。心が迷い志を失って、洗脳を解くことができないようになってしまいます。これこそが彼らが手段として、キリスト教を利用する理由なのです。それゆえに彼らの侵略のやり方としては、はじめに貿易によってその国の内情を観察し、軍事力が弱いとわかれば兵隊を上陸させて襲いかかり、軍事力が強ければキリスト教を広めて心を迷わし、その国の人々を味方につけようとします。民衆の心が一度でも支配されてしまうと、彼らを歓迎して受け入れるようになってしまい、これを止めることはできなくなってしまいます。そうやって人々は、外国の神のために死ぬことに憧れて誉め合うようになり、その勇気は戦争をさせるのに十分なものとなります。人々は自分の財産を傾けて外国の神につぎ込み、集まった財産は敵の兵隊を維持するのに十分なものとなります。他国の民衆を誘惑して、その国を亡ぼすことこそが、キリストの心だと思い込ませ、博愛の言葉を掲げながら侵略をしております。兵隊たちは欲深くても、自分たちは正義の兵隊であると宣伝します。彼らが国家を併合して領土を侵略するのは、全てこのやり方で行っているのです。

西洋の各国の力が強力になるにつれて、我が国も狙われるようになりました。はじめにやってきたのは、ポルトガルです。ポルトガルはスペインの従属国で、天文《てんぶん》、弘治《こうじ》年間（一五三二―一五五八）に勢力を拡張し、南洋の島々を攻略し、新たに南米大陸の土地を一番多く手に入れました。続いて大分と鹿児島地域にやって来て、キリスト教を広め、純粋な人々を唆《そそのか》しました。そして大名であっても欺《あざむ》かれる者があり、大友宗麟《そうりん》と小西行長《ゆきなが》たちは、中心となってキリスト教の信者となりました。織田信長もかつてキリスト教の施設である南蛮寺《なんばんじ》を京都に建て、宣教師を招き、その教えは徐々に畿内に広まっていきました。彼らはこれを機会にして貧しい人々に金品を与え、民衆の心を捉えることに務めました。織田信長は彼らの陰謀を見破り、南蛮寺を破壊して宣教師たちを追い出そうとしましたが、その前にこの世を去りました（南蛮寺を認めようとする際に、家臣の刑部正則が止めましたが、信長は聞き入れませんでした。これは信長が、宣教師を利用して隣国の摂津《せっつ》を攻略しようと考えたからです。実際に摂津の荒木村重《あらきむらしげ》を伐つために、宣教師オルガンチノを、村重の家臣でキリスト教信者でもある高山右近に派遣して、裏切らせることに成功しました。後に信長は後悔して、次のように言っております。「仏教の間でも、信者である檀家《だんか》が財産を僧侶に寄付することはあるが、僧侶が檀家に財産を与えるというのは聞いたことがない。だとしたら、最初に来た時は、商売のための貿易を名目としてやって来たのに、今は利益を求めることをせずに、貧しい人々に金品を与えている。これは必ず我が国を亡ぼすための手段であるに違いない。正則の言ったことは正しかった」と」。豊臣秀吉は、宣教師とキリスト教に汚された者を追い払い、全て海外へ追放しました。徳川家康の禁教政策は、さらに厳しく取り締まるものでした。このため、スペインやイギリスといった諸国が次々にやって来ましたが、ついにキリスト教を広めることはできませんでした〔徳川家康は、かつて西宗真《にしそうしん》という者を西洋に派遣し、彼は三年して帰国しました。二代将軍の徳川秀忠も揖斐政吉《いびまさよし》を西洋に派遣し、彼は七年して帰国しました。これらは外国の状況を探るためであって、これによって細かく外国の事情を知ったので、キリスト教を厳禁しました。三代将軍の徳川家光もまた、通訳をインドへ派遣して仏寺を視察させました。おそらく、これも何か深い意味があってのことでしょう〕。寛永の年の初めに、命令を出してキリスト教の神が描かれた金属の板を作り、キリスト教から改宗した者たちに、その証拠として、これを踏ませました。これには外国人もお手上げとなり、船から長崎を見るだけで震え上がりました。清国で教会を破壊しようとした人も、この絵踏みについて言及しています（『西湖志』『台湾志』に書いてあるのは、だいたいこのようなことです）。国家が立ち上がろうとする時は、天もまたこれを助けます。それ故に島原の乱が起こった時は、天下のキリスト教徒は一つの城に集まり一掃されました。信者が再び立ち上がることができなくなったのは、事実これが理由なのです。当時は西洋のキリスト教の布教がとても強力であり、スペイン北部の小国のナバラ王が来日し、ポーランド王の姪も入国しましたが、上陸してすぐに処刑されました。こうして彼らは絶望し、「日本人には真実を見抜く第三の眼がある」とお互いに話したということです。我が国の強さが海外へと鳴り響いたことは、痛快この上ありません（明国の人が戊寅《つちのえとら》の年に、このことを書いております。これは寛永十五年（一六三八）のことです。その本の注に、「再び日本へ入国して布教を試みたが、二人とも殺されたために、このように言った」とあります。今考えると、これがナバラ王とポーランド王の姪を指すのでしょう。しかしナバラ王は、寛永十三年（一六三六）に処刑されていて、これは戊寅の二年前に当たります。ポーランド王の姪の処刑は、寛永十六年（一六三九）で、戊寅の一年後なので、おそらく記述に間違いがあるのでしょう。さらに考えると、島原の乱が鎮圧されたのも戊寅の年です。これも西洋人が恐怖するのに十分であるのに、明国の人は島原について書いていません。これは西洋人はそのことをすでに知って恐怖していましたが、明国の人はまだ知らなかったからと思われます）。

平和な世の中が長く続き、国内は平穏でありましたが、外国は再び日本を狙って、イギリスがたびたび通商を求めてきました（これは『長崎夜話』に載っていて、おおよそ次のように書いてあります。「イギリスはかつて商船を日本へ通わせていたが、元和九年（一六二三）になって、自分から通商を止めた。おそらく深く時勢を知ってのことだろう。世界が移り変わり時代が改まると、再び利益を求めて、延宝元年（一六七三）に通商を要求してきたが、許されなかった」今、その記録の意味をよく考えると、イギリスが世界の情勢を知っていたというのは、根拠のない推測とは考えられません」。そうして、ローマもまた宣教師シドッチを密入国させ、ひそかにキリスト教を広めようとしましたが、これもまたその目的を達成することはできませんでした。最近ではロシアが勢力を拡張し、北海道の人々を宗教によって誘惑し、諸島を侵略して、本州までも狙っております。またイギリスも頻繁にやって来て、ひそかに辺境の人々を誘惑しております。要するに外国の神を利用して日本を狙っているのは、ポルトガル一国だけではないのです。

そもそも西洋は、各国が並び立って戦国の状態となっているといっても、一つの神を信仰しています。利益があると見れば互いに協力してその欲望を満たし、害があれば各国が国境を守る行動をとるのは、普通のことなのです。ですから、西に問題があれば東は無事ですが、その問題が解決すれば各国が四方へと侵略をはじめるので、東においても安心できません。ロシアもまた、西側を平定するとすぐに東側のシベリアを没収し、ひそかに黒竜江に入りましたが、清国が強国なので目的は達成できませんでした。すると一転して北海道の土地を攻略して、その取りやすいものから奪い取り、その後に難しい相手と戦おうとしておりま す。これは、秦の国の司馬錯《しばさく》が、蜀《しょく》を取った時の策略と同じです。控噶爾《コンガル》と戦って破れ〔控噶爾が何国を指すのかはっきりしません。おそらくドイツの別名なのでしょう。私には別に解説がありますが、今は触れません。ドイツは当時、それほど強大ではありませんでした。おそらくドイツが西洋人の祖国という理由で、周辺諸国が協力して助けて、ロシアを撃退したのでしょう。これを清国の人が伝え聞いて、強大国と思ったのでしょう〕、講和が成立すると、さらに東方の侵略に積極的になりました。これは西方の戦いに敗れた代償を、東方で取り戻そうとしたからに違いありません。このため日本の隙を狙うことが、さらに激しくなったのです〔元文《げんぶん》年間にロシアの船舶が来ましたが、その後はしばらく姿を見せませんでした。明和七年（一七七〇）に控噶爾と講和を結ぶと、翌年にロシアのハンベンという者が日本の東南の海を通って深さを測量し、東洋図を作成して、手紙を長崎のオランダ商館に送り、その中でロシアが、北海道の諸島を占領する意図があることを書きました。またその翌年の安永元年（一七七二）、ロシアは北海道の人々から千島列島のウルップ島を奪うため、物品を与えて騙して服従させ、シンシル島まで取ってしまいました。続いて根室の東のノッカマフに潜入し、キリスト教をエトロフに広め、北海道の人々を誘惑することが日々激しくなっています。こうして幕府では、北海道を開拓する議論が起こりました〕。

ロシアは最初、海上に出没して我が国の地形を測量して反応をうかがい、また日本人を誘惑し、その後に礼義正しく通商を求めてきました。しかし幕府が拒絶し、その悪だくみが実現できないとなると、レザノフの部下はカラフト、エトロフ、利尻島などで乱暴を働き、エトロフ島では我が国の役所に放火して武器を奪い、その力を見せつけてから再び通商を求めてきました。彼らのやり方には段階があって、その要求方法は、ある時は礼儀正しく着飾って接し、ある時は暴力によって脅し、できること全てをやってきて手段を選びません。ですから、その意図を知るべきなのです。ところが、目先だけしか見えない連中は、「彼らは米穀が欲しいだけで、深く心配する必要はない」と言います。何と考えの浅いことでしょう。外国人が肉食であって米を食べないのは、日本人が米を食べて肉食をしないのと同じなのです。米がなくても、彼らに何の不足があるのでしょうか〔外国人が米を全く用いないわけではありません。しかしその使用は、餅《もち》のたぐいを作るだけです〕。仮に彼らが米を欲しがっているとしても、彼らの本国や属国、同盟国において米を生産できる土地も少なくありません。それなのに、どうして何度も米の要求を、このように激しくしてくるのでしょうか〔インド諸国と南海諸島も米の生産地です。他の諸国の南方に位置しているところも同様で、近年そうした土地は西洋人が占領したところなので、米に不足していないのは明らかなのです〕。いずれにしても、彼らは通商貿易によってその国の内情を観察して、キリスト教を広めようとしているのは言うまでもありません。そうやって貿易が開始されると、カムチャツカやオホーツク等の地域は、これによって利益を得ることになります。これは兵隊を増員して東方を侵略する計画においても、確保できる食糧などが増えるので、非常に便利な情勢となり一挙両得なやり方なのです。こういうわけでロシアの侵略は次第に進み、日々激しくなっていきました。しかし、その勢いからすれば、必ず目的を達成してから止まるはずですが、突然消息が消えて、跡形もなく静まりかえってしまいました。するとイギリスが突然やってきて、長崎で騒動を起こし、浦賀に許可なく乱入し、常に海上を往来して停泊するようになりました。そもそもロシアが野心を抱いて、あらゆる方向から日本の隙を狙ってきたのは、ほとんど百年近くになるのに、つむじ風のように去って電光のように消え失せ、影も形も見えなくなってしまいました。一方でイギリスは、これ以前はほとんど来ることがなかったのに、たちまちロシアと入れ代わって日本に近づき、様子を探ってきました。これもまた、怪しい行動と見るべきではないでしょうか。鷲《わし》や鷹《たか》などの猛禽《もうきん》類が襲いかかる直前には、必ずその姿を隠してから襲いかかるので、ロシアは自分から姿を隠し、イギリスを誘い込んで先に立たせ、その機会を深く考えて、姿を見せないのだと気づくべきではないでしょうか〔かつて尾張の漂流民がイギリスに助けられ、薩摩の漂流民がロシアに助けられて、両国が海上で合流して、イギリスは漂流民をロシアに渡して護送してきたことがありました。またカラフトとエトロフの役人が、上陸してきたロシア人に誘拐され、カムチャツカに護送されて尋問を受けた時に、イギリス人もその場に同席したと記録に残っています。ここからも両国が友好国であり、協力し合っていることを見るべきなのです。文化四年（一八〇七）、北海道のロシア人による襲撃事件と時を同じくして、ボストンの商船が長崎に入港して薪と水を要求しました。ボストンはアメリカに新しくできたイギリスの土地であって、その役所のある所です。ロシアは我が国の東北で騒動を起こし、イギリスは我が国の西側を狙っています。その絡繰《からく》りは、深く考えられているのです〕。

その昔、諸葛亮《しょかつりょう》（孔明《こうめい》）が魏の国を伐とうとした時、まずその南方方面を征服してから戦力の不足を補いました。けれども魏の君主も臣下も、孔明の計画に誰も気づかず、攻撃されてはじめて国中が恐怖に震えました。今、外国もまた孔明の作戦を真似しようとしているのではないでしょうか。彼らは非常に知恵が働くのに、我が国はどうして気づかないのでしょうか。以前に幕府は、ロシアに対し「異国船が海辺に近づいたならば、海上でこれを沈めよ」という我が国の国法を示しました。しかし今、イギリス船が日常的に停泊しており、いまだにこれを攻撃しておりません。無断で上陸する者がいても、機嫌をとって慰《なぐさ》めて帰しております。外国人がこのことを聞いたならば、日本の国法がどの程度のものであると思うでしょうか。しかもイギリスは、どこでも自由に動きまわり、我が国の地形を写し取り、運輸を妨害し、その上日本人を誘惑して金銭を与え、キリスト教を利用して欺《あざむ》こうとしております。いつの日か密貿易がしだいに多くなり、それを禁止しないならば、不測の事態を招く可能性が大きくなるのは言うまでもありません。それにもかかわらず、目先の楽しみしか興味のない人々は何かにつけて、「彼らは漁師や商人で、普段の仕事をしているだけであって、深く心配する必要などない」と言います。何と考えの浅いことでしょうか。外国人は数万キロメートルの海を航海してきて、人の国を探っているので、兵士の食糧を敵地で確保しなければなりません。だからこそ、いたる所で交易をしたり漁業をしたりしており、これは現地調達の目的以外に考えられないのです。そうではなく、鯨を捕ることだけを目的とするのなら、彼らの国の近海にも鯨が捕れるところが多くあります。しかし、どうして遠くから危険を冒して、東洋まで来て捕るのでしょうか〔グリーンランド等の土地は、イギリスと少しの距離しか離れていません。おまけに海上には鯨が非常に多く、諸国の人々は皆そこへ向かって捕るということです」。しかも彼らの船の構造は、漁業にも貿易にも、また戦いにも使えるようになっているので、いつの日か目の前の漁船や商船が、軍艦とならない保証はないのです。その上、彼らは我が国の海上に停泊し往来しているので、船の航路や港の出入り、気候風土や人情などに非常に精通しております。彼らがもし、東南諸島に根拠地を作り〔東南諸島は小笠原に接近している島々がとても多いです〕、次に八丈島、屋久島、種子島等を確保し、そこに居座って拠点としたならば、日本を侵略する上で、たいへん便利な形勢となるのです。これもまた、一挙両得のやり方なのです。ですからロシアと共謀して我が国の辺境を探り、両国がその欲望を満たして、利益を分けようとしている形勢を見るべきなのです。そう考えるならば、海上で漁業や通商を行い続けて立ち去らないのは、前漢の武将である趙《ちょう》充国《じゅうこく》が、異民族の氐《てい》や羌《きょう》を制圧した策略に倣《なら》おうとしているのではないでしょうか。外国人の謀略の巧妙さを、我々はどうして気づかないのでしょう。

しかし天はまだ、神州日本を見捨ててはおりません。幕府は外国船打払令を発することで、彼らの謀略を見抜き、救済することを厳禁して、禍《わざわい》の根源を未然に防ぐことになりました。これは、かつての踏み絵の意志が受け継がれたのです。諸大名に外国船を海上で打ち払わせ、以前に国法をロシアに告げたことを名目としないことで、我が国の威信が高まり、「日本人には真実を見抜く第三の眼がある」と彼らに言わせた威力が明らかとなったのです。この優れた計略と勇気ある決断は、我が国の士気を奮い立たせ、外国の魂胆を打ち破るものであり、正しい判断でした。ところが考えの浅い評論家は、いまだに幕府の深い洞察を諭《さと》らずに、「外国人に対してはなだめて恩を売るようにすれば、こちらの言うことに従い、武力で威嚇すれば怒って戦いをしかけてくる」と言います。悲しいことに、愚かさを正さずに誤りを持ち続ける者たちは、幕府の命令をもってしても、最後まで諭しきれないのです。

そもそも外国がキリスト教を手段として諸国を亡ぼし、全世界を飲み込みはじめてから、長い年月がたっております。そうした感情は、すでに数百年前から定着しております。ですから、たった一度の恩や脅しで、昔からの計画を変えることなどできはしないのです。彼らが怒りによって行動する場合は、人々を恐れさせて拒否できないようにするためであり、彼らが大人しく従う場合には、人々を油断させて守りを崩すためなのです。この二つの態度を代わる代わる用いてくるのは、『孫子』にある、試しに敵に接触してみて兵力の弱点を探るという意味の「これに触れて有余《ゆうよ》不足の所を知る」という彼らの手口なのです。我が国の隙を狙っている者の感情を、狙われている者が知るのは難しいのです。ですから、外国は我々に一つの態度や要求を示して、こちらの様子に従って変化させるので、人々は恐れたり喜ばせられたりして、彼らの真意に気づくことはできません。これでは、幕府の慎重な考えを知ることなど、できはしないのです。

また考えの浅い人々は、「昔から神州日本の兵力は精鋭がそろっていて、世界最強である。外国など取るに足らないものであり、心配する必要はない」と言います。たしかに神州日本の武士は勇敢で、武器も優れております。これは我が国の気候風土によるものもありますが、世の中には盛衰があり、時代には変化があります。戦国時代の兵士は戦争に慣れており、戦闘における行動や速さは自然と状況に合っていたので、敵の旗を奪い大将を斬って、勇敢な行動をとることができました。今の兵士は二百年も戦争を見ておらず、戦いに臨んだとしても、『孫子』の「虚実の変」「奇正の用」といった兵法に習熟している者が、いったい何人いるでしょうか。臆病者は初めから逃げ出して隊列を混乱させ、勇者はやたらに犬死にして武勇を傷つけるだけとなります。これまでの「精鋭」では、使い物になりません。その昔、モンゴルが我が国の周辺に侵略してきた時、世の中はいまだ戦乱を忘れておりませんでした。しかしモンゴル軍の装備や戦法は、我々が見たこともないもので、強くて勇気のある武将であっても、普段から鍛錬した腕前も発揮することができずに突撃して戦死し、敗北してしまいました。ですから戦争の勝敗は、命令を出す大将の戦略のみにかかっているのです。現在、兵法は畳の上で講義されておりますが、その内容は武田信玄や上杉謙信の時代のもので、海外の軍隊について見たことも聞いたこともないので、一度交戦すれば予想外の展開とならざるを得ないのです。しかも、かつての「精鋭」を頼りとするだけで、現在の戦争の研究をしないのであれば、我が国の勇敢な戦士や武器を、活用することはできないのです。

考えの浅い人は、「外国は遠い海を越えて来るので、兵隊の数は多くはない。少数で向かってくるのだから心配することはない」とも言います。そもそも多い少ないというものは、その勢力が重要です。上手に勢力を利用できる者は、敵が多いのを利用して、自分の勢力にしてしまいます。『孫子』の兵法には、「味方に損害を出さずに敵に勝つことが優れた作戦であり、味方に損害を出して相手を破るのは下手な作戦である」とあります。勢力というものを利用できなければ、味方の兵力が敵の勢力を助けることにもなるので、兵隊の数が多いとしても頼りにならないのです。その昔、西日本の悪人たちは、許可なく海外に出て海賊行為をしておりました。当時はたまたま明の国が衰退しており、海賊たちは明国の人などを味方に引き入れて倭寇《わこう》と称し、各地を荒らし回ることが毎年のように起こりました。彼らが処刑される時になってみると、倭寇の中にいる日本人はわずか二十五人だけで、つまり彼らは勢力を利用して、明の国の命を縮めるだけの力が十分にあったというわけです。ですから兵法というものは、威勢によって敵を従わせることが優先事項で、兵力の多い少ないというのは、決定的な要因ではないのです。戦争のうまい者は、敵の食糧を利用するだけでなく、敵の兵隊も利用いたします。外国は宗教や、様々な騙し方で人の国の民衆を誘惑しております。もし万が一、彼らが日本の民衆を味方につけて、外国の勢力を助けるようなことになれば、彼らが少数で我が国が多数であっても、安心とは考えられないのです〔明の国の人は次のように言っております。「西洋人は注意深く計画し、謀略がうまいので、一国に入り込めば必ずその国を壊す。そのやり方は全て、その国のものを利用して、その国を攻撃する。こうやって滅ぼした国々は、すでに三十国以上である」〕。

考えの浅い人は、「キリスト教は、思想が浅く狭いものである。無知な民衆を騙すことはできても、学識や人格のある君子を騙すことはできないから、心配することはない」とも言います。そもそも天下の民衆というものは、無知な者が多く、深い学識や本物の人格者は少ないのです。民衆の心の多くが、キリスト教に傾いてしまったならば、はじめから天下を治めることなどできないのです。それゆえに聖人が、嘘を言って社会の秩序を乱す者への刑罰を重くしたのは、人々を騙すことを非常に憎んだからなのです。その昔、西日本にキリスト教が入った時、純粋な人々を惑わし広く流行して、百年もたたないうちに、騙されて刑罰を受けた者は二十八万人になります。それが民衆の心に入り込む速さは、ここからもわかります。もし万が一、昔のように純粋な人々を騙し、または大友宗麟や小西行長のような大悪人が出現し、信者を利用して自分の利益を計画するようなことがあれば、その反逆の炎の激しさを、いったい誰がすぐに打ち消すことができるのでしょうか。そうなってしまっては、一人や二人の志ある君子が、キリスト教が流行する中でしっかりとした態度でいたとしても、世の中を助けることはできないので、君子を騙せないから安心ということにはならないのです。

考えの浅い人は、「現在、キリスト教は厳しく禁止されているから、民衆を騙《だま》すことはできない。彼らが少しばかりの知恵を振り回しても、心配することはない」とも言います。たしかに彼らが好き勝手に布教できずに今日にいたっているのは、幕府の禁令のおかげであって、天下万民の大きな幸福です。しかしながら、キリスト教を密かに広める方法は、名目を変えたり、情況を考えたりして、民衆の心を惑わそうとするものです。つまり、彼らの戦術の仕掛け方は、やり方を固定しないで柔軟に変化させて、これまでの失敗を繰り返さないようにするでしょう。民衆が利益を求め神を恐れるのは、人間の心情として仕方のないことで、もしも密かに心を引きつけるものがあれば、厳しい刑罰や法律であったとしても、理解させて正すことはできないのです。今でも、ギャンブルや悪事をするために集団をつくることは、国法で明らかに禁止されております。しかし、定職もなく不法な行いをする者は村落に横行しており、彼らは夜中に集まり夜明けに解散して、飲み食いやギャンブルをして互いに唆《そそのか》し合っているのに、それを止めることができないのは、自分の利益になることが好きだからです。祈禱《きとう》や呪《のろ》いなども、邪悪な神を利用して友を呼び仲間を集めており、解散させても再び生まれてくるのは、神を恐れる心があるからなのです〔日蓮宗《にちれんしゅう》の、同じ宗派以外からは恵みを受けることも、与えることもしないことを教えとした不受不施派《ふじゅふせは》や、蓮《はす》の花の上で信者を刺し殺して極楽往生したように見せかける蓮華往生《れんげおうじょう》を行った悪僧は、すでに処刑されました。ところが最近では、正統でない神を祭ったり、仏教の教えを利用して集団を作るような者が数えきれません。富士講《ふじこう》と呼ばれるものも集団化しており、およそ七万人になっていると言います。これらも皆、神を恐れる心が原因で、集団となってしまうのです〕。もし万が一、外国人が利益と、神を恐れる心を利用して、名目を変化させて状況を変えたりして、民衆の心を惑わし、その企《たくら》みを常に法律の及ばない方面に演出させて、民衆の心が知らず知らずのうちに移って傾いたならば、禁令があるからといって安心することができるでしょうか。そもそも浅はかな知恵と曲がった考えで、目先だけで全体をみることができない者は、心が離れて目が眩《くら》んで、一緒になってずる賢い外国人の思い通りとなっていることに、自分では気がつきません。昔から考えの浅い連中は、話が長くて口先がうまいだけで、結局は何の内容もないのは、これまで見てきたとおりです。孔子が『論語』の中で、「口先の上手な者は善悪を逆にして民衆を迷わし、国家を滅ぼすので、私は彼らを憎む」とあるのは、真にこのことを言うのです。

外国は日本を狙って、前後して次々と接近してきて、各国が入れ代わってやって来ます。やって来る国が違っていても、彼らが仕えて信仰しているのは、同じ一つの神なのです。ですから、キリスト教が日本を狙いはじめてから三百年変わっていないにもかかわらず、我が国は、その時代の世論であったり、断固とした決断、或いは一時しのぎの政策で対応しております。三百年の間、我が国を狙う彼らの意志は終始一つであるのに、これに対応する我が国は、前後して議論が異なっております。変わることのない侵略の意図を持った相手が、国論の一致しない国を狙っております。長期間にわたり、侵略する隙を与えない保証がどこにありましょうか。ですから世論を一つにして、侵略の隙を与えないようにするためには虜《りょ》情《じょう》、つまり外国の情況を詳しく観察し、外国の宗教を詳細に分析しなければならないのです。

上巻　終わり

〈語釈〉
○神造鬼設　神わざ。○邪僻浅陋《じゃへきせんろう》　よこしまで浅はかなこと。○猥瑣《わいさ》　細かくてつまらないこと。○誕妄迂《たんぼうう》怪《かい》　でたらめで怪しげなこと。○道聴途説　聞きかじっただけの話を受け売りすること。○煽惑《せんわく》　人をおだてて気持ちを惑わすこと。○箪壺《たんこ》　箪食《たんし》壺漿《こしょう》の略で、飲食物を準備して軍隊を歓迎する。○胡神《こしん》　外国の神。○強梁《きょうりょう》　手に負えないほど強いこと。○欺罔《ぎもう》　だますこと。○大友、小西　大友宗麟と小西行長。○帰向《きこう》　心を寄せること。○中州《ちゅうしゅう》　日本の中央のこと。○賑恤《しんじゅつ》　貧困者などを援助するために、金品を与えること。○台徳公《たいとくこう》　二代将軍徳川秀忠。○大猷公《たいゆうこう》　三代将軍徳川家光。○天竺《てんじく》　インド。○股栗《こりつ》　恐ろしさに股が震えること。○保佑《ほゆう》　守り助けること。○余燼《よじん》　燃え残り。○那勿蠟《ナバラ》　スペイン北部の小国。○波羅泥《ポロニヤ》　ポーランド。○儌幸《ぎょうこう》　幸運を願うこと。○泛《はん》言《げん》　空言。○疆場《きょうえき》　国境。○控噶爾《コンガル》　『西域見聞録』の記述によるものと見られるが、オスマン帝国のことか。○戎器《じゅうき》　武器。○偸安《とうあん》　目先の安楽をむさぼること。○富庶《ふしょ》　豊かで人や物が満ちあふれていること。○浸淫漸漬《ぜんし》　しだいにしみ込んでいくこと。○閴《げき》ひっそりとして。○電滅《でんめつ》　電光のように消え失せる。○戍卒《じゅそつ》　国境などを守る兵士。○訊鞠《じんきく》　訊問。○丁卯《ていぼう》の虜変　文化四年（一八〇七）の蝦夷地でのロシア人による襲撃事件。○慰撫《いぶ》　なぐさめいたわること。○徜徉自肆《しょうようじし》　あちこち思うままに歩き回ること。○姦闌《かんらん》　ひそかに持ち出すこと。○接済《せっさい》　救済。○忿恚《ふんい》　怒ること。○恇怯《きょうきょう》　おそれること。○喜懼《きく》　喜びとおそれ。○小醜《しょうしゅう》　小悪人。○虚実の変、奇正の用　『孫子』の「虚」と「実」、「奇襲」と「正攻法」の使い分けのこと。○甲越の陳迹《ちんせき》　甲州の武田信玄や越後の上杉謙信の兵法。○扞格《かんかく》　くいちがうこと。○寧歳《ねいさい》　無事の年月。○蠢愚《しゅんぐ》　無知でおろかなこと。○詿誤《かいご》　人をだまし惑わすこと。○大憝《たいたい》　大悪人。○端拱《たんきょう》　端然とした態度で、腕組みをすること。○厲禁《れいきん》　厳しく禁止すること。○蠱《こ》する　まどわす。○柱《ことじ》に膠《にかわ》し、

舷《ふなべり》に刻し　融通のきかないことのたとえ。○不受不施《ふじゅふせ》　日蓮宗の一派。○蓮華往生《れんげおうじょう》　蓮《はす》の花の台座の上で、往生を遂げたように見せかけること。○朋比《ほうひ》　友として親しむ。○武《あと》を接し　一歩ずつ相接して歩く。○趨舎《すうしゃ》　従うことと、そむくこと。

守禦

正志斎の自筆の稿本において、『新論』は「上」と「下」に分かれており、本篇からが「下」となる。

ここからは、我が国がとるべき具体的な軍事的防衛策について記されており、それは海軍の創設や、個人装備品の取り扱いなど多岐にわたっている。文武両道とは現在でもよく聞く言葉であるが、当時も後者が意味するものは、剣術その他の近世的なものが大半であったと思われる。しかしながら、正志斎が本篇で言及する「武」とは、近代的なそれであり、また戦略物資が貧弱である我が国特有の事情の打開策などにも言及している。

こうした発想には、水戸藩の学問的土壌というものが影響しており、それは『大日本史』の編纂に伴う「文」の集約のみならず、先端の兵器や戦術の研究が行われていたこととも関係していよう。藩校弘道館の指針を示した「弘道館記」には、「允武《いんぶ》允文《いんぶん》」の言葉が引用されている。これは、文武の徳を兼ね備えることが、太平の世の中には必要だという意味であり、つまり正志斎の言う「武」とは、単に道場のみで完結するものではなく、国家の安全保障政策をも含んでいると考えるべきである。

〈読み下し〉

およそ国家を守り、兵備を修むるには、和戦の策、まず定めざるべからず。二者未だ決せざれば、すなわち天下は汎汎然《はんぱんぜん》として向かうところを知るなく、綱紀廃弛《はいし》し、上下偸安《とうあん》して、智者も謀《はかりごと》をなす能わず、勇者も怒りをなす能わず、日また一日、坐して虜謀をして稔《じん》熟《じゅく》し、手を拱《こまね》きて敗を待たしむるものは、これ皆内《うち》陰《ひそ》かに懼《おそ》るるところありて、敢えて断ぜざるに坐するが故なり。昔者《むかし》、蒙古嘗て無礼を我に加えしとき、北条時宗、断然として立ちどころにその使を戮《りく》し、天下に令してまさに兵を発してこれを征せんとし、亀山帝、万乗の尊を以てして、身《み》もて国難に代わらんと祈りたまえり。この時に当たり、説《よろこ》びて以て難を犯し、民はその死を忘る。天下たれが敢えて必死を以て自から期せざらん。故に億兆心を一にし、精誠の感ずるところ、よく風浪を起こし、虜を海上に殲《つく》したり。これ所謂、これを死地に置きて後に生くるものなり。古人言えるあり「朝野をして常に虜兵の境に在るがごとくならしめば、すなわち国家の福《さいわい》なり」と。臣、故に曰く「和戦の策をまず内に決し、断然として天下を必死の地に置き、然る後に防禦の策は得て施すべきなり」と。今、虜はただ通市を請い、未だ戦いに至らざれば、和戦の策は、論ずるところにあらざるに似たり。然れども世の通市の害を知らざる者は、その心、戦を畏れ、その策、必ず和に出ずる者なり。よく痛く通市を拒絶する者は、その勢、戦に至るといえども、畏れざる者なり。およそ事は予《あらかじ》めすれば、すなわち立つ。二者予め決せざるを得んや。今や攘夷の令、天下に布《し》かれ、和戦すでに決し、天下向かうところを知れり。臣請う、守禦の策を陳《の》べん。

　夫れ天下よろしく釐革《りかく》すべきもの四あり。その一に曰く、内政を修む。その目《もく》四あり。士風を興すなり、奢靡《しゃび》を禁ずるなり、万民を安んずるなり、賢才を挙ぐるなり。

　夫れ士風の敗るるは、国に廉恥なきに由る。而して廉恥を励ます所以のものは、すなわち賞罰の用に在るなり。故にその刑賞予奪《よだつ》を制するには、必ず父子の親《しん》に原《もと》づき、君臣の義を立てて以てこれを権《はか》る。苟しくも賞すべくんば、卿相の位、国郡の封《ほう》といえども吝《おし》まず。罰すべくんば、貴戚《きせき》権勢といえども避けず。道の存するところ、義の在るところは、すなわち無法の賞、無政の令といえども、行うて可ならざるはなし。而してその平居、士大夫を激励する所以のものは、一顰一笑《いっぴんいっしょう》といえども、未だ嘗て惰頑《だがん》を興起するに足らずんばあらず。故にそのこれを勧勉懲戒《ちょうかい》するは、必ず東照宮及び当時の名賢の士衆を磨励《まれい》せしもののごとくせば、すなわち士風の興らざることあらんや。

　奢靡の国におけるや、士民は貧しからざるを得ず、風俗は壊《やぶ》れざるを得ず。請謁《せいえつ》以て行われ、怨讟《えんとく》以て興る。故に財を理《おさ》め辞を正し、入るを量《はか》りて出《いだ》すをなし、邦用、常あり、尊卑、分あり、身《み》自《みず》ら群下に率先し、宮壼《きゅうこん》を治め、府務を清め、冗官《じょうかん》を損じ、煩苛《はんか》を除き、土木玩好の無用の費を省《はぶ》く、これ古今の通論なり。今、もし必ず奢靡を息《や》めんと欲せば、すなわちまさに人をして虚飾を去りて至誠を尚《とうと》ばしむべし。人に虚飾を去らしめんと欲せば、すなわちまさに人をして相憂恤《ゆうじゅつ》すること、舟を同じくして風に遇うがごとくならしむべし。人に相恤《うれ》えしめんと欲せば、すなわちまさに示すに天下の大患を以てし、励ますに胆《たん》を嘗《な》め薪《しん》に坐するの誠を以てすべし。兵旅を簡練し、軍実を修備し、上下黽勉《びんべん》し、常に戦陣に臨むの日のごとくせば、天下警戒するところを知らん。然る後に制度を奉じ、勤倹を尚べば、すなわち奢靡の習《なら》い、革《あらた》まらざることあらんや〔建治の初め、すでにして元使を斬り、まさにその国を伐たんとし、令を下して公事《こうじ》を省き、倹約を行い、民庶を休めて、以て軍実を備えたり。その民に令するかくのごとくならば、すなわち上下意を決して備予《びよ》し、しかる後に勤倹の政得て行うべきなり〕」。

農は民命の係るところなり。故に末を抑え本を貴び、産を制し職を頒《わか》ち、時に使い斂《れん》を薄くし、田里を均しくして兼併《けんぺい》を除き、姦民を去りて罷惰《ひだ》を懲《こ》らし、情好を通じて患難を恤《あわれ》み、その什伍《じゅうご》を明らかにして、これに保任《ほにん》を教え、富庶にしてしかも孝弟、老幼孤寡をして収養するところあらしむるは、皆民を安んずる所以にして、古人の論ずるところ具《そなわ》れり。今、必ずこれを施行せんと欲せば、すなわちまさに上下をして恤みを知らしむべく、上下に恤みを知らしめんと欲せば、すなわちまさに民を動かすに事実を以てすべくして、これを喩すに空言を以てすべからず。故に戦備を修め、軍実を峙《そな》うるには、その儲糧《ちょりょう》を重んずることと、常に凶荒の後のごとくし、相勧勉勤苦すること、保聚して寇を避くるの日のごとくし、心を同じくし力を一にして、懈怠《かいたい》あるなし。然る後に政を発し仁を施せば、万民安んぜざることあらんや。

賢才の国に在る、古人これを虎の山に在るに譬う。その在る所は、隠然として人これを畏る。故に挙げてこれを廊廟《ろうびょう》に措けば、すなわち内重くして外軽く、逸して草野に在れば、すなわち草野重く、邦国に在ればすなわち邦国重し。外に重きものあれば、すなわち天下まさに廊廟を軽視する者あらんとす。ここを以て聖賢、天下の俊豪を抜きて、天下の重望を収め、而してこれを廊廟に措きて、天下の謀議を尽くし、天下をして廊廟を仰ぐこと、騃子《がいし》の父母を慕うがごとくならしむ。然る後に大業得て成るべきなり〔古者、賢才を挙げ、限るに門流を以てせず。大宝の令を制するに至り、また国学生《こくがくしょう》をして大学に入りて試用するを得しむ。且つ虞、夏、商、周のごとき、学制もまた備わりて、諸侯もまた貢士《こうし》の法あり、皆天下の俊賢を旁羅《ぼうら》して遺さざる所以なり。天下の事は、固より一端ならずして、士を取るに一国一都に止まれば、すなわちその国都の間、俗の慣習するところ、風尚素より同じくして、その謀議布陳するところも、また甚だしく相遠からずして、言に雷同多し。その天下の事において、一端を偏挙して、天下の善を兼ぬる能わざらん。故に聖賢、天下の賢俊を致す所以のものにおいて、尤も心を尽せり。故に禹曰く「万邦の黎献《れいけん》、これを帝時に挙げよ。帝時ならざれば、敷同《ふどう》して日に奏《すす》むとも功なけん」と。苟しくもよく思をここに致さば、すなわち舜の、人に取りて以て善をなす所以のものと、その無為にして治る所以のものとは、また見るべきなり〕。今、必ず天下の賢才を致さんと欲せば、士を取るの法、その要を得ざるべからず。士を取るの法に曰く「敷納《ふのう》するに言を以てし、庶を明らかにするに功を以てし、車服は庸《よう》を以てす」と、これのみ。天下の士、皆敷納するところありて、以てその所蘊《しょうん》を尽くすを得ば、平生の鬱勃《うつぼつ》の気を泄《もら》し、誰が敢えて感激して争うてその言を陳べざらんや。庶を明らかにするに功を以てせば、すなわち言は行に底《いた》るべくして、智愚、賢不肖、能否以て判《わか》れ、空疎の士は、冒進《ぼうしん》するを得ずして、謙譲廉退の風興らん。車服は庸を以てせば、すなわち実才の者は実功を立てて、その栄を受く。天下誰か敬してその大有為の志に応ぜざらん。かくのごとくんば、すなわち天下の賢才、ことごとく廟堂に集まり、天下の善を兼ねて、以て天下に布く。天下誰か敢えて廟堂の重きを知りて、これを敬戴せざらんや。

その二に曰く、軍令を飭《ととの》う、と。その目三あり、驕兵《きょうへい》を汰《た》するなり、兵衆を増すなり、訓練を精にするなり。夫れ兵の精を貴ぶや固よりなり。而して驕兵の国における、居ればすなわち民を蠹《そこな》い俗を傷《やぶ》り、戦えばすなわち尫怯《おうきょう》喧噪《けんそう》して、ややもすれば軍律を犯す、敗を取るの道なり。故に慎んでその驕奢淫佚、用うべからざるものを察して、ことごとくこれを沙汰し、兵をして皆精鋭ならしめ、然る後に以て守るべく、以て戦うべきなり。

兵は皆都城に聚《あつま》り、坐して穀禄を銷《しょう》するは、多くは養うを得ざるなり。故に善く古今の兵制の沿革を察し、兼ねて土着の制を用い、兵数を衆多ならしめ、これを用いて竭《つ》きざれば、すなわち以て無窮の変に応ずべきなり。且つ夫れ外寇の、内患と必ず相因るは、古今の常勢なり。今、無行の民は、長刀を帯び銃鎗《じゅうそう》を提《ひっさ》げ、烏聚星散《うしゅうせいさん》し、飲博劫盗《いんぱくごうとう》して、以て良民を賊害する者は、村野に充斥《じゅうせき》し、流賊の形成れり。或いは水旱《すいかん》、疾疫《しつえき》あれば、その変未だ測るべからず。もし外虜をして機に乗じ間に投じ、引いて以て声援をなさしめば、すなわち変のまた変、寒心をなすべし。今、善くその変に通じ、土に兵あり、地に守りあらば、すなわち流賊の漸息《ぜんや》むべく、外虜の応絶《た》つべし。然る後に以て不測の変を防ぐべきなり。

兵旅を訓練するは、花法児戯《かほうじぎ》の謂《いい》にあらずして、その実用に施すべきをこれよろしく講ずべきなり。故に教うるに陣営の法を以てし、習わすに旗鼓《きこ》の節を以てし、ことごとく無用の虚文を除き去り、至易至簡、知り易く従い易くして、これを田猟に試み、これを追補に用い、これを工役に労し、これを険阻艱難《けんそかんなん》、風雨寒暑に、重きを負い遠きに走るの事に狃《な》れしめ、士卒をして進退を習い険阻を軽んじ、軍旅をして以て難事となさざらしむるは、その胆を練る所以なり。胆練れて後、事に遇いて慴《おそ》れず、機に臨み変に応ずるを得。かくのごとくにして然る後に緩急《かんきゅう》用うべきなり。

その三に曰く、邦国を富ます、と。天下の人牧《じんぼく》、率《おおむ》ね皆怠傲《たいごう》驕奢にして、誅求《ちゅうきゅう》常なく、財を用うるに制なく、以て自から貧困を致す。これ皆その宮掖《きゅうえき》の婦人の手に長じ、生まれてはすなわち逸し、目にはただ令色のみ、耳にはただ巧言のみ、未だ嘗て艱難を知らざればなり。今、列国おのおの封疆《ほうきょう》を守り、大小相維《つな》ぎて、以て国家に藩屏たり。勢《いきおい》、百足の足のごとく、以て土崩の患を免るるに足れり。もしよく因りて勧勉激励し、分かつに天下の憂を以てし、責むるに方面の任を以てし、これをして戒勅《かいちょく》繕修《ぜんしゅう》し、常に虜兵と塁《るい》を対するがごとくならしめて、時にその勤惰を視察し、以て黜陟《ちゅっちょく》を行い、軽重権《けん》あり、拘《こう》するに常格を以てせず、要するに邦国をしてことごとく憂恤《ゆうじゅつ》するところを知らしむ。すなわちこれをしてまた士風を興し、奢靡を禁じ、百姓《ひゃくせい》を安んじ、賢才を挙げしめて、節するに制度を以てし、財を傷《やぶ》らず、民を害せざれば、その国豈に富み且つ強からざるあらんや。

且つ邦国の苦しむところは、糴糶《てきちょう》の権、商賈《しょうこ》に在りて、給を仰がざるを得ざることなり。百需、皆市に資りて、毎《つね》に物価の貴きを患《うれ》う。歳時、幕府に献ずるところも、その国土の産するところを除くの外、魚蝦《ぎょか》、餌餅《じへい》の属は、多く市人の手に出ず。その物たる、銅、鉄、鉛、錫、箭幹《せんかん》、膠漆《こうしつ》、実事に益あるものの比のごときにあらずして、必ず賈豎《こじゅ》の印封を待ちて、以てその信を験す。騶従《すうじゅう》は必ず市井に雇いて、これを前行に置き、宴飲には市人の刀匕を待ちて、然る後にその歓を尽くし、及び他の宮室、衣服、婦女、玩好、およそ奢侈の財を靡《び》する所以のものは、視て以て故常となし、これを大名役《だいみょうやく》と謂い、その君相といえども、謹んで旧習を守り、敢えてこれを易うるあらず。而して封君は皆その国を空しくして、以て江戸に家《いえ》し、天下の膏血《こうけつ》を都下に鍾《あつ》むれば、すなわちその民もまた争うて郷土を離れ、徙《うつ》りてこれに家すれば、野は荒れ民は散じて、国貧にならざるを得んや。今、貧を転じて富となさんと欲せば、固より習俗に拘わるを得ず。俗ば以て廃すべからずとなすも、しかも廃さざるべからざるものあり、斟酌損益し、虚文を去りて実功に就くも、また英雄、時を相《み》て弛張する所以の権衡《けんこう》なり。

その四に曰く、守備を頒《わか》つ、と。天下の大名、聚会して共に江戸を守る、その内を重んじ外を軽んずるの意は、すなわち在るあり。然れども兵は常に事なくして食い、驕奢淫佚して、以て天下の力を弱むるに足る。しかも天下の要害は、守らざる所あれば、すなわちまた夷狄を待つ所以の備えにはあらざるなり。夫れ京師《けいし》は天下の首領にして、江戸はその胸膈《きょうかく》なり。大阪はその咽喉《いんこう》にして、相模及び房総は江戸の牙唇《がしん》なり。伊勢、熱田は神器の在る所にして、天下神気の寓する所なり。皆よろしく厳に守備を設くべし。しかも守兵の規、未だことごとくは立たず、救応の約、未だ甚だしくは明らかならず、城塁あるものあり、城塁なきものあり、皆天下を聳動《しょうどう》し、警《いまし》むるところを知らしむる所以にあらず。守備の方は、以て議定せざるべからざるなり。長崎は蕃舶の輻湊《ふくそう》する所、守備素より設けたり。今日のごときは、すなわち虜は至るべからざる所なくして、海内を挙げて皆長崎なり。そのこれを守る所以のものもまた長崎と何ぞ異ならんや。且つ海外の諸島、及び蝦夷地方のごときも、また時に官員を遣わし、兵を率いて往来巡視するにあらざるよりは、すなわち以て声息《せいそく》を察するなく、以て威信を宣ぶるなく、以て人心を固くするなきなり〔蝦夷の地は、世俗よりこれを視れば、これを得るも益なく、これを棄つるも損なきもののごとし。然れども我棄つればすなわち彼取るは、必然の勢なり。異日、虜をして盤拠《ばんきょ》して以て巣窟となし、以て松前に逼《せま》らしむれば、すなわち奥羽必ず騒動せん、往来沿海に寇せば、すなわち天下もまた騒動せん。故に我棄てて彼取らず、ただ以て棄地となさば、すなわちなお未だ大害となさざるも、虜をしてこれを有せしめば、すなわち彼に大利ありて、我に大害あり。力を尽くしてこれを守らざるを得ざるなり〕。もしよくこれが経制を立て、沿海の諸国及び諸島をして守らざる所なからしめば、すなわち兵の江戸に坐食する者は分かつところありて、粉華《ふんか》奢淫《しゃいん》の習《ならい》、革《あらた》むべし。邦国の君臣は、往来して海上寥落《りょうらく》の地を守れば、宴安を都下に耽るを得ず。兵卒もまた日に労苦を征役に習えば、庶幾《こいねがわ》くは緩急用うべくして、要害の地、守備始めて全きなり。

夫れ内政修まり、軍令飭《ととの》い、邦国富み、守備班《わか》たば、すなわち天下のよろしく釐革《りかく》すべきところのものは、大綱挙れり。大綱挙らば、すなわちその瑣々《ささ》たるものも、またまさに随って振起せんとす。夫れ英雄は時を相て変に処す。昔時、未だ設けざりしところにして、今日よろしく創立すべきところのものも、またいずくんぞ熟思してこれを講明せざるを得んや。

〈現代語訳〉

そもそも国家を守り、軍備を整えるには、和平か戦争かの「和戦の策」を最初に定めなければなりません。これが決定しなければ、天下は水面に漂《ただよ》うように向かう方向がわからず、国家の規律は廃《すた》れて弛《ゆる》み、上の者も下の者も目先の安楽を求め、知恵のある者も作戦を実行できず、勇者も怒りの力を使うことができません。一日一日を無駄に過ごし、外国の侵略が完成していくのを待つことしかできないのは、すべて我が国の内部に恐れの気持ちがあり、断固とした決断ができないからです。その昔、モンゴルが無礼を我が国に働いた時、北条時宗は断然とした態度ですぐにその使者を斬り殺し、天下に命令して兵を出し、モンゴルを征伐しようとしました。また、亀山上皇は尊い身分でありながら、わが身にかえて国難を救ってほしいと、伊勢神宮で祈りました。当時の人々は、喜んで国難を乗り越えようとし、死を恐れませんでした。天下には、必死の覚悟で臨まない者など、おりませんでした。それ故に億兆の心が一つとなり、濁りのない誠実な真心が天に通じたのか、暴風が起こり、敵軍は海上で全滅しました。これは『孫子』の、「死を覚悟して、はじめて活路を開くことができる」ということなのです。昔の人の言葉にも、「政府も民衆も、常に敵兵が国境にいるような緊張感を持っていることは、国家の幸福である」とあります。ですから私は、「最初に和戦の策を国内で決定し、断然として天下に必死の覚悟を持たせた後でなければ、日本を守る政策を実行することはできない」と考えます。現在外国は、通商を求めているだけで、今のところ戦争になっていないので、和戦の策を議論する必要はないように見えます。しかしながら、世の中の通商の害について知らない者は、心の中で戦いを恐れており、彼らの施策は必ず和平の方針しか出てきません。厳しく外国との通商を拒絶する者は、情勢が戦いになったとしても、恐れの心を持たない者たちです。そもそも物事とは、予《あらかじ》め準備しておけば成立するものです。ですから和戦の策を問題が起こる前に、予め決定しておかなければなりません。今や「外国船打払令」が天下に布告されことで戦いに決し、天下は向かう方向を知りました。そこで私は、敵から我が国を守るための守禦の策について、次に述べたいと思います。

天下には改革すべきものが四つあります。その第一は国内政治の修正です。それはさらに四つの項目からなり、武士の風格を取り戻すこと、贅沢を禁じること、万民を安心させること、優れた人材を採用することです。

武士が風格を失ってしまったのは、国家に恥を知る心がなくなってしまったからです。そして恥を知る心を取り戻すには、賞罰の運用が大切になります。この刑罰と恩賞を制定するには、必ず「父子の親」に基づいて、「君臣の義」に立脚して判断しなければなりません。それが賞讃すべきものであれば、高位高官でも、広大な領地であっても惜しまずに与えるのです。それが処罰すべきものであれば、身分が高く権力のある者であっても逃してはいけません。道理があるところ、正義があるところには、前例のない恩賞や命令であっても実行してよいのです。また日ごろ家臣を励まし、奮い立たせるものは主君の些細な表情や動作が影響を与えるのであり、怠け癖のついた頑固な家臣であっても、やる気にさせるようにしなければなりません。ですから臣下を誉めたり、注意したりするには、必ず徳川家康や当時の名高い賢人が、家臣たちを磨き上げたようにすれば、武士の風格を取り戻すことができるのです。

贅沢の心がある国では、士族と平民は貧しくなり、風俗は乱れざるをえなくなります。権力者に媚びることが横行し、怨みの心が広がります。ですから財産を正しく管理し、言葉を正しくして、収入を計算して支出をし、国家財政は正常で、身分に合った暮らしが必要です。また主君が民衆より率先して幕府や藩の内部を整え、役所の仕事を清潔にして、無駄な人員を整理し、複雑で厳しいものをやめ、無用な土木工事や娯楽の費用を省くのは、昔からの一般論です。今もし、必ず贅沢をやめさせようとするのであれば、人々が外見だけを飾る心を捨てて、誠実な心を尊ぶようにさせるのです。人々に外見だけを飾る心を捨てさせようとするのであれば、同じ船に乗り合わせた人同士が、強風にあった時のように、互いに助け合うようにさせるのです。人々が互いに助け合うようにさせるのであれば、天下の国難を示し、臥薪嘗胆の覚悟で乗り越えるように励ますのです。軍隊を訓練し、装備や食糧を整備し、それぞれが仕事に精を出し、戦場に臨んでいるような日常にすれば、天下の人々は警戒心を知ることができるのです。その後に制度を作り、倹約する心を尊ぶようにすれば、贅沢の習慣は改まらないはずはないのです(建治元年(一二七五)、モンゴルからの使者を斬り殺し、その国を征討しようとして、命令を下しました。そして公務を省いて倹約を実行し、民力を休養させて、装備や食糧を整備しました。このように民衆に命令して、上下の人々は共に決意して敵に備え、その後に倹約の政策を行うべきなのです」。

農業は民衆の命と関係するものです。ですから、「末」である商業を抑えて「本」である農業を大切にし、産業を調整して職業を与え、肉体労働は農業を妨げないようにして税金を軽くし、田畑を平等に分けて土地が取られないようにしなければなりません。また、悪人を追い出し怠け者を罰し、人々が心を通わせて互いに助け合い、五人から十人の相互扶助の組合を作って維持するよう指導し、人口が多く生活が豊かでありながら父母や年上の者を敬う心があり、老人や幼児、孤児や夫を亡くした女性であっても養って保護するようにさせるのは、民衆が安心できる社会というものであって、これらは古くから人々が論じております。今、必ずやこれを実現しようと思うのであれば、身分に関係なく、哀れみの心を教えなければなりません。身分に関係なく哀れみの心を教えようと思うのであれば、民衆を動かすには行動によるべきであって、口先の言葉で諭《さと》してはいけません。ですから戦いの設備を整え、軍用物資を準備するには、食糧の貯蔵を凶作の時期のようにして、互いに努力して苦しみを分かち合い、共同して敵と戦わなければならない毎日のようにし、心を同じく力を一つにして、怠ける者がいないようにいたします。その後に政令を発して、思いやりのある政治を行うのであれば、万民の心が安らかにならないはずはないのです。

優れた才能を持った者が国にいることを、昔の人は虎が山にいることに譬《たと》えました。その人物がいる所は、心の中で人々は密かに恐れました。ですから、こうした人物を登用して政府に置けば、政権内部が重くなり、外部は軽くなります。こうした人物を登用せず、民間に置いておけば外部が重くなり、各藩に置いておけば各藩が重くなります。政権の外部に重要な人物がいたままだと、天下は政府を軽視するようになるのです。ですから昔の聖人や賢者は、天下の優れた才能を持った者を引き抜いて天下の信頼を集め、政権内に置いて天下の問題をじっくり議論させ、天下の人々が政府に対して、子どもが父母を慕《した》うのと同じ気持ちにさせるようにいたしました。こうした後にはじめて、重大な事業は成功させることができるのです〔昔は優れた人物を登用するのに、家柄《いえがら》を限定しませんでした。大宝元年（七〇一）に「大宝令《たいほうりょう》」が制定されてからは、地方の学生である国学生《こくがくしょう》を、中央の大学へ入れて試験的に任用しました。また、古代中国の虞、夏、商、周の国々も学校制度が整備されており、各地域を支配していた諸侯にも「貢士の法」と呼ばれる推薦制度があり、これらは全て天下の優れた人物を、残らず探し集めるためのものです。天下の事業は言うまでもなく、部分的な考えでは対応できないので、人物の採用が一国一都だけからだとしたら、その国や都の風俗や慣習は同じなので、議論する内容もほとんど同じになり、同調するだけの言動が多くなります。天下の事業において、一箇所だけから登用するのでは、天下全体に善政を行うことはできないのです。ですから昔の聖人や賢者は、天下の優れた人物を登用することに、最も心を尽くしました。例えば『書経』の中で禹《う》は、「広く国中から優れた者を、帝王自ら登用してください。そうでないと物事が進んだとしても、効果は得られないでしょう」と言いました。このことを深く考えてみると、舜が人物を取り集めて善政を行ったことと、彼があるがままにまかせていても、国が治まった理由とを見るべきなのです〕。今、必ず天下の優れた人物を採用しようとするのであれば、その方法が重要となります。この方法について『書経』では、「広く天下の人々に意見を発言させ、その効果を試してみて、功績があった者には車と礼服を与えて表彰するのです」とありますが、これが肝要なのです。天下の賢士が、意見を表明して自分の思うことを言い尽くすことができるならば、日常の心の中に積もった気持ちをはきだすことができるので、皆感激して争って意見を述べるのです。意見を明らかにさせてその効果を試すのであれば、その言葉は実行されて、知者と愚者、優れた者と人格の劣った者、能力のある者とない者は判別されて、見せかけだけの弁士は出世ができなくなり、他人を先に立て自分は譲るという謙譲の美徳もうまれてくるでしょう。功績のある者を表彰することにすれば、実際に才能のある者は、功績を立てて名誉を受けるようになります。天下の人々は、このことを尊敬して、その志を学ぼうといたします。このようにすれば、天下の才能ある者は政府に集まり、天下に最善の策を施すことができるのです。天下の人々は、政府が重要であることを認め、尊敬を集めることになるのです。

その第二は軍令を整えることです。それはさらに三つの項目からなり、堕落した兵士を排除すること、兵隊を増やすこと、精鋭部隊の訓練をすることです。兵隊が精鋭であるのを貴ぶのは、言うまでもありません。しかし堕落した兵士が国内にいることは、民衆に害を与え良き風俗を傷つけ、戦場では弱くて卑怯者で、軍隊の規律に違反して敗戦の原因となります。ですから慎重に、驕り高ぶって贅沢で怠け癖のついた者を運用しないよう考えて残らず排除し、精鋭部隊にしてはじめて、防御や攻撃が可能となるのです。

武士が皆、城下町に集まり、何もせずに与えられる禄米を消費しているだけでは、兵士を増やすことはできません。ですから深く古今の兵制を考察し、各地域に住まわせることで土着の制度も行うようにして兵士の数を増やし、これで補うことで、あらゆる変化に対応させるべきなのです。また外国の侵略が、国内の不安要因と必ず結びつくのは、昔から決まっています。今、正しい行いをしない者は、刀や銃器を持ち、烏のように集まっては星のように散らばり、飲酒、ギャンブル、強盗をして良民に危害を与える者は、村里にあふれており、盗賊団を形成しております。または洪水や日照り、疫病が発生すれば、どんな異変が起こるか予測できません。もし外国が、こうした機会に乗じて隙を見つけ、国内の悪人を味方にするのであれば、異変はさらに異変を招いて、考えただけでも寒気がいたします。今、深くその異変を考え、各地に土着の兵士を置き、土地を守らせることで、国内の盗賊集団の拡大を抑え、外国勢力と呼応することを絶つべきなのです。こうした後にはじめて、不測の異変を防ぐことができるのです。

軍隊の訓練は形式的でも、子どもの遊びのようなものでもなく、実戦に運用できるものを考えなければなりません。ですから陣地の設営方法を教え、旗や太鼓などの伝令を習わせ、全てにおいて無駄なものを除き、簡単明瞭でわかりやすく従いやすくして、これを狩りや罪人の逮捕の時に試してみるのです。また土木の労働をさせ、険しく困難で、風雨や寒暑の中でも重いものを背負い、長い距離を走れるようにして、兵士としての行動を習わせて、険しさをものともせず、戦闘を苦しいものと感じないようにすれば、精神を養うことになるのです。精神が養われれば、何事に直面しても恐れず、臨機応変に行動することができるのです。このようにしてはじめて、緊急の時に用いることができるのです。

その第三は諸国を豊かにすることです。天下の大名は、そのほとんどが仕事をしないで傲慢で贅沢をして、税の取り立ては気まぐれで、その支出もいいかげんなので、自分から貧困に陥っております。これは全て城の奥御殿《おくごてん》で婦人の手によって育てられ、生まれた時から苦労もなく安楽に暮らし、目に映るのはご機嫌取りの者ばかり、耳に聞くのは口先だけの飾り言葉だけで、これまで一度も困難というものを知らないからです。今、諸国は各領地を守り、大小の大名はそれを受け継いで、藩屏《はんぺい》となって国家を守っております。それはムカデの足のようになっており、国家が一気に崩れるようになることを防いでおります。仮にもし、学問や事業を勧めて奮い立たせ、天下の不安を分かち合い、各自の責任を明らかにするのであれば、これによって注意や改革をし、常に敵兵と陣地が向かい合っているような気持ちにさせるのです。そして時々、その行動の勤惰を視察して、その功績によって賞罰を行い、その賞罰の軽重については、いままでのやり方ではなく、その場に応じて処置するようにして、諸国が領地の人々を大切にすることを知らしめるのが肝要となるのです。このようにして、武士としての気風を取り戻し、贅沢を禁じ、百姓が安心して暮らせるようにし、優れた者を採用し、制度によって節約をし、財政を破綻させず、民衆に害を及ぼさないのであれば、国が豊かになって兵士が強くならないはずはないのです。

その他の諸国が苦しむ原因としては、米の売買の権利が商人に握られているので、米を担保とした借金も、商人にしなければならないということです。あらゆる必需品は市場で扱われて、人々は物価が高いことを嘆いております。毎年、幕府に献上する物で、その国で生産された物を除いて、魚類や餅類の多くは町人が作った物です。それらの物は、銅、鉄、鉛、錫、弓矢、膠《にかわ》、漆《うるし》などと比べて実際に役立つものではなく、必ず商人の封印をして、品質の保証をしております。大名は手下を町中から雇って行列の先行役にし、宴会では商人の金で飲食をして楽しんでおります。また住宅、衣服、婦女、娯楽など贅沢で財産を費やすものは、昔からのしきたりと見なして、これらを大名役などと呼び、主君や家老であっても謹んでこの習慣を守るだけで、改めようといたしません。さらに藩主は参勤交代によって、各藩の領地を離れて江戸に住み、領地の人々が苦労して生産したものを江戸に集めて消費いたします。これに伴って領民たちも争って領地を離れて江戸に住むようになるので、田畑は荒れて人々は散らばってしまい、これでは国元《くにもと》が貧しくならないはずはありません。今、貧しさから豊かな状況にしようとするのであれば、これまでの習慣や風俗だとしても、改めなければなりません。習慣や風俗の中で廃止してはいけないと考えられているものでも、廃止しなければならないものもあり、新たに作る必要がないと考えられるものであっても、作らなければならないものもあります。深く観察して損益を考え、形式をやめて実益を選択するのは、昔から英雄が時機を捉えて、物事を緩めたり緊張させたりする判断の基準でもあるのです。

その第四は守備を分散するということです。天下の大名は、集まって共に江戸を守っております。これは中央を重視して、地方を軽視する意味もあるでしょう。しかし武士は普段は非常事態もなくて食うだけで、驕り高ぶり贅沢をして怠けているので、天下の力を弱めております。また天下の重要拠点において、守ることができない地点があれば、外敵に備えているとは言えません。人体にたとえれば京都は天下の頭部であり、江戸は胸部で、大阪は喉元、相模と房総は江戸の口先となります。伊勢と熱田は三種の神器の鏡と剣のある所であり、天下の神気が宿る所です。これらは皆、厳重に守らなければなりません。しかしながら、これらを守る兵士の規則は不完全で、非常時の応援、救助の規約も明確になっておりません。また城がある所もない所もあり、これでは天下の人々の関心を引きつけて、警戒すべき場所を知らせることはできません。守備の方法については、議論して確定しておかなければなりません。長崎は外国船が停泊する所で、すでに防衛の設備があります。今日においては、外国船はどこへでもやって来るので、日本中が長崎だと言えるでしょう。ですから、国中が長崎と同じになったのです。さらに近海の諸島や北海道についても時には役人を派遣し、兵隊を率いて往来して巡視しなければ、外国の動向を観察し、我が国の統治権を主張して、人心を安心させることはできません〔北海道の土地は、世間一般の人々からは、獲得しても利益がなく、放棄しても損害がないと考えられております。しかしながら、我が国が放棄すれば、外国が北海道を占領するのは必然の形勢なのです。いつの日か外国が占領して住みつき、北海道南端の松前藩を圧迫してきたならば、東北地方は必ず大騒動となるのです。そして外国船の往来のたびに、近海の地方を騒がすことになれば、国内も騒動となるのです。仮に我が国が放棄して彼らも取らず、所有者のいない土地であれば大害とはなりませんが、外国が北海道を占領したならば、彼らには大きな利益であり、我々には大害なのです。ですから我が国は力を尽くして、北海道を守らなければなりません」。もし、経営や統治のための国防の制度をつくり、沿海の諸国や諸島で守りの弱いところがないようにするのであれば、江戸で何もしない兵士にも任務が分担され、堕落した贅沢な習慣も改まるでしょう。各藩の大名は往来して、海上の荒れ地を守らせるようにすれば、都会で遊び暮らす生活はできなくなります。兵士もまた、日々苦労することが兵役によって習慣となれば、非常事態にも運用できるようになり、こうしてはじめて重要拠点の守備が完全となるのです。
内政が治まり、軍令が整い、各藩が豊かになり、守備が分担されたならば、天下の改革しなければならない根本事項は実行できたといえるでしょう。根本の事項が実行されたならば、それに伴う細かなものも一新されるでしょう。英雄とは、時勢を見て変化に対処いたします。前例がないとしても、現在は作るべきものについて、深く考えて研究し、その意義を明らかにしなければならないのです。

〈語釈〉
○汎汎《はんぱん》　浮かびただようさま。○稔熟《じんじゅく》　みのること。○釐革《りかく》　改革。○貴戚《きせき》権勢　貴族や権力のある者。○一顰一笑《いっぴんいっしょう》　顔をしかめたり笑ったりすること。○惰頑《だがん》　怠惰で頑固。○請謁《せいえつ》　権力者に願い求めること。○怨讟《えんとく》　うらみにくむこと。○宮壼《きゅうこん》　幕府や藩の仕事。○冗官《じょうかん》　むだな官職。○煩苛《はんか》　煩雑で苛酷なこと。○憂恤《ゆうじゅつ》　うれえる。○黽勉《びんべん》　精を出すこと。○斂《れん》　取り立てるもの。○兼併《けんぺい》　合わせて一つにすること。○什伍《じゅうご》　相互扶助の組織。○保任《ほにん》　保持して失わないこと。○儲糧《ちょりょう》　食糧の貯蔵。○懈怠《かいたい》　なまけて、おこたること。○廊廟《ろうびょう》　政務を執る御殿。○騃子《がいし》　愚かな子供。○旁羅《ぼうら》　広く探し求めること。○鬱勃《うつぼつ》　こもりつもった気が盛んに出る様子。○冒進《ぼうしん》　危険や障害をおかして進む。○尩怯《おうきょう》　臆病。○烏聚星散《うしゅうせいさん》　鳥のように集まり、星のように散らばる。○飲博《いんぱく》　飲酒と博打。○充斥《じゅうせき》　はびこること。○水旱《すいかん》　洪水と干ばつ。○疾疫《しつえき》　疫病。○花法《かほう》　形式的。○旗鼓《きこ》　軍旗と太鼓。○人牧《じんぼく》　地方を治める大名。○怠傲《たいごう》　怠けあそぶ。○誅求《ちゅうきゅう》　きびしい税の取り立て。○宮掖《きゅうえき》　宮殿の中。○封疆《ほうきょう》　国境。○戒勅繕修《かいちょくぜんしゅう》　いましめて修復する。○黜陟《ちゅっちょく》　功績によって官位をあげさげすること。○魚蝦《ぎょか》　魚とえび、魚類一般のこと。○箭幹《せんかん》　矢の幹。○膠漆《こうしつ》　にかわとうるし。○権衡《けんこう》　物事の軽重の判断。○聳動《しょうどう》　恐れ動くこと。○輻湊《ふくそう》　四方から寄り集まること。○盤拠《ばんきょ》　根をはること。○奢淫《しゃいん》　おごって、みだらなこと。○寥落《りょうらく》　荒廃すること。

〈読み下し〉

臣を以てこれを策するに、曰く屯兵《とんぺい》を設く、曰く斥候《せっこう》を明らかにす、曰く水兵を繕《そな》う、曰く火器を練る、曰く資糧を峙《そな》う。この五者、以て創立せざるべからざるなり。

所謂、屯兵を設くとは何ぞや。方今、浜海《ひんかい》の地は、一区として虜衝《りょしょう》にあらざるなく、一旦事あらば、兵を発して奔《はし》り赴《おもむ》くも、ただ自から罷弊《ひへい》するのみ、固よりすでに及ぶなし。故に保障の設け、屯戍《とんじゅ》の兵、予めその制を講ぜざるを得ざるなり。慶元《けいげん》以来、天下の大名に令して、国、一城を過ぐるを得《う》るなからしむ。これ強梗《きょうこう》を抑え禍源を塞ぐ所以にして、号令画一し、得て変ずべからざるものなり。然れども今、異虜の変に備えんと欲して、しかも縁辺の民、障塞《しょうさい》の以て自から保聚するなくんば、すなわち恃みて以てその心を固くするなく、保甲《ほこう》の以て管轄するなくんば、すなわち恃みて以てその力を用うるなし。兵の道たるぞ進退するに節あり、鼓舞するに術あり、苟しくも善くこれを用うれば、婦女といえども以て防守の用を助くべく、以て水火に赴くべし。否《しから》ざれば、すなわち壮夫といえども崩潰《ほうかい》離散し、得てこれを用うるなし。寇至れば、すなわち民は山谷に逃散し、狗猲《くかつ》の蹂躙するところなるも、誰かよくこれを救わんや。故に古は辺郡に城堡《じょうほう》の設けあり〔軍防令《ぐんぼうりょう》に「およそ三辺諸郡の人居は、皆城堡内に安置す。その田を営むの所は、ただ荘舎を置くのみ。農時に至れば、営作に堪うる者は、出でて荘田に就き、収斂し訖《おわ》れば、勒《ろく》して還る。その城堡崩頽《ほうたい》すれば、当処の居戸を役し、闕《けつ》に随って修理す」と。義解《ぎげ》に云う「堡とは、高土以て保障となし、賊を防ぐなり」と〕。今、その制はことごとくは用うべからずといえども、斟酌商議せば、必ずまさに時宜に適するものあらんとするなり。

兵の地着せざるは、天下を弱くし、釁端《きんたん》を杜《ふさ》ぐ所以なり。然れども縁辺、屯戍《とんじゅ》なきは、外寇を待つ所以の備えにあらざるなり。今、城邑の兵を分かち往きてこれを守らしめば、すなわち兵卒は罷労《ひろう》して、沿途《えんと》は騒擾せん。民を募り兵に充《あ》つれば、すなわち民は奢惰《しゃだ》に習い、ただ厚禄を貪るを知るのみ。且つただ寇に備うるのみにして、陣に臨むにあらざれば、進んで以て奇功を博するなく、退いて以て重誅を畏るるなし。故に得るところの者は、老廃跛蹇《はけん》の卒にあらざれば、すなわち惰遊《だゆう》無行《むこう》の民にして、固より用うべからず。以て屯田せんと欲せば、すなわち田は皆永業なれば、彼を奪いてこれに授くべからず。且つ要衝の地のごときは、その利もまた随ってあり。民もまた未だ甚だしくは貧ならずして、間田もまた甚だしくは多からず。地も給するに足らざるなり。卒を養うに俸米《ほうべい》を以てせば、すなわちまず民に税して、またこれを頒《わか》つ。取与《しゅよ》の間、その費は田を授くるに数倍し、以て多くはこれを養うべからず〔田を授けてこれを佃《たがや》さしめば、一夫に五六石の地税を除くも、また以て兵役に給するに足る。今、諸国にその制、或いはかくのごときものあり。もし給するに俸米を以てせば、すなわち五六石の税のよく給するところにあらず。五石の入《にゅう》は、公四民六を以てこれを率すれば、得るところは二石に過ぎず。田なくして二石の米を食わば、その一家終歳の衣糧を給する能わざるは、固より論なきのみ。故に二石の米は、以て兵に給するに足らざるも、五石の田は、以て卒を養うべし。田と米との差は、かくのごときなり〕。かくのごときは、皆、議者の困《くる》しむところなり。今、民の利するところに因って、これが制を設くれば、すなわちその費省くべくして、しかも民収むべし。田の廃するは、必ず税重くして地薄きものなり。地の空間なるは、必ず地瘠《や》せて利少なきものなり。二者、要衝の区に多くはあらざるところなりといえども、浜海《ひんかい》の地にはまた未だ往々にしてこれあらずんばあらず。兵卒をして就いてこれを佃《たがや》さしめ、税重きものは或いはその税を除き、利少なきものは或いはこれに田器及び他の什器《じゅうき》を授く。もしその土民の募に応じて伍《ご》に入る者は、その田に就いて畝《ほ》を量りその租を除く。かくのごとくせば、すなわち屯田の意、用うべきなり。

利これを取りて竭《つ》きざるものは海なり。これが舟楫《しゅうしゅう》を為《つく》り、その網罟《もうこ》の費を給せば、すなわち水戦の用、得て寓《やしな》うべきなり。これ利を海に資りて、以て吾が兵を教え、糧を地に因りて、以て吾が兵を食《う》う。苟しくもその人を得て、その制度を講ぜば、壮強の夫《ふ》、素練の卒《そつ》、未だ必ずしも得べからずんばあらざるなり。しかれども防海の備えは、独りこれを防海の卒のみに責むべからず。兵の用うべきを欲せば、すなわちまさにその労佚《ろういつ》を均《ひと》しくすべきなり。屯戍の卒は、田を耕し海に漁し、暇日にはすなわち武を講じ、寇至らばまず闘う、豈に労せざらんや。しかもその城邑に在る者は、飽食煖衣《だんい》し、驕楽《きょうらく》して歳を終うれば、すなわち誰が独り防海を楽しまんや。故に士衆を磨励し、兵旅を訓練し、これに習わすに田猟、追《つい》胥《しょ》、行役《こうえき》、土功の労を以てし、独り奢淫の楽《らく》を受くるを得ざらしむ。農工、商賈をしてまた皆四方事あるを知りて、勤倹、令に趨《おもむ》くこと、新たに兵禍を免れし日のごとくせしめ、防海の卒をして、天下、労せざるなきを知り、臂《ひじ》を攘《はら》い身を奮いて、陣に臨み功を争うの秋《とき》のごとくせしめ、然る後に兵は得て用うべきなり。故に堡障《ほうしょう》の制、保甲の令、屯戍の兵、労佚の用は、皆防海の要務なれば間暇に及んで審らかにこれを議せざるべからざるなり。

　所謂、斥候《せっこう》を明らかにすとは何ぞや。今、浜海の地に、候望《こうぼう》なきにあらざるなり。然れどもその布置、甚だ稀疎《きそ》にして、列墩《れっとん》の以て相応ずるなく、烽燧《ほうすい》、旌旗《せいき》、号砲の以て相望み相聴くなし。器械備わらず、号令明らかならざれば、瞭卒《りょうそつ》ありといえども、用いて以て風帆《ふうはん》を遠洋に望むに過ぎず。虜の地方に近づくに及べば、すなわち報告するに脚力を以てす。虜舶は瞬息にして数十百里し、しかるに徒歩報告す、その事に及ばざるや固よりなり。古は辺郡に烽《ほう》を置き、号令明備し、丁《てい》を分かちて守瞭《しゅりょう》し、長を置きて検校《けんこう》せしこと、載せて令《りょう》の条に在り（軍防令《ぐんぼうりょう》に「およそ烽《ほう》は便宜に従って安置す。ただ相照見するを得しめよ。長二人を置きて検校す。昼夜、時を分かちて候望し、昼は狼烟《のろし》し、夜は火を放ち、前烽応えざれば、すなわち脚力《つかわ》を差し往きて前烽に告げよ。候《こう》を失する所の由を問知して、所在の官司に申せ。その賊衆の多寡、烽燧の節級は、具《つぶさ》に式あり。烽を放つに参差《しんし》あらば、所在の国司に告げよ。勘当《かんどう》して実を知らば、駅を発して奏聞せよ」と。明の戚継光《せきけいこう》、守哨法を画し、墩ごとに軍五名を以て守瞭せしめ、碗口銃《わんこうじゅう》、小手銃、火箭《かせん》、大白旗、草架《そうか》等の器械を備え、毎日三人を分かって、極外の海辺を巡邏《じゅんら》せしめ、警あるに遇えば、昼はすなわち旗を揺《ゆるが》し銃を放ち、夜はすなわち起火を放ち銃を放ち、墩上すなわち応接す。もし天晴るれば、すなわち大白旗を車起し、隣墩もまたかくのごとくす。一路はただ総督所在の処に至りて止み、一路は本衛所の城地に居りて止む。もし天陰《くも》れば、すなわち草架を将《もっ》て火を挙げ、寇到るの墩は、一面、一人を差《つかわ》して、径《ただ》ちに本衛所幷《ならび》に陸路官処に到り、敵の多寡、登犯の時日、情由を報ず。而して墩軍の候を失する者は、治むるに軍法を以てす。備《つぶさ》に条約の事件を録して、毎墩に一本、軍に付して読誦し、背記《はいき》誦熟せしめ、一月外を限り背《はい》を考す。生なること一句に、打すること一棍《こん》す。官司の査点は、或いは繳来《きょうらい》して査考し、或いは沿途《えんと》、暗に往き親《みず》から験す。罪を治め連坐するに、具に法あり。什物、軍器は、補修に式あり、極めて詳密となす。宋応昌《そうおうしょう》もまた議す「緊要の海口には、三里ごとに一墩を築き、兵十名を以て、輪班に瞭守せしめ、また一里ごとに轟雷《ごうらい》砲二座を設け、防口の民兵を撥してこれを守らしむ」と。按ずるに、明の一里は今の五町許《ばか》りに当たれば、三里はすなわち十五町許りなり。その墩を置くこと密なりと謂うべし。これらは皆異邦の備予《びよ》の大略にして、今、類《るい》に触れてこれを長ずれば、すなわち以て参考に備うべし。

今、もし仍って修飾を加え、連墩《れんとん》以て相応ずるに足り、目相望むあり、耳相聴くあり、号火走報必ず法あり、点検必ず謹み、賞罰必ず施さば、すなわち庶《こいねがわ》くは以て疎虞《そぐ》なきを得ん。夫れ事情のよろしく彼此《ひし》相報告すべきものは、すなわち駅逓《えきてい》の法なり、精ならざるべからず。およそ舗《ほ》を置くこと甚だ疎ならば、すなわち民を役すること少しといえども、遐《とお》き路を往反し、人馬多く疲倦《ひけん》す。甚だ密ならば、すなわち民を役すること稠《しげ》くして、百姓疾苦《しっく》し、逓替頻数《ていたいひんすう》にして、事もまた遅緩《ちかん》し易し。今、駅を置くこと多密にして、無用の人も不急の事も、ややもすれば百姓を役使し、甚だしきは廝徒《しと》養卒も、器仗《きじょう》を釈《す》て、駅馬に乗りて、しかもこれを訝《いぶか》るなし。平居無事なるに、その農事を奪い民力を竭くすこと、勝《あ》げて言うべからず。しかも飛駅急遽の事に至りても、またただ耕馬に跨《また》がり肩輿《けんよ》に乗るのみにして、曽《かっ》て健夫快馬の以て迅速の用に供するなく、緩急恐らくは事機を失せん〔清人《しんひと》自から謂う「我が朝、駅逓の設け最も善し。西辺五千余里も、九日にして到るべく、荊州《けいしゅう》、西安は五日にして到るべし。呉三桂《ごさんけい》の反せしとき、駅報の神速にして機謀の深遠なるを聞くに及び、すなわち天を仰いで歎じて曰く「休せり、未だ与《とも》には争うべからざるなり」」と。また謂う「宋の時に急脚逓を設け、金は急脚舗を置き、並びに日に行くこと三百里、古より郵伝五百里以上に至るものなし。固より俗の便安に狃《な》れ、馳驟《ちしゅう》に習わざるに由るも、また上に在る者の法を立つること未だ善からざればなり。国家の制度、古に超越し、羽檄飛馳し、駅逓六百里より六百里以上に至る。絶域至る所、機宜を指授し、晷刻《きこく》を爽《たが》えず」と。これに拠れば、すなわち駅逓の遅速も、また制を立つるの善否に在ること、以て見るべきなり〕。

慶元以来、海禁極めて厳なり。しかるに近時に至りて、虜また漸く潜《ひそ》かに辺氓《へんぼう》を誘《いざな》う。故に蠢蚩《しゅんし》隠欺《いんぎ》の蔽、狡黠《こうかつ》接済の姦、これを発《あば》くこと甚だ難し。保任連及《ほにんれんきゅう》、備《つぶさ》にその制を得、廉《れん》問《もん》司察、ことごとくその人を得るにあらざるよりは、恐らくは以て辺海の事情を審らかにし難し。故に墩台の設け、駅逓の法、蒙蔽《もうへい》を破り隠匿を発《あば》くの術、皆、事の斥候に関するものは、間暇に及びて審らかにこれを議せざるべからざるなり。

所謂、水兵を繕《そな》うとは何ぞや。水戦の防海におけるは、なお陸戦の守城におけるがごとく、その以て已むべからざるや固よりなり。今、虜は海濤を以て家となし、水技において最も熟せり。しかればそのこれを拒《ふせ》ぐものは、船艦の制、精ならざるべからず、水操の法、講ぜざるべからざるや、固より論なきのみ。今、水兵を繕《おさ》めんと欲せば、必ずしも一処に団聚して、日に戦法を教えずとも、要は天下の将士をして平居水に習わしむるに在り。その巨艦を操《あやつ》ること、短航を行《や》るがごとく、狂瀾怒濤《きょうらんどとう》を視ること、衽席《じんせき》の上に坐するがごとくにして、然る後にすなわち用うべきなり。故に或いは漕運し、或いは捕魚して、よろしく常に水上に事あるべくして、その針路の迂直《うちょく》、港奥《こうおう》の曲折、潮候の逆順、日月星辰、風雨晦明、およそ占度《せんたく》の用、諳熟せざるはなし。これ皆将士をして水に習わしむる所以なり。

　今、よろしく邦国に賦して、巨艦を興造せしむべし。その工役は軍令を以て事に従わしむ〔邦国に賦し、工役に供せしむるは、今の世の所謂、手伝者《てつだいもの》のごときこれなり〕。その制は堅《けん》緻《ち》精密にして、必ず虜船に当たるべからしめ、配するに邦国の卒を以てし、事に臨んで以て戦うべし〔営繕令《えいぜんりょう》に「およそ官船あるの処には、兵士を量遣して看守す」と〕。監するに幕府の吏を以てして、その選を重くし、その責を厚くし、爵位は以て衆を御するに足り、禄秩《ろくちつ》は以て廉を養うに足らしむ。事なければ、すなわち以て天下の米穀及び諸物を運び、糴糶の権をして上に在らしめ、邦国をして給を商賈に仰がざらしむ。然る後に歳時を以て訓練教閲し、以て虜を海上に截《た》つに足らしめば、庶幾《こいねがわ》くは事に臨みて慴《おそ》れず、虜もまた驕傲《きょうごう》自から肆《ほしいまま》にするを得ざらん。我の戦わんと欲するや、虜は敢えて避けず、戦を欲せざるや、すなわち敢えて逼《せま》らず。かくのごとくして然る後に、操縦《そうじゅう》の権、我に由りて制すべきなり。

　今、論者すなわちただ曰く「巨銃を海岸に列し、寇至らば撃ってこれを却《しりぞ》けん」と。夫れ巨礟《きょほう》大銃は、利器ならざるにあらざるなり。然れども長兵の利は短用に在りて、火を用うるの術は、すなわち敵を擾《みだ》し勢に乗ずるに在り。苟しくも船艦の以て水上に相迫るなく、銃兵の以て速やかにこれに応ずるなく、ただ遠勢を以てして相待《あいじ》すれば、すなわち一発の銃も以て堅陣を陥《おとしい》れ、勁敵《けいてき》を拉《ひし》ぐに足らんや。且つ船の洋中に在る、銃発するも必ずしも中《あた》らず、虜艦は堅実、よくこれに中るといえども、また一、二弾丸のよく摧破《さいは》するところにあらず。今、水戦これ講ぜず、すなわち遥々《ようよう》たる陸地に居り、安坐してこれを摧《くだ》かんと欲するは、聞くところにあらざるなり。故に銃を海岸に列して以て固めとなさば、すなわち港奥停泊の処は、賊船必ず由るの径、正に神器を設けて、以て彼をして鼾睡《かんすい》を肆にするを得ざらしむべきのみ。もし夫れ沿海万里、豈にことごとく列銃を恃んで、以て防海の至計となすべけんや〔慶長中、有馬氏の虜船を焼くに、火船を用いてこれに逼り、享保中、黒田氏の虜船を焼くに、蓋しまたかくのごとしと云う。戚継光《せきけいこう》の水寨操法《すいさいそうほう》に、「狼機《ろうき》、火箭《かせん》を発するは、五十歩を以て準」となすも、なお謂う「これ遠勢にして、逼近《ひっきん》の勢にあらず。もし敵に臨まば、すなわち自から一船逼近し、標石、火薬を用いて、擲傾《てきけい》近攻するあり」と。およそ明人の水兵戦法は、大率《おおむね》この類なり。而して西夷の水戦も、また大抵船舶相触れて、火砲を発し、或いは脚船を用いて相逼攻《ひっこう》す。鄭成功《ていせいこう》の紅夷船《こういせん》を摧《くだ》きしがごときに至っては、すなわち銃窓より船腹に突入して、これを焚燬《ふんき》せり。その逼近急攻することかくのごとくなれば、すなわち遠勢の以て勝を決するに足らざる、また見るべきなり〕。

或《ある》ひと曰く「水戦は虜の長技なれば、我が恃みて以て虜を制するところにあらず、必ずこれを陸地に致して、然る後に戦うべきなり」と。その言固より是《ぜ》なり。然れども虜もまた戦いに習い、敢えて妄《みだ》りに自から長技を捨てて、人とその短とするところを角せざればすなわち彼まさに洋中に停泊し、運輸を妨害して、以て乗ずべきの間を伺い、虚実の処を熟視し、風のごとく至りて電《いなずま》のごとく去らば、これを邀《むか》うるに方なく、これを逐うも蹤《あと》なからんとす。これ虜は外に忌むところなく、内に恃むところありて、東に声して西に擾《みだ》し、安坐して人を制す。しかるに我が兵は寸板も海に下る能わず、徒手にて陸地に奔走し、自から罷労《ひろう》を取り、虜を眼前に縦《はな》ちて、一矢をも発する能わず、倉皇狼狽《そうこうろうばい》し、人に致されてこれ遑《いとま》あらず、何を以てよく坐して敵を陸地に致さんや。且つ戦勝は気に在り、内に恃むありて、外に忌むことなければ、すなわち士卒の胆気自《おのず》から倍せん。もし我が技をして彼と抗せざるものあらしめば、すなわち未だ戦わずして気まず阻《はば》み、なお何ぞよく従容《しょうよう》として虜気を撃刺馳突《げきしちとつ》の表《おもて》に挫《くじ》かんや。

夫れ船舶の用は、神代に昉《はじま》りて、以て海外に弘化す。而して海運は、すなわち崇神天皇の新たに創《はじ》めたまいて、以て百姓のために費を省き利を興せしところ百余世を歴《ふ》るも、未だ嘗て外虜の妨害を患えず。今、洋夷の故を以てして、一朝逡巡《しゅんじゅん》し、列国漕《そう》するところのものといえども、容易には海に下すを得ず。而して時論もまた或いは渠《きょ》を東国に開いて、以て海運を廃せんと欲するに至り、人情もまた皆これに安んず。その畏懦恇怯《いだきょうきょ》、すでにかくのごとし。古人言えるあり「我一歩退かば、すなわち彼一歩を進めん」と。而して孤島の海中に在る、壱岐、対馬及び種子、掖玖《やく》、八丈等のごとき、或いは虜をして進んでこれに拠りて、以て巣窟《そうくつ》となさしめて、しかも手を拱《こまね》きて救わず。安然環視《かんし》して曰く「吾が長技は水戦に在らず」と、可ならんや。或いは曰く「運用の妙は一心に存す。小舟といえどもまた用いて以て勝を制すべからざるはなし」と。その言固より是なり。然れどもこれ天下の将校をしてことごとく妙処を暁《さと》りて、その長技もまた皆一途に出でしめば、すなわち可なり。然らずんば、すなわち脆小《ぜいしょう》の船を以てして、堅実高大の船に当たるは、天下の将校をしてことごとく勝を制するを得しむる所以にあらずして、人の才能もまたおのおの長ずるところを殊《こと》にす。将《は》たいずくんぞよく世《よよ》巨艦を用うるに長ずる者なきを保せんや。且つ古より小舟を以て巨艦を制せしものは、多く港奥狭隘《きょうあい》の処に在り。もしそれ大洋に在りては、すなわち螻蟻《ろうぎ》の鯨鯢《けいげい》に付きしがごとく、鰭鬣旋転《きりょうせんてん》せば、一碾《いってん》してすなわち沈没し、その翼を張りて相囲めば、羊兎の巨蟒《きょもう》に遇うがごとく、頭尾繚繞《りょうじょう》し、一嗑《いっこう》立ちどころに尽さる。これ皆勇怯巧拙の然《しか》く殊なるにあらずして、船制これを然らしむればなり。すなわち巨艦の利、それ廃すべけんや。弘安の蒙古における、文禄の朝鮮における、その或いは利を失いしものは陸戦に在らずして、多くは水軍にあり。これその将士の勇ならざるにあらざるなり、しかも困《くる》しむところのものは、船制の低小にして、以て巨艦大舶に抗する能わざりしのみ〔明の屠仲律《とちゅうりつ》云う「倭は陸戦に長じ、水闘に短なるは、船敵せずして、火器備らざるを以てなり」と。兪大猷《ゆだいゆう》は、水戦を以て倭を禦《ふせ》ぐの急務となし、巨船を修備せんことを請いて尤も力《つと》めたり。戚継光《せきけいこう》もまた云う「福船は高大なること、城のごとく、倭舟《わしゅう》は矮小なり。故に福船、風に乗じて下り圧すれば、車の蟷螂《とうろう》を碾するがごとし。船力を闘わして、人力を闘わさず、ここを以て毎毎《まいまい》勝を取る。もし倭船をしてまた福船のごとくならしめば、すなわち吾未だその必ず済《すく》うの策を見ざるなり」と。これまた水戦の利害は、船制の得失に在るを証すべきなり〕。

故に小舟を用いて以て巨艦を摧《くじ》くは、一時の戦略にして、主将の方寸に在り、これをその人に付すべくして、防海の規制を画する所以にあらざるなり。且つ鳥銃のごときは、原《もと》西夷の製するところにして、中国採りてこれを用うるに及び、その制の精なるは更にこれに倍し、明人これを畏れ、号して倭銃となせり。その番銃と称せずして倭銃と称するも、また以て我が民の巧を見るべし、すなわち船制のごときも、また善く彼に取りて以て己の用となさば、製造の精なる、何ぞ独り他人の後《しりえ》に在らんや〔鄂羅《ロシア》の汗伯得勒《カンペトル》なる者、嘗て微服《びふく》して船匠となり、間行して荷蘭《オランダ》に到り、大船を造ることを習う。鄂羅の善く大船を用い、航海の術に精《くわ》しきは、蓋しこれを始めとなす、実に元禄年間のことなりと云う。異虜の心を用うること、なおかくのごとし、況《いわ》んや中国にして、反って自から棄ててなさざらんや〕。故に曰く「巨艦を用いて以て軍容を壮にし、士卒をして恃むところありて懾《おそ》れざらしめ、虜をして忌むところありて敢えて肆《ほしいまま》にせざらしむ」と、これ水兵のよろしく急にすべきものなり。故に水操の法、巨艦の制は、皆海国の先務にして、間暇に及んで審らかにこれを議せざるべからざるなり。

〈現代語訳〉

そこで、私のこれについての方策としては、守備隊を置くこと、斥候《せっこう》を明確にすること、海軍を修繕すること、火器に熟練すること、軍用物資を備蓄しておくことです。この五項目は必ず成立させなければなりません。

　最初に守備隊を置くことについて、説明いたします。現在、我が国の海岸線の土地は、一つとして外敵が来襲しないと言える場所はなく、仮に事件が起こって兵隊を出発させて急行しても、自分たちが疲弊するだけで、もとより間に合いません。ですから、要塞を設置し、守備兵の制度を研究しなければなりません。慶長、元和の時代以来、天下の大名に命令して、一国につき一城のみ持つことを許しました。これは強力な大名を抑えて、災いを未然に防ぐためのものであり、画一的な命令であって変えることはできません。しかしながら今、外国による異変に備え、海辺の民衆が要塞によって自衛することができなければ、人々が心を団結することも、民間防衛の組織があっても、その力を運用することができません。兵法の道とは、前進後退に節度があり、勢いづかせるには術《すべ》があります。これらを適切に用いるのであれば、たとえ婦女であっても防衛の助けとなり、危険な場所にも赴くことができるのです。逆に不適切であれば、働き盛りの男子であってもバラバラに逃げ去り、運用することはできません。敵が襲ってきたら、民衆は山谷に逃げ隠れるだけで、外国人に侵略されるのを、誰が救えると言うのでしょうか。故に昔は辺境の土地には、城壁が設置されていました〔国防を規定した「軍防令《ぐんぼうりょう》」には、「東方、北方、西方の三辺の諸郡の人々の住居は、全て城の中に設置すること。水田を営む場所には、仮の小屋を置くだけにすること。農業をする時には、作業する者は住居を出て田地へ行き、収穫が終われば、まとめて帰ること。城壁が壊れたりした時は、そこに住んでいる者を使って、空いた時間に修理させること」とあります。『令義解《りょうのぎげ》』には、「「堡《ほ》」とは、高く土を盛ることで城壁とし、敵を防ぐもの」とあります」。今、その制度をそのまま用いないとしても、取捨選択して協議すれば、必ず時代に適したものが見つかるはずです。

武士が各地に住み着いていないのは、争いのもとを防ぐためです。しかし辺境に守備隊がいないのは、外敵に備えていることにはなりません。今、城下町にいる武士を分散して行かせて守らせるとすれば、彼らは疲労し、また途中の沿道は混乱することでしょう。民衆から募集して兵士にすると、彼らは贅沢が習慣となっているので、高い給料を要求してくるだけで終わるでしょう。その上、ただ敵に備えているだけで、戦闘に臨むわけではないので、自分から進んで戦功を立てるわけでもなく、逃げたとしても重い処分を恐れるわけでもありません。ですから民間からの者は、年老いて役に立たないか、遊び怠けている者なので、言うまでもなく使用してはいけません。土地を与えて兵士にする屯田《とんでん》の制度にしようとしても、田畑は全て農民が所有しているので、これを奪って与えることもできません。交通や経済の要衝の土地であれば、それだけ利益もあるので、民衆もそれほど貧しいわけではなく、空いている田畑も多くはありません。与える土地は、足りないのです。兵士を養うのに、米を俸《ほう》禄《ろく》として支給すれば、民衆に税金を掛けることになるので、分担しなければなりません。その徴収と支給にかかる費用は、田畑を与えることの数倍はかかるので、多くの兵士を養うことはできません〔田地を与えてこれを耕させれば、一人五〜六石の税金を免除するだけで、兵士への支給として十分です。今、諸国には、そうした制度がある所もあります。他方で、もし俸禄として米を支給するとなると、五〜六石の収穫のある土地からの徴収では、支給することはできません。なぜなら五石の収穫は、農民の収穫に対して四割の税率である四公六民で計算すると、そこから得られるのは二石に過ぎないからです。田地がないのに、二石の収入で食べていくとなれば、一家族が一年間生活できないのは言うまでもありません。ですから、二石の米は兵士に支給するには足りませんが、五石の田地であれば養うことができるのです。田地と米との支給の差は、このようなものなのです」。これらは皆、議論する者が苦しむところです。しかし今、民衆の利益となるような制度を設ければ、費用は節約されて、収入も安定いたします。田地が荒廃するのは、必ず税が重く、収穫高が少ないからです。土地に耕作者がいないのは、必ず土地が痩せていて、利益が少ないからです。この二つは要衝の区域には多くはありませんが、浜海の地域には少なくありません。兵士にこうした土地を耕作させて、税が重ければ免除し、利益が少なければ農機具やその他の道具を与えます。もしその土地で応募して部隊に入る者がいれば、田地の面積を計算して税を免除します。このようにすれば、屯田制の意義を活用することができるのです。

利益を取り出すということにおいて、尽きることがないものは海です。船を作り、魚を捕る網の費用を与えるようにすれば、水上戦の用意になるのです。海からの利益によって我が兵士を教え、食糧を現地から得ることで我が兵士を養うのです。仮に優れた人物を選んで、その制度を研究させれば精強な男子、訓練された部隊を獲得することは不可能ではありません。しかしながら、海上防衛の準備は防衛の部隊のみに責任を負わせてはいけません。兵士が有用に働くことを望むのであれば、その苦楽を共にするようにすべきです。屯田の部隊は、田を耕し海で魚を捕り、休日には軍事を研究し、敵が来れば真っ先に戦うので大変な苦労を強いられます。ところが、都会に住んでいる者は、飽きるほど食べて暖かい着物を着ており、驕り高ぶって娯楽にふけって一年を終えているので、これで誰か一人でも海防の任務を楽しむ者がいるでしょうか。ですから、武士たちをやる気にさせて軍事訓練を行い、狩猟、捕縛、土木工事の労役を習慣にさせ、自分たちだけ贅沢を楽しむことがないようにするのです。農民や職人、商人もまた天下に重大事態があることを知らせて、勤勉倹約にして命令に対しては、はじめて戦争の被害を免れた日のような気持ちにさせるのです。そうして海防の兵士たちが、天下に苦労していない者がいないことを知り、勇気を出して身を奮い立たせ、戦闘に臨んでは功績を争うようにして、こうしてやっと兵士というものを獲得して運用するべきなのです。それ故に要塞の制度、民間防衛、屯田兵、苦楽の共用は全て海上防衛における重要な任務なので、落ち着いて審議しなければなりません。

斥候を明確にすることについて説明します。今、海岸の地域に監視所がないわけではありません。しかし、その配置は不十分で、相互に連絡をとることもできず、煙で知らせる烽火《のろし》、旗による伝達、合図の大砲音を相互に確認することはできません。器械が準備されておらず、合図も明確でないので、見張りの者がいたとしても、遠洋の外国船の帆影を眺めているだけです。外国船が海岸に近づくと、報告は足を使って行われます。外国船は瞬時に数十里移動するのに対し、こちらは徒歩で報告するので、事件に対処できないのは言うまでもありません。昔は辺境の郡には烽火を置いて合図が明確で、若者に分担させて監視させ、隊長を置いて監督したことが「軍防令」に載っております〔「軍防令」には、「烽火は適切な所に設置すること。ただし相互に見えるようにすること。隊長二人を置いて監督すること。昼夜に時間を決めて監視し、昼には烽火を上げ、夜には火を燃やし、相手が応答しなければ、人を走らせて先方に知らせること。応答しなかった理由を問いただし、所在の責任者に報告すること。敵兵の数によって烽火の種類にも細かい方式がある。烽火に食い違いがあれば、所在の国司に報告せよ。調査して事実を知ったならば、中央政府に報告すること」とあります。明国の武将である戚継光《せきけいこう》の「守哨法」には、次のように書いてあります。烽火台ごとに兵士五名によって監視させ、大砲、小銃、火矢、大白旗、信号として用いる草架《そうか》などの機器を準備し、毎日三人を分けて範囲外の海辺を巡視させて、警告すべきことがあれば昼は旗を振り銃を発砲し、夜は携帯用の烽火を上げて銃を発砲し、烽火台がすぐに応答するようにすること。晴天であれば大白旗を滑車で上げ、隣の烽火台も同様に行い、この合図の一つは総督が所在する所へ、もう一つは本部の防衛所まで伝えること。もし天気が悪く曇っていれば、草架によって火を上げ、敵に近い烽火台は直ちに一人を派遣して速やかに本部の防衛所と陸路で官庁へ行き、敵の人数、侵入の日時、状況を報告すること。また烽火台の信号を見逃した者は、軍法によって裁くこと。細かく決められた規定を記録して物見台ごとに一冊ずつ、軍に配布して声に出して読ませ、暗記させて一ヵ月後に試験すること。一句を憶えていなければ、一度棒で打つこと。責任者は呼び寄せたり出向いたり、抜き打ちで自ら試験すること。処罰や連帯責任については、細かく法があります。器物、軍器は補修に様式があり、極めて詳細です。明の武将である宋応昌《そうおうしょう》もまた、次のように述べております。「重要な港には三里ごとに一つの烽火台を築き、兵士十名によって交代で監視させ、また一里ごとに合図の空砲を撃つ轟雷砲《ごうらいほう》二門を設置して、民兵によってこれを守らせること」私が思うに、明国の一里は今の五町（約五百四十五メートル）ほどに当たるので、三里は十五町ほどになります。その烽火台の設置は、密だと言えるでしょう。これらは皆、異国の守備の概略であって、今は類似の物事について応用してゆけば参考になると考えます」。

今もし、それらに改良を加えて、各烽火台が相互に連絡できるように配置し、目や耳で確認し、合図の火や走者による報告の法令があり、点検を気をつけ、賞罰を必ず行うようにすれば、不注意による過《あやま》ちは起きないでしょう。そもそも情報を相互に報告していくには、「駅逓《えきてい》の法」が精密でないといけません。交通の要地に人馬を置いている宿駅《しゅくえき》が、まばらで離れていると、民衆の仕事は少なくなりますが、遠い道のりを往復するので、人馬の疲労が多くなります。間隔を短く密にすれば、民衆は仕事が増えて苦しみ、宿駅ごとの人馬の交代が多くなるので仕事が遅くなりがちです。今、宿駅を増やして密にすれば、無用の人も急ぐ必要のない事であっても、百姓に苦労させ、ひどい時には下級の従者が武器も携帯せずに駅馬に乗って、しかもこれを不審に思わないことがあります。平和な世の中だとしても、農業の仕事を奪い民力を費やすことになるのは、言うまでもありません。しかも早馬《はやうま》を出すほどの緊急事態であっても、農作業用の馬や駕籠《かご》に乗るだけで、足の速い人や馬が緊急用に準備されているわけでもないので、状況に応じて物事に対処することが恐らくできないでしょう

〔清国の人が次のように言っております。「我が国の駅逓の設備は最善です。西の辺境までの五千里ほども九日で到達でき、荊州《けいしゅう》、西安は五日で到達することができます。清朝の初期の武将である呉三桂《ごさんけい》が反乱を起こした時、清国の駅逓の報告が極めて速く、対策が奥深く準備されているのを聞くと、天を仰いで「終わりだ、戦争を起こすべきではない」と言いました」。また、「宋の時代に急脚逓《きゅうきゃくてい》を設置し、金の時代は急脚舗《きゅうきゃくほ》を設置して、一日に三百里行ったが、昔から駅逓で五百里以上到達したものはない。もともと世の中が安楽に慣れて、時間を短縮する練習もしなかった時代であったのも理由であるが、上にいる者の法の立て方が善くなかったのも原因である。清朝の国家の制度は昔より優れており、兵士徴収の檄文《げきぶん》は瞬時に到達し、駅逓は一日に六百里からそれ以上に到達する。どんな場所でも適時に指示を出し、遅れることはない」と言いました。これによれば駅逓の連絡が速い遅いというのも、制度の立て方が問題であることを見るべきなのです〕。

慶長、元和の時代以来、海外との交流は極めて厳しく取り締まっております。しかし最近になって、外国人は再び少しずつ、辺境の人々を密かに誘惑しております。そして愚かにも外国人との接触を隠して欺こうとし、悪知恵を働かせて取引をしようとするので、発見することがとても難しいのです。連帯責任の制度を整備して、問いただして見抜くことのできる人物がいなければ、おそらく海辺の事情を細かく知ることは難しいでしょう。ですから烽火台の設置、駅逓の法、嘘を見抜いて悪事を暴く技術、これら全て斥候に関係することは、普段から細かく議論しておかなければなりません。

海軍を修繕することについて説明いたします。海上戦において海を守ることは、陸上戦における城を守ることと同じように、切り離して考えることはできません。海上戦に
我が家のようにして、航海の技術に熟練しております。ですから、これを防ごうとするので
あれば、艦船の製作は精巧にして、船舶の操縦技術を研究しておかなければならないこと
は、言うまでもありません。今、水兵を準備しようとするのであれば、必ずしも一ヵ所に集
めて毎日戦法を教えなくても、要するに天下の将兵に普段から水に慣れさせることが重要な
のです。大艦を操《あやつ》ることが小舟を航行させるようにでき、荒れ狂う大波を見ても、布団で寝
転んでいるのと変わらない気持ちになって、はじめて役に立つのです。それには船で物を運
び、または漁業をして常に水上で仕事をさせて、針路の取り方、港の出入り、潮の満ち引
き、太陽と月と星の動き、風雨、昼夜、すべての航海術について精通させるのです。これら
は皆、将兵を水に慣れさせるのに必要なことです。
今、諸大名に割り当てて、巨艦を建造させることが必要です。その工事の労役は軍令によ
って従事させます〔諸大名に割り当てて、工事の労役に備えさせるには、現在の手伝者《てつだいもの》と呼
ばれている役目のようになります〕。その製作は丈夫で精密にし、必ず外国船に対抗できる
ものにして、各藩の武士を配置し、有事の際は戦えるようにしなければなりません〔「大宝
令」の中の「営繕令《えいぜんりょう》」には、「官船のある所には、一定数の兵士を派遣して看守する」とあ
ります〕。監督は幕府の役人としますが、その選任は厳重にし、権限を強め、官位は民衆を
まとめるのに充分で、給与は不足のないようにいたします。何事もなければ、天下の米穀や

荷物を運び、米の売買の権利を幕府が握り、各藩が商人に頼らないようにいたします。その後に定期的に訓練や教練をして、外国船を打ち破るのに不足がないようにすれば、事件が起こっても恐れることはなく、敵もまた驕り高ぶった行動ができなくなるでしょう。『孫子』には、「我々が戦う時は、敵も戦わざるを得ないようにし、我々が戦いを望まない時は、敵も戦うことができないように準備する」とあります。このようにした後ではじめて、外敵に対する主導権を握ることができるのです。

ところが現在の評論家は、「大砲を海岸に並べて、敵が来たら砲撃して退却させればよい」とだけ言います。大砲が役に立たないとは言いませんが、長距離射程の兵器というものは、短距離で使用することにこそ利点があり、火器を使用する戦術は、敵を混乱させて勢いに乗じて制圧することにあります。こちらの戦艦によって敵の戦艦に迫り、接近して小銃部隊によって速やかに攻撃を加えることもなく、ただ遠くから向かい合っているだけであれば、一発ぐらいの砲弾が当たったとしても、堅固な陣営を崩して強敵を粉砕することはできないのです。加えて、海上の敵船は発砲しても必ず当たるものでもなく、敵船は丈夫にできているので、当たったとしても一発や二発で大破させることはできません。今、海上戦の研究もせずに、遠く離れた陸地にいたままで、海上の敵を攻略しようというのは、これまで聞いたことがありません。ですから、海岸に大砲を並べて守りとするのであれば、港の停泊場所、敵船が必ず通過する海路に銃砲類を設置して、勝手な行動をとらせないようにさせるだけです。日本の長い海岸線全てに大砲を並べて、それを頼りに海防の計画としてはいけないのです。(慶長年間(一五九六―一六一五)に肥前の大名である有馬晴信が、報復としてポルトガル船を長崎で焼き沈めた時は、火を付けた火船によって接近攻撃をしかけ、また福岡の黒田継高も密貿易を行った中国船に同様の攻撃を行ったといいます。明国の武将である戚《せき》継光《けいこう》の「水寨操法《すいさいそうほう》」には、「大型の火縄銃や火を付けた弓矢の発射は、五十歩の距離を基準とする」とありますが、さらに「これは遠距離用であり、近距離用ではない。もし敵に攻撃をするのであれば、一船を接近させて投石や火薬を使用して、接近攻撃を仕掛ける」とあります。おおよそ明国の人の水兵の戦法はこのようなやり方です。そして西洋人の水上戦闘もまた、だいたい船舶同士が接近して火砲を発射し、または小型船を使用して攻撃をしかけます。鄭成功《ていせいこう》がオランダ船を攻撃した時は、オランダ船の銃窓から船内に突入して焼き払いました。このように接近して攻撃をしかけるというのが海戦というものであり、遠くにいたままで勝利を得ることなど、できはしないことを知るべきなのです)。

また、ある人は、「海戦は敵の得意とする技術なので、我々が外敵を制圧する頼みとなるものではない。必ず敵を陸地に上陸させてから、戦うべきである」と言います。これは勿論正しいと言えます。しかしながら、敵もまた戦闘に慣れており、敢えて自分から得意な技を捨てて、不得意な戦い方はいたしません。ですから彼らは海上に停泊して、我々の海上輸送を妨害することによって隙を窺い、守りの弱い所を見極めて、そこへ風のようにやって来て稲妻のように去る戦法でこられたら、こちらには迎え撃つ方法も、追撃する手掛かりもありません。敵は外に恐れるものはなく内には自信があり、東に動くと見せかけて西を混乱させ、落ち着いて他人を制圧することができます。しかも我が兵士は小舟も海に出すことができず、素手で陸地を走り回って疲れ、敵が目の前で好き勝手をしていても、一本の矢も放つことができず、あわてて狼狽《うろた》えて、敵の思い通りにされて休む暇もありません。これでどうやって敵を上陸させて戦うことができるのでしょうか。そして勝負というものは兵士の士気にあります。内側に自信があって外側に恐れるものがなければ、兵士の気力は自然と倍増します。こちらの戦闘技術において、彼らと対抗できるものがなければ、戦う前から気力が失われるので、落ち着いて敵の激しい攻撃を打ち破ることなど、どうしてできるでしょうか。

そもそも船舶の利用とは、我が国の神代に始まって海外へと広まりました。また海運は崇神天皇が新しく始められ、天下の人々のために費用を出して利益が上がるようにしたもので、それから百代以上の天皇の世が経過しましたが、未だかつて外国の妨害を心配したことはありませんでした。今、外国船のためにあっという間に決断力を失って、各藩の船舶であっても容易に海に出られなくなってしまいました。世論のほうでは運河を関東に開いて、海上運送を止めようとする意見もあり、人々も安易にこれに賛同しております。その怯えた様子は、すでにこのようなものとなっております。古人の言葉には、「我《われ》が一歩退けば、彼は一歩進める」とあります。このままでは海上の孤島である壱岐、対馬、及び種子島、屋久島、八丈島などは、彼らが進んでこれを根拠地として住み着いたとしても、手をこまねいているだけで救援することはないでしょう。こうした状況に平然としたままで、「我々の特技は海戦ではないから」などと言っていていいのでしょうか。またある人は、「物事をうまく働かせる骨《こつ》は精神にある。小舟を使用しても勝てないはずはない」と言います。もちろんそれは正しいでしょう。しかしこれは、兵士の指揮官全てが運用に精通していて、その得意な技術も皆統一されていてはじめて可能となります。そうでなければ、脆《もろ》くて小さな船で、丈夫で巨大な船に当たって、天下にいる指揮官全てが勝利を手にすることなどできはしません。また人の才能というものは、それぞれ得意とするものが異なっており、大船を運用することが得意な者もいるはずです。加えて、昔から小舟で大船を制圧できたのは、多くは深く入り込んだ狭い水域です。広い大洋では蟻が鯨にむらがるようなもので、尾びれを動かしただけで潰されて沈没し、多数で取り囲んだとしても羊や兎が大蛇に出会った時のように、絡め取られて一口で飲み込まれてしまいます。これらは皆、勇気とか臆病とか、上手い下手の問題ではなく、もともとの船の構造が違うので当然のことなのです。ですから、戦闘における大船の有利さを無視してはいけません。弘安の役のモンゴル、文禄の役の朝鮮と戦って敗れた戦闘は、陸上戦闘ではなく、その多くは海上戦闘でした。これは兵士が勇敢に戦わなかったからではなく、苦戦した原因は我々の船の構造が低く小さかったので、巨艦大船に対抗できなかっただけなのです（明の国の屠仲律《とちゆうりつ》は、「日本人が陸上戦闘が得意で、海上戦闘が不得意なのは、船が弱く、火器が準備されていないからだ」と言っております。明の武将の兪《ゆ》大猷《だいゆう》もまた、海上戦闘によって倭寇から防御することが急務であるとして、大船を準備することの請願に最も力を尽くしました。戚継光も同じく、「大帆船は城のように高くて大きく、日本の船は低く小さい。故に大帆船が風に乗って圧倒すれば、車輪でカマキリを潰すように勝つことができる。船の力で戦って人の力で戦わない。これで毎回勝利を収めるのだ。だがもし日本の船が大帆船のようになったら、必ず勝てる策略はない」と言っております。これらの記録は、海上戦闘の利害とは船の構造にあるという証明なのです」。

ですから、小舟によって大船を制圧するのは、一時的な戦略であって、指揮官の判断に委ねるべきものであり、海防の制度全体の方針とはなりません。その上、小銃などはもともと西洋人の製造したものでしたが、我が国がこれを採用してから、作りの精巧さは倍以上となり、明国の人は日本製の小銃を恐れて倭銃《わじゅう》と呼びました。西洋銃と呼ばずに倭銃と呼んだことからも、我が国民の物作りの巧みさを見るべきであって、これは造船においても彼らの技術を取り入れて我々が利用すれば、製造の精巧さにおいて日本が後れを取ることはないのです〔ロシアの皇帝、ピョートルという人はかつて変装して船大工となり、オランダに忍び込んで大船を造ることを学びました。ロシアがよく大船を運用して航海の技術に詳しいのは、おそらくここから始まったのでしょう。これは元禄年間（一六八八―一七〇四）のことだということです。外国人でさえこのように心を砕いているのに、まして日本が自分から諦めてしまってよいのでしょうか〕。結論としては、「我が国は大船を運用して軍事力を強化し、兵士に自信を持たせて恐れを抱かせないようにする。これによって外国人は我が国を恐れて、身勝手な行動を取れないようにさせる」というのが海軍における緊急の課題なのです。そのための航海術の方法、大船建造の制度は海洋国家としての急務であり、普段から詳しく研究しておかなければならないのです。

〈語釈〉

○屯兵《とんぺい》　その土地にとどまって守る兵。　○斥候《せっこう》　敵情、地形などの状況を偵察する小兵力の人員。○虜衝《りょしょう》　攻撃を受ける要衝。○屯戍《とんじゅ》　兵をとどめて、辺境を守ること。○慶元《けいげん》　慶長、元和の時代。○強梗《きょうこう》　自分の言い分を強く主張して曲げないこと。○障塞《しょうさい》　要塞。○保甲《ほこう》　地方の自治組織。○崩潰《ほうかい》　くずれこわれること。○狗羯《くかつ》　犬と羊、外国人を意味している。○釁端《きんたん》　争いのもと。○跛蹇《はけん》　歩行困難なこと。○什器《じゅうき》　日常使用する器具。○城堡《じょうほう》　城と砦。○舟楫《しゅうしゅう》　ふねとかじ。○網罟《もうこ》　あみ。○追胥《ついしょ》　罪人をめしとる役人。○臂《ひじ》を攘《はら》い　腕まくりをすることから、勇気を奮い起こすこと。○堡障《ほうしょう》　防壁。○候望《こうぼう》　遠くのようすをさぐりみる。○列墩《れっとん》　ならんでいる見張りの丘。○熢燧《ほうすい》　飛火《とぶひ》の意味で、のろしのこと　○旌旗《せいき》　はた。○瞭卒《りょうそつ》　見張り。○熢《ほう》　のろし。○検校《けんこう》　取りしらべること。○参差《しんし》　くいちがっていること。○火箭《かせん》　火をつけて射る矢。○草架《そうか》　のろしの一種。○疎虞《そぐ》　不注意などによる過失。○駅逓《えきてい》　宿駅から宿駅へと荷物などを送ること。○舗《ほ》　ここでは宿駅のこと。○逓替頻数《ていたいひんすう》　人馬の交代が頻繁なこと。○廝徒《しと》養卒　雑用をする者。○肩輿《けんよ》　肩でかつぐ乗り物。○馳驟《ちしゅう》　車馬に乗って駆け回ること。○晷《き》刻《こく》　時刻。○辺氓《へんぼう》　辺境の民。○蠢蚩《しゅんし》　おろかなこと。○保任連及《ほにんれんきゅう》　連帯責任にすること。○廉問《れんもん》司察　訊問して調べる。○蒙蔽《もうへい》　おおいかくすこと。○衽席《じんせき》　布団。○迂直《うちょく》　曲線と直線。○占度《せんたく》　現在地測定のための羅針盤などの使い方。○手伝者《てつだいもの》　幕府が諸大名に行わせる治水工事など。○営繕令《えいぜんりょう》　営造修繕事業を規定する法典。○遥々《ようよう》　遠く離れているさま。○神器　ここでは鉄砲や火薬、弾丸などのこと。○鼾睡《かんすい》　いびきをかいて眠ること。○狼機《ろうき》　仏狼機《ふつろうき》のことで、焼夷弾的爆弾を発射するもの。○擲傾《てきけい》　投げ入れること。○焚燬《ふんき》　焼く。○倉皇狼狽《そうこうろうばい》　あわただしく、うろたえること。○撃刺馳突《げきしちとつ》　矛や刀で打ち、突撃すること。○渠《きょ》　運河。○畏懦恇怯《いだきょうきょ》　おそれて怖がること。○螻蟻《ろうぎ》　螻蛄《けら》と蟻《あり》。○鯨鯢《けいげい》　クジラのおすとめす。○鰭鬣旋転《きりょうせんてん》　ひれを動かすこと。○巨蟒《きょもう》　おろち、大蛇。○繚繞《りょうじょう》　まとわりつくこと。○一嗑《いっこう》　ひとのみで。○螳蜋《とうろう》　かまきり。

〈読み下し〉

所謂、火器を練《ね》るとは何ぞや。火器もまた虜の長技にして、我の恃みて以て虜を制するところにあらざるなり。然れども大礮《たいほう》の用は、堅を摧《くじ》く所以にして、攻城守城に在りては、必ず闕くべからず。而して水戦は巨艦を以て相当たり、なお両塁相牴《ふ》るるがごとし。大礮の製は精ならざるを得ず。精なるものは、遠しとして達せざるはなく、微として中《あた》らざるはなく、固より長兵の利なり。然れども長兵短用、機を決するはその人に在り。夫れ大礮一発すれば、殺すところ幾人ぞ。しかもその声猛烈にして、天を震わし地を裂く。もし敵をして独り善くこれを用い、我の以てこれに応ずるなからしめば、すなわち兵刃未だ接せずして、三軍まず讋《おそ》れ、何ぞよく闘わんや。中国始めて火器ありしより、そのこれを用うるは鳥銃に止まり、大礮に至りては、すなわちその法始めて伝わり、未だ幾《いくばく》ならずして世は升平《しょうへい》に属せり。故にこれを鋳造すること極めて尠《すくな》くして、銃家者流《じゅうかしゃりゅう》もまた皆その法を秘し、発放の術は、将卒も知るを得ず。銃家限りあるの人を以てして、東西百戦の地に奔走するも、その給せざるや明らかなり。今、邦国をして大いに巨礮を鋳造し、士卒をしてよく用法に通暁せしむるにあらざるよりは、すなわち以て天下に気を壮《さか》んにするなくして、所謂、利器なるものも、また以て国を守るの用となすに足らざるなり。その制作と架法《かほう》、放法とのごときは、よろしく易簡敏捷《びんしょう》なるべくして、よろしく繁巧遅重《はんこうちじゅう》なるべからず。その奥秘妙訣の、煩難にして暁《さと》り易からざるもののごときは、恃むに足らざるなり。且つ虜の大艦に駕して以て人に逼るものは、城塁を水上に運ぶなり、守を以て攻をなすものなり。これを拒《ふせ》ぐの勢は、一を執りて変ずるなかるべけんや。故に攻銃は以て賊艦を摧き、守銃は以て港奥《こうおう》を扼《やく》し、戦銃は以て馳突《ちとつ》に備え、及び他の火箭、噴筒《ふんとう》、火桶《かとう》、火磚《かせん》の類の、およそ銃と相参用する所以のものは、よろしく衆人をして習熟せしむべし。而してその時に臨みて活用し、以て長兵の利を尽くすに至りては、すなわちその人に在るなり。

もし夫れ干鹵《かんろ》は以て甲冑を輔《たす》け、弓弩《きゅうど》は以て銃砲に副《そ》え、鉄石は以て鉛銅を佐《たす》くるは、そもそもまた説あり。戦国の世、士卒死を軽んじ、干鹵を待たざる者あり。然れどもまた往々これを用いて以て自から扞蔽《かんぺい》せり〔城を攻むるには、必ず竹を束ねてこれを城外に樹《た》て、以て銃丸を遮《さえぎ》り、号して竹束《たけたば》と曰う。朝鮮の役に、加藤清正ら亀甲《きっこう》なるものを用い、その制は轒轀車《ふんおんしゃ》のごとし。その他、攻戦に自から遮蔽する所以のものは、固より枚挙すべからざるなり。銃丸の迅《はや》き、洞徹《どうてつ》せざるなしといえども、すでに一盾《じゅん》を洞《とう》せば、その末力は未だ必ずしも鉄甲を貫かざれば、すなわち士卒は恃みて以てその胆を壮にすべし。清正の、嘗て兵を遣わして宇土《うど》を攻めしむるや、将士、民舎の戸扇《こせん》を撤して、以て自から遮蔽し、なお以て飛丸の下に立ちて慴《おそ》れざるを得たり。況んや干鹵の堅実は、戸扇の比にあらざるをや。且つ虜銃は一発に数丸を装し、これを単に一丸を装するものに比すれば、その力は稍《やや》微にして、未だ必ずしも一たび堅盾《けんじゅん》を洞して、また更に鉄甲を貫かず、またこれをその物に試みて可なり。然れども干鹵の用は、その洞する洞さざるとに在らずして、兵卒をして敵銃を見ざらしむるに在り。兵機を暁《さと》る者は、必ずよくこれを知らん〕。今、習安《しゅうあん》脆弱の卒を以て、一旦事に臨み、身を飛丸迸箭《へいせん》の間に挺《てい》し、自から遮蔽するなくして、しかもよく慴るるなからんや。すなわちそのすでに蔽《おお》うに甲冑を以てし、またこれを遮るに干鹵を以てして、以て士卒の心を固くす。その制、以て講ぜざるべからざるなり。

虜は海外諸国を周流し、鉛《なまり》、錫《すず》、銅、鉄、硝、黄《こう》の属、これを諸国の産に資《と》り、その用固より窮せずして、我は内自から守り、必ず山嶽の秘を発《ひら》きて以てこれを用うれば、すなわち彼此多寡の数、その較《こう》せざるやまた審らかなり〔明人、寇を防ぐに、招集屯駐《とんちゅう》す。当時汪汝《おうじょ》淳《じゅん》云う「苦しむところは、人、日に衆《おお》くして、衣甲器械の継がず、火薬の更に敷かざるなり」と。すなわちこれ火薬の生じ易きものも、またなお敷かざるを患《うれ》う、況んや今、銅、鉄、鉛、錫、その生ずるに限りあるものをや〕。故に或いは弓弩《きゅうど》を参用し、必ずしも専ら火器を恃まず。その火器を用うる者も、また専ら銅と鉛とを恃まず。その銃身は、或いは鉄にし或いは木にし、その弾《たま》は或いは鉄にし或いは石にし或いは餅《へい》にし、或いは和するに銅鉄の滓《し》、海上の沙鉄の類を以てして、以て餅となす。朽縄《くちなわ》、敗布《はいふ》、爛網《らんもう》、破罟《はこ》といえども、また採りて以て錬造に供すれば、その乏しきを補うべからざるものなし。棄物を収蔵して、以て有用を待ち、これを平素に試み、士卒をしてこれを習い知らしめ、事に臨みて百方参用せば、庶くは急遽にも以て匱乏《きぼう》を致さざるなり。その希《まれ》に生ずるところのものを啬用《しょくよう》するは、まさに以て大いに用うるところあらんとす。その用いて以て機に応じ勝を制するに至っては、すなわち自から将略ありて存す。これただ兵機を暁《さと》る者のためにのみ論ずべくして、予め紙上に論ずるところにはあらざるなり〔戚継光の水戦法のごときは、弓弩、標石《ひょうせき》と火器と相参《あいまじ》え、而して火器のごときも、またその一船に備うべき火薬は五百斤にして、鉛弾は三百斤に過ぎず。火薬の用は、鉛弾を発するに止まらざることを見るべし。而して参うに火箭、噴筒、薬桶《やくとう》の諸器を以てし、専ら鉛弾を用いざれば、すなわち火器の必ずしも鉛弾を恃まざるも、また見るべし」。故に大礮の制、干鹵の用、弓弩の技と、夫《か》の鉄石、雑品の採りて以て用に供すべきものとは、皆火《か》を用うるの術にして、以て間暇に及んで審らかにこれを議せざるべからざるなり。

所謂、資糧を峙《そな》うとは何ぞや。およそ軍の需《もと》むるところ、これを府軍《ふこ》に貯うるは、以て守城の用に備うべくして、しかも戦陣窮まりなきの需めを待つに足らず。これを市廛《してん》に資《と》るは、以て平居演習の用に供すべくして、しかも一旦不虞の変に応ずるに足らず。故に硝、黄、膠漆《こうしつ》、皮革、枲麻《しま》、およそ水土の産するところは、よろしく諸国をして多くこれを生ぜしむべくして、これを遠境に仰ぐべからざるなり。甲冑、干鹵、刀剣、槍槊《そうさく》、弓矢、銃礮、およそ人工の作るところは、よろしく間暇に及びて多くこれを繕《おさ》むべく、要はいよいよ用いていよいよ竭きざるに在り。金銀、銅鉄、鉛錫、玉石およそ山嶽の蔵するところは、よろしくその用を惜《おし》みてその靡《び》するを禁ずべし。今、梵宮《ぼんきゅう》、装閣《そうかく》、及び他の玩好の諸物より、以て閭閻《りょえん》の用器、婦女の衣帯に至るまで、金を塗《と》し、銀を抹《まつ》せざるはなし、すなわち銷金《しょうきん》の禁は、厳にせざるべからざるなり（西土の史書に載するところ、その府中の黄金、銀物を出して、以て軍用に供せしものあり。金銀の薄《はく》を禁ずるものあり。古人の金銀を用いし所以のもの、此に在りて彼には在らざりしこと見るべし。唐六典《とうりくてん》に十四種の金あり。曰く銷金、拍金、鍍金《ときん》、織金、砑金、披金《ひきん》、泥金、鏤金、撚金、戧金、圏金、貼金《ちょうきん》、嵌金《かんきん》、裹金《かきん》なり。宋の時、金を糜《び》して以て服器を飾るを禁じ、また金銀箔線《はくせん》、貼金、銷金、蹙金線《しゅくきんせん》もて、什器、土木、玩用の物に装貼《そうちょう》するを禁ず。命婦《めいふ》にあらざれば以て首飾を為《つく》るを得ず。宋主《そうしゅ》の用うるところを治《や》して、ことごとく官に送れり。諸州の寺観、金箔を以て像を飾るものは、自から金銀工価を齎《もたら》し、文思院に就きて換給す。また僧の金銀、珠玉を求丐《きゅうかい》し、錯末《さくまつ》和泥して、以て塔像を為るを禁ず。また内庭の中宮《ちゅうきゅう》より以下を禁じ、並びに銷金、貼金、間金、戧金《えんきん》、解剔金《かいてききん》、陥金《かんきん》、明金、泥金、楞金《りょうきん》、背影金、盤金《ばんきん》、織金、金線撚糸《ねんし》もて、衣服を装着するを得ず、並びに金を以て飾りとなすを得ず。その外庭の臣庶の家、ことごとく皆断禁せり。この他、歴代の申禁、至らざるところなし。その天地の蔵を発するを重んずるの意も、また見るべきなり」。

しばしば貨幣を改むれば、炉炭《ろたん》の燬損《きそん》するところ、愛《おし》まざるべからざるなり。番舶《ばんぱく》の交易は、多く無用に属して、金銅を海外に棄つ、停《とど》めざるべからざるなり。その他、俗の奢麗《しゃれい》に由りて、金石を銷鑠《しょうしゃく》するを致すものは、指も屈するに勝《た》えず、これが制限をなさざるべからざるなり〔上下奢を尚《たっと》び、工商便《べん》を競い、室屋器材、銅鉄を以て竹木の用に代うる者、尠からずとなす。礪砥《れいし》、燧石《すいせき》は、軍国必用の物なり。しかるに細作繊巧《さいさくせんこう》、朝に成し夕に毀《こぼ》ちて、錐鑿《すいさく》、刀鋸《とうきょ》は、徒《いたず》らに磨磷《まりん》を致すのみ。真鋼の精なるもの、礪砥の良なるものは、発掘してまさに尽きんとす。俗は磁器を貴びて、漆器を好まず。硝子《しょうし》もまた盛んに世に行われて、燧石の佳なるものは、これがために銷鑠《しょうしゃく》するもまた尠なからず。かくのごとき類、その金石の銷鑠する所以のものは、勝げて計るべからず。よろしくその未だ尽きざるに及びて、審らかにその糜するところのものを求め、ことごとくこれを去るべきなり」。よくその実用に益なきものを択んで、ことごとくこれを去れば、山嶽の秘も、庶くは速やかには竭きずして、海内の神気も、また甚だしくは耗《こう》せざるなり。

米穀に至っては、すなわち民命の係るところ、軍旅に在りては、糧食、これより重きはなし。今、その都会に狼戻《ろうれい》するものは、以て浮冗佚楽《ふじょういつらく》の奉に充つべくして、兵行不資《ふし》の糧を給すべからざるなり。故に糧食を峙《そな》えんと欲せば、その本業を務め米穀を貴び、これを民に蔵しこれを国に儲《たくわ》うるは、固より論なし〔説は国体編に見ゆ〕。而して浮冗の民は、以て漸く農に帰せざるべからず。酒、餅、餌、麪《めん》の穀を鎖するもの、茶蔫《さえん》、紅茜《こうせん》の農を妨ぐるものは、以て稍《やや》その節を制せざるべからず。

常平《じょうへい》の倉《そう》、平準《へいじゅん》の署《しょ》のごとき、その斟酌して以て今に行わるべきものあれば、以てその制を講ぜざるべからざるなり。軽重その権を得、米価その平を得、姦商猾賈《かっこ》をして専ら利柄を操《と》ることなからしめ、販夫、販婦をして独りその業を失うことなからしめ、善《よ》く利を導きてこれを上下に布《し》けば、すなわち邦君より以て士民に及び、その穀多く蔵すべくして、経費もまた以て給すべし。士民倶《とも》に富めば、すなわち商賈もまた随ってその利を受く。糴糶制ありて上下倶に便し、利を導く所以のもの周《あまね》きなり。官府及び民間の収予貿易するところのもの、多く米穀を用いて、金帛と相参《あいまじ》うれば、すなわち米穀は人間《じんかん》流通して、一方に腐陳せざるなり。義、社の倉《そう》に本づき、因りて以て陳《ふる》きを取りて農に食《は》ましむるの制となせば、すなわち細民乏しからずして、その穀は新旧相換うべきなり。

およそかくのごときの類、古今の経制、おのおのよろしきところあり。よくその凶荒軍旅にあるものを択んで、ことごとくこれを行わば、嘉穀《かこく》海内に盈溢《えいいつ》し、海内の元気、以て餒《う》うるなかるべきなり〔およそ財穀を理《おさ》むるは、その術一端ならず。今、これを行わんと欲するに、一利を興せばすなわち一害を随って生ず。時に臨んでよろしきを制し、一を執りてこれを論ずべからず。故にその詳のごときは、すなわちまさに別に論述するところあらんとす。ただその一端を挙げて、詳らかにはその説を載せざるなり〕。故に水土の産、人工の作、山嶽の秘、米穀の儲《ちょ》は、その糜《び》を息《や》め、その生を広くし、害あるものはこれを除き、利あるものはこれを興し、深く謀り遠く慮り、時を相《み》て弛張し、これが権衡《けんこう》を設け、これが制度を立て、まさにその人を待ちてしかる後に行わんとす。およそこれ皆資糧の峙えにして、間暇に及びて審らかにこれを議せざるべからざるなり。

夫れ屯戍設けられ、斥候明らかに、水兵繕《おさ》まり、火器錬《ね》り、資糧峙《そな》われば、すなわちそのよろしく創立すべきところのものは、大綱挙る。大綱挙らば、すなわちその瑣瑣《ささ》たるものも、またまさに随って作興せんとす。経制の昔は存して今は廃し、綱紀の昔は張りて今は弛むものは、ことごとく釐革《りかく》してこれを振起し、規模のよろしく立つべくして未だ張りて立たず、禁令のよろしく設くべくして未だ設けざるものは、ことごとく創立してこれを作興す。臣、画するところの守禦の策は、大略かくのごとし。然り而して智者の事を挙げ、そのこれを慮るや、必ず利害を雑《まじ》う。故に謀議画策、すでにその利を知るも、また以てその害の在るところを知らざるべからざるなり。請う、竟《おわ》りにこれを論ぜん。

夫れ天下の事、この利あらば必ずこの害あり、二者相倚《よ》らざるはなし。易に曰く「利は義の和なり」と。苟しくも義を以て利となるにあらざるよりは、すなわち所謂、利なるものは、未だその利たるを見ざるなり。今、士風を興さんと欲して、義利、弁ぜざれば、すなわち忠邪混淆《こんこう》し、その賞罰予奪する所以のものは、皆その当を失し、以て世を擾《みだ》すべくして、以て俗を励ますべからず。以て奢靡《しゃび》を禁ぜんと欲せば、すなわち上下怠慢し、貨賂《かろ》潜行して、勤倹の風は致し難し。以て万民を安んぜんと欲せば、すなわち物情壅蔽《ようへい》し、上下相睽《あいそむ》きて、しかも戒慎勤苦する所以は、その実にあらず。賢才を挙げんと欲せば、すなわち請託《せいたく》以て行われ、驕兵を汰《た》せば、すなわち怨讟《えんとく》以て作《おこ》り、兵衆を増せば、すなわち冒進《ぼうしん》以て開く。兵旅を訓練せば、用いて以て文具となすに過ぎず、邦国を富ませば、たまたま以て驕心を生ずるに足る。守備を班《わか》たば、すなわち随って尾大の患を成し、屯戍を設くれば、すなわち兵卒横暴し、民を蠹《と》し俗を傷《そこな》う。墩台《とんだい》を立て駅逓を謹まば、すなわち徭役《ようえき》繁多にして、以て百姓を擾す。巨艦を製し諸物を運ばば、すなわち姦闌《かんらん》詰《なじ》り難く、大銃を鋳《い》、干鹵を製し、弓弩を教うれば、すなわち空疎技《わざ》を衒《てら》うの徒《と》進む。材を生じ物を備えば、すなわち欺罔《ぎもう》して利を釣る物聚《あつま》る。金石を保嗇《ほしょく》せば、すなわち民或いはその業を失い、軽重を権《はか》り物価を平らかにせば、すなわち貿易して姦詐《かんさ》を生ず。夫れかくのごとくんば、すなわち事《こと》一としてなすべきものなからん。語に曰く「君子は義に喩《さと》り、小人は利に喩る」と。苟しくも義利をして弁ぜず、小人にして君子の器に乗らしめば、すなわち天下の利は、未だその変じて害とならざるを見ざるなり。

臣、故に守禦の策を論ずるに、必ず士風を興すを首《はじめ》とす、その義を以てして天下を率いんと欲せばなり。義を以て天下を率いんと欲せば、すなわちよろしく天下の公義に仗《よ》りて、以てその好悪を示すべきなり。今や攘夷の令は天下に布かれ、天下羞悪《しゅうお》の心に因りて、以て大義を天下に明らかにし、天下向かうところを知れり。固よりよろしく感憤激励、日夜相勧勉し、智者は謀を献じ、勇者は死を致して、大いに振起作興するところあり、速やかに驕虜を駆除して、以て大義を天地に立つべきなり。しかるに偸惰《とうだ》の俗は未だ改まらずして、そのよく必死を以て自から期する者は、蓋し幾《いくば》くもなきなり。

夫れ佚楽を去りて憂苦に就くは、本《もと》、人情の欲するところにあらずして、安きに習い居を懐《おも》うは、滔々《とうとう》として皆これなり。攘夷の令は布かれたりといえども、世未だ実に夷を攘《はら》う者あらず。守禦の策も、また未だ大いに釐革創立せしところあるを聞かざれば、すなわち民は未だ号令の必ず信ずべきを知らず、その衆心未だ戦に決せずして、天下の兵士の未だ甚だしく陥《おちい》らざるも、また宜《うべ》ならずや。兵法に曰く「兵士甚だしく陥れば、すなわち懾れず」と。故に北条氏の元使を刎ぬるや、天下の兵士は一朝にして甚だしく陥れり。そのこれをして已むを得ざらしめし所以のものは、率然《そつぜん》に出でたればなり。今、実に一たび夷を攘わば、すなわち天下の泄泄《えいえい》たる者、聳然《しょうぜん》として警《いまし》むるところを知らん。然る後に歳月を玩愒《がんかつ》する者をして、高きに登りてその梯《てい》を去るがごとくならしむるは、これを往く所なきに投ずる所以にして、その兵士をして懼れざらしめんと欲せば、これより要なるはなし。

且つ古の人君、大いになるあらんと欲せば、必ず赫然《かくぜん》として震怒し、身を以て天下に先だち、蚤夜《そうや》、外朝に坐して、日に天下の大計を謀議し、或いは、屯営《とんえい》を巡視して、躬《み》親《みず》から撫循《ぶじゅん》し、或いは布衣を引きて、庭に謀猷《ぼうゆう》を陳べ、慨然として肝胆を瀝《り》瀝《れき》し、天下に示すに大いになすあるの志を以てし、天下とその優戚《ゆうせき》を共にす。夫れかくのごとくんば、すなわち天下の智勇の士も、また皆奮然として赤誠を輸《いた》し、忠力を宣べ、誓って虜と与には生きず。東西に馳騁《ちてい》し、争って自から報効す。天下の智勇を廟堂に萃《あつ》め、朝堂一揮《いっき》せば、令の行わるること響きのごとく、義気、天下に溢《あふ》る。然る後に以て大いに振起作興するところあるべきなり。

〈現代語訳〉

火器に熟練することについて説明いたします。火器もまた外国の得意な技術であって、我々が敵を制圧するのに頼みとなるものではありません。しかしながら、大砲の用途は堅いものを破壊するためであって、城を攻めたり守ったりする時には必要なものです。そして海戦とは、大船による戦いなので、まるで城と城とがぶつかり合うようなものなので、大砲は精巧に造られなければなりません。大砲が精巧にできていれば、目標が遠くても達することができ、小さくても当てることができるので、これらは長距離用の兵器の利点となります。ただし長距離用の兵器でも、短時間で勝利を決するためには、指揮官の才能が必要です。それにしても、大砲が一発発射されれば、どれくらいの人が殺されるのでしょうか。しかもその発射音は猛烈なもので、天を震わせて地が裂けるように感じられます。もし敵だけが大砲を使用して、我々に大砲がなければ、実際に戦う前から全軍は恐れて士気が下がるので、十分に戦うことなどできません。日本に初めて火器が伝わってから、その使用は小銃に止まり、大砲については、その技法が初めて伝わってから間もなく、世の中が平和になりました。ですから大砲の製造は極めて少なく、銃砲専門の流派もその技法を秘密にして、発射技術を将兵も知ることができません。数に限りある砲術家の人では、東西の戦地を走り回らせても、足りないのは明らかです。そこで今、各藩に大砲を鋳造させ、兵士たちにその使用法を精通させるようにしなければ、天下の士気を高めることはできず、優れた兵器であっても国を守るために活用することはできません。大砲の製作と設置法、発射法などは簡単で素早いやり方にして、複雑で時間のかかるものにしてはいけません。その秘伝とか奥義というものも、複雑でわかりにくいものは頼りになりません。また外国が大艦に乗って相手に迫るというのは、水の上に城を運んでいるようなもので、守りと攻撃が一体となっております。これを防ごうとする勢力は、一種類の火器のみではいけません。つまり攻撃用の銃砲は敵船を破壊し、防御用の銃砲は港を守り、戦闘用の銃砲は突撃用に準備されていて、その他の火矢、噴筒《ふんとう》、火桶《かとう》、火磚《かせん》など、おおよそ銃砲と併用して使用するものは、人々にも習熟させておくべきです。ただし戦いに臨んだ時に、これらを活用して長距離兵器の利点を発揮させるのは、やはり人材にかかっております。

そもそも楯が甲冑を補助し、弓矢が銃砲を補助し、鉄や石が鉛と銅の補助となることについては、諸説あります。戦国時代の兵士には、死を恐れず楯を持たない者もおりました。しかし中には、楯を用いて身を守った者もおります〔城を攻める時には、必ず竹を束ねて城外に立てて、城からの弾丸を防ぎました。これを竹束《たけたば》と呼びます。豊臣秀吉の朝鮮の役の時に、加藤清正らは亀甲車《きっこうしゃ》という戦車を作って、二、三十人の兵士を中に入れて使用しましたが、それは中国大陸の匈奴が使った轒轀車《ふんおんしゃ》のようなものです。その他、戦闘における攻撃の遮蔽道具については多数あります。弾丸の速度は速く、貫通しないものはありませんが、楯一枚を貫通した弾丸では、残りの威力で鉄製の鎧《よろい》を貫通することはできません。ですから兵士は、楯があると心を強く保つことができます。加藤清正はかつて、兵士を派遣して熊本の宇土城《うどじょう》を攻めた時、将兵は民家の扉をはずして遮蔽物としたので、弾丸の中に立っても恐れることはありませんでした。ましてや専用に作られた楯の確実さであれば、扉とは比べものになりません。また西洋人の銃は、一発に数個の弾丸を装塡しますが、これを一発に一個の弾丸を装塡して発射するのと比べると、その貫通力はやや弱く、必ずしも楯を貫いたあとで、更に鉄の鎧を貫通することはありません。これは実験してみるとよいでしょう。ですが楯を使用することの本質は、貫通するかしないかにあるのではなく、兵士に敵の銃を見せないことにあります。兵法に細かく精通している者は、必ずよく、このことを知っております」。今、平和に慣れた弱兵が、ひとたび戦時に臨んだならば、我が身は弾丸の飛び交う間に立ち、自分を遮蔽する道具がないとすると、恐怖しないわけはありません。ですから甲冑を身に着け、これに楯を加えて兵士の心を固くするのです。その軍制についても研究しなければなりません。

西洋人は海外諸国を航海しており鉛、錫、銅、鉄、そして火薬の原料である硝石と硫黄の類を諸国の産物から取っているので、これらが尽きることはありません。これに対して我が国は、国内生産だけで自分を守らなければならず、山々の鉱物資源を開発して使用することになるので、彼らとの物量の差が比較にならないことは明らかです〔明国の人が外敵を防ぐために兵隊を集めました。この時、汪汝淳《おうじょじゅん》という人は、「苦しいのは、人が多く集まっても鎧や武器が続かず、火薬はさらに行き渡らないことだ」と言いました。ここでは火薬のような生産しやすいものでも、行き渡らないことを嘆いております。ましてや今、銅、鉄、鉛、錫といった生産に限りのあるものであれば、なおさら苦しくなるでしょう〕。ですから、例えば弓矢や石弓を併用し、必ずしも火器だけを頼りにしないことです。そして、火器を運用する者も銅と鉛だけを頼りとせず、その銃身は例えば鉄や木にし、弾丸は鉄や石、または石や金属を混ぜ合わせた煉丸《れんがん》、さらに銅や鉄の残り滓《かす》、海辺の砂鉄などを混ぜた弾丸を使います。古くなり役に立たなくなった縄、布、大小の網であっても集めて練り合わせれば、原料の不足を補うことができます。廃棄物を収蔵して、いつでも使えるようにしておき、普段から試作して、兵士にこれを習わせて知識として身につけさせておくのです。そうすれば戦時に臨んでもあらゆる物を利用できるようになり、緊急の際も不足することはないでしょう。少ない量の生産しか得られない物を節約して用いるのは、これを大いに活用できるようにするためです。そして、これらを臨機応変に運用して勝利を得るには、大将の戦略にかかっております。これは戦略に精通した者のみに語るべきことで、その概要は紙上では論じません〔戚継光の「水戦法」では、弓矢、投石と火器とを相互に交ぜて使用し、火器も一船に準備すべき火薬は五百斤（三百キログラム）、鉛弾は三百斤（百八十キログラム）に過ぎません。火薬の使用は、鉛弾を発射するだけに止まらないのを見るべきです。そして火矢、噴《ふん》筒《とう》、薬桶《やくとう》の武器を併用して、鉛弾だけを使用するわけではないので、火器というものが必ずしも鉛弾を頼りとしないことを見るべきです」。したがって、大砲の製造、楯の使用、弓矢の技術と、先に述べた鉄石、雑品を集めて利用することは、すべて火器を運用するための技術であって、普段から詳細に研究しておく必要があるのです。

軍用物資を備蓄しておくことについて説明いたします。一般的に言えば、軍用品を倉庫に貯蔵しているのは、城を守るためだけの備えであって、戦争になった時の必要量には足りません。これを町中の店から集めるとしても、それらは通常の演習用に使うだけであって、緊急の際の対応には足りません。それ故に硝石、硫黄、膠《にかわ》、漆《うるし》、皮革、麻など土地で生産できるものは、諸国に多く生産させるようにして、遠くの地方に頼らないようにしなければなりません。甲冑《かっちゅう》、楯、刀剣、槍《やり》、弓矢、銃砲などの人工に作るものは、必ず普段から多く製作させて、大量に使用しても尽きることがないようにするのです。金銀、銅鉄、鉛錫、玉石など、山中に埋蔵されているものは、その使用を制限して無駄な消費を禁止するべきです。今、寺院や豪邸、その他の趣味としてのものから庶民の道具、女性の着物に至るまで金粉銀粉を使っていないものはありません。ですから、金を溶かすことは、厳禁しなければなりません〔中国の歴史書によれば、民間の金銀製品を出して、軍用に提供したことが載っております。金銀を金箔、銀箔にすることを禁止したものもあります。織物に金糸の刺繡《ししゅう》をすることを禁止したこともあります。昔の人の金銀とは、飾り付けの道具でなかったことを見るべきです。唐の『六典《りくてん》』には、十四種類の金があります。それらは、銷金《しょうきん》、拍金、鍍金《ときん》、織金、砑金《がきん》、披金《ひきん》、泥金、鏤金《るきん》、撚金、戧金《そうきん》、圏金、貼金《ちょうきん》、嵌金《かんきん》、裹金《かきん》です。宋の時代には、金を使って衣服や道具を飾るのを禁じ、また金銀の箔線《はくせん》、貼金、銷金、金の縫い糸を使用して器具、建物、娯楽品に使うことを禁止しました。また特別な地位の女性でなければ、首飾りを作れませんでした。宋の皇帝が使用していたものは溶かして、全て政府に送りました。諸州の寺院で金箔によって仏像を飾ろうとする者は、自分で金銀と、費用を持って文思院とよばれる役所へ行き、加工しなければなりませんでした。また僧侶が金銀や宝石を寄付させて、その粉末を使って仏像を作ることを禁止しました。また皇后以下の者には、銷金、貼金、間金、戭金《えんきん》、解剔金《かいてききん》、陥金《かんきん》、明金、泥金、楞金《りょうきん》、背影金、盤金、織金、金線撚糸を使って衣服を飾ったり、また金を装飾品とすることを禁止しました。そして朝廷外の庶民の家では、それら全てが禁止されました。この他、歴代の禁止令は、細かいところまで決められていました。そうして天地に埋蔵されたものを大切にする意味もまた、見るべきなのです」。

しばしば金や銀でできた貨幣を改鋳すると、溶かした熱は金銀を消耗させるので、その損失を惜しまなければなりません。外国船との交易は、多くは無用のものであって、金や銅を海外へ棄てることになるので、停止しなければなりません。その他にも人々が贅沢になって、金を溶かしてしまうものは多くあり、これに制限を加えなければなりません〔上の者も下の者も贅沢を尊び、職人も商人も便利な品物を競い、家屋や器材は銅や鉄を使って竹や木の代わりにする者が少なくありません。砥石《といし》や火打石《ひうちいし》は、軍用品として必要なものです。ところが繊細に作られたものは、朝できあがると夕方には壊れてしまい、錐《きり》、鑿《のみ》、刀、鋸《のこぎり》は無駄にすり減るだけです。良質の鋼《はがね》や砥石は掘り尽くされようとしております。人々は磁器を尊んで漆器を好みません。ガラス製品も盛んに世の中に流行して、火打石の良質なものは、これに使われているのも少なくありません。このように金石を消費する原因は数えきれません。それらがなくなってしまわないうちに、無駄な使い道を詳細に調べて、それらを除去するべきです」。実用の利益とならないものを選んで残らず除去すれば、山中に埋蔵されているものも、すぐに尽きてしまうことはなく、国内の資源も急激に少なくなることはありません。

米穀は民衆の命に関係するものであり、軍隊においては食糧ほど重要なものはありません。今、都会に無駄にある米穀は、遊び暮らしている者に食べさせることはできますが、国を守る兵士の貴重な食糧として使うことはできません。ですから、食糧を備えようと思うのであれば、本来の仕事をさせて米穀を大切にし、人々が米穀を収蔵して各国に蓄えるようにすることは言うまでもありません〔この説は「国体篇」に書きました〕。そして浮浪の民は、少しずつ農家へ帰すようにしなければなりません。酒、餅、団子、麺といった穀物を消費するもの、茶、煙草、紅花といった米穀の生産を妨げるものは、だんだんと制限しなければなりません。

米の価格調整のためにおかれた倉庫である常平倉《じょうへいそう》や、その役所である平準署《へいじゅんしょ》などは、取捨選択して今でも実行できるものがあれば、そうした制度を研究しておかなければなりません。物価調整の権限を持ち、米価を安定させ、悪徳商人が利益を貪らないようにし、行商人が失業しないようにし、適切な利益を誰もが得られるようにすれば、藩主から士族、平民まで米穀の収蔵量が増えて、経費も不足することはありません。士族と平民が豊かになれば、商人もまたそれに従って利益を得ることになります。米穀の販売制度を作って、誰もがその恩恵を受けて、利益を得られるようにいたします。役所や民間の取引の多くを米穀を用いるようして、これに金や絹を併用すれば、米穀は世の中に流通して、一ヵ所に偏ることはありません。非常の米を収蔵しておく義倉《ぎそう》や、社倉《しゃそう》の制度に基づき、古い米から消費する制度にして、貧しい者も飢えることはなく、米穀は新しい状態を維持せねばなりません。

このようなことについては、昔も今もそれぞれに良いところがあります。その中で凶作や軍事に有益なものを選んで、もれなく実行してゆけば、良い穀物は国内に満ちあふれ、日本人の元気がなくなることはありません〔おおよそ財政や穀物を管理する方法は、一つだけではありません。今、これを実行しようとすれば、利が一つあると、害も一つ生じることになります。その時々に応じて適切なものを行うべきで、一つ理論で論じてはいけません。したがって、その細かいところは、別に論述するつもりです。今はその一部を取り上げて、細かい説明は載せません〕。それ故に水産物と農作物、人工の作品、山中の資源、米穀の収蔵は、浪費をやめて生産を高め、害のあるものは除いて利のあるものは行い、深く計画して先のことまで考え、時代を見て変化させ、判断の基準を設定して制度を作り、ふさわしい人材によって実行するのです。おおよそ、これらは全て軍用物資の備蓄に関係することであり、普段から詳細に研究しておく必要があるのです。

守備隊が置かれ、斥候《せっこう》が明確になり、海軍が修繕され、火器に熟練し、軍用物資が備蓄されれば、新たに創るべきものの基礎はできあがったことになります。基礎ができあがったならば、その他の細かいことも、それに従って作られてゆくものです。国家の制度において昔は存在して今は廃止されているもの、国家の規律において昔は厳しくて今は弛んでいるものは、すべて改革して実行いたします。法律において作るべきであるのに作られていないもの、禁令において設けられるべきなのに設けられていないものは、全て創立して実行いたします。私が計画する守禦の策は、おおよそ以上のようなものです。ただし、知恵のある者が物事を実行に移そうとし、これを考える時は必ず利害も考慮に入れます。それ故に計画においては、利点を知ると同時に、その害についても知らなければなりません。ですから、これを最後に論じることといたします。

およそ天下の事においては、利があれば必ず害があり、両者は切り離すことができません。『易経』には、「利は義の和なり」とあります。仮にも「義」の心が中心にある「利」でなければ、それは本当の「利」ではないのです。今、武士道を興そうとしても、義と利をわきまえないのであれば、忠と邪の心が一緒になり、賞罰の基準が的はずれになって、世の中は乱れて、人々の気持ちを奮い立たせることにはなりません。それでは贅沢を禁止しても、上の者も下の者も怠けて賄賂が横行し、勤勉や倹約の風俗習慣にはなりません。万民の生活が安定しても、情報や意志が伝わらず、上と下の者の心は離れ、身を慎んで努力したとしても、見せかけだけとなってしまいます。優れた者を登用しても個人的な頼み事が行われ、驕りのある兵隊を整理すると不満の声が起こり、兵隊を増やすと軽率な行動を取るようになります。軍隊を訓練しても飾り物になるだけで、藩を豊かにしても驕りの心を生じさせます。守備隊を各地に配置すれば各地の勢力が増大する危険を形成し、屯田兵を設置すれば兵隊は横暴になり、民衆に害を加えて風俗を傷つけます。物見台（墩台）を作り、交通（駅逓）の制度を整えると、労役が増えて百姓を苦しめることになります。大船を製造して物資を運ぶようになれば密輸の取り締まりが難しくなり、大砲を鋳造して楯を製造し、弓矢を教えれば、内容のない技を見せびらかす連中が出てきます。資材を生産して物資を準備すると、人を騙して利益を得ようとする者が集まってきます。金属類を節約すれば失業する者もおり、物価を安定させれば裏の売買で儲けようとする者が出てきます。こうして考えると、何一つとしてうまくいくものはありません。『論語』には、「君子は義理で判断し、小人は利益で判断する」とあります。仮にも義と利を考えずに、小人を君主の地位につけるようなことになれば、天下の利となることであっても、害へと変化してしまうのです。

ですから、私が守禦の策を論じる上で必ず武士道を興すことを最初とするのは、義の心によって天下を導くことを望むからです。義の心によって天下を導こうと望むのであれば、天下の公義によって善悪を示さなければなりません。今や外国を打ち払う攘夷の命令は天下に公布され、天下の人々は自らを恥じる心によって大義を明らかにし、これから天下が向かうべき方向を知りました。必ずや心を奮い立たせ、日夜学問や仕事に励み、知者は知恵を出し、勇者は命を捧げて、大いに士気を奮い起こして、速やかに侵略者を駆除して我が国の大義を天地に明らかにするべきなのです。しかしながら平和ボケの風俗は未だに改まらず、必死の心で自ら覚悟する者は、それほど多くないのです。

気ままな生活を捨てて苦難に立ち向かうことは、本来の人情として欲するものではなく、安楽に暮らしたままでいたいというのは、一様に皆が思うことです。攘夷の命令は公布されましたが、世の中にはいまだに実行した者はおりません。我が国を守る守禦の策もまた、いまだに改革創立されたということを聞いたことがないので、民衆はいまだに攘夷令を信じていいかわからず、民衆の心はいまだに戦争の決意もなく、天下の兵士がいまだに覚悟ができていないのも当然なのです。『孫子』の兵法には、「兵士はとてつもない危機に陥ると、かえって何事も恐れない」とあります。ですから、北条時宗がモンゴルからの使者の首をはねると、天下の兵士は一瞬にして危機に陥りました。危機に陥らざるを得なかったのは、それが突如として起こったからです。今、実際に一度でも攘夷が実行されたならば、天下の弛《たる》みきった者たちも震え上がって恐れ、現実を理解するでしょう。そうした後に長い年月をむだに過ごした者たちを、高い所に登らせておいてから、その梯《はしご》を取り去るようにするのです。これは逃げ道のない所に向かわせることであり、兵士に恐れを抱かせないようにするには、これしかないのです。

さらに昔の君主は大事を行おうとした際に、必ず身を震わせて心を高ぶらせ、身をもって天下に先立ち、早朝から夜遅くまで朝廷で日々天下の大計を話し合いました。また軍営を巡視して自ら兵士をいたわり、或いは身分の低い者と共に意見を語り合い、堂々と意見を述べて、天下に対して自分の志を示して、天下の人々と痛みを共にしました。このようであったからこそ、天下の智恵や勇気のある志士も皆、奮い立って偽りのない真心を尽くし、忠義を明らかにして、敵と共には生きないことを誓って東西に駆け回り、争って自ら手柄を立てて恩に報いようとしたのです。天下の智恵や勇気のある者を政府に集めて、政府が力を発揮すれば、その命令は音が響くように実行され、正義の心が天下にあふれます。このようになってはじめて、人々の気持ちは奮い立ち、守禦の策は可能となるのです。

〈語釈〉

○大礮《たいほう》　大砲。○干鹵《かんろ》　楯。○扞蔽《かんぺい》　ふせぎおおうこと。○轒轀車《ふんおんしゃ》　城攻めに使う兵車。○迸箭《へいせん》　ならびとぶ矢。○屯駐《とんちゅう》　多人数が一ヵ所にとどまること。○弓弩《きゅうど》　弓と石弓。○爛網《らんもう》、破罟《はこ》　傷んだり破れたりした網。○匱乏《きぼう》　物が不足していること。○嗇用《しょくよう》　出しおしみすること。○標石《ひょうせき》　投擲用の石。○府軍《ふこ》　蔵。○市廛《してん》　町中の店。○枲麻《しま》　麻。○梵宮《ぼんきゅう》　仏教の寺院。○装閣《そうかく》　装飾した建築。○銷金《しょうきん》　金をとかすこと。○糜《び》　ついやすこと。○銷鑠《しょうしゃく》　金属などがとけること。○礪砥《れいし》　といし。○燧石《すいせき》　火打ち石。○錐《すい》鑿《さく》　きりとのみ。○刀鋸《とうきょ》　刀とのこぎり。○硝子《しょうし》　ガラス。○茶蔫《さえん》　茶とたばこ。○常《じょう》平《へい》の倉《そう》、平準《へいじゅん》の署《しょ》　物価安定のための穀物貯蔵所。○姦商猾賈《かつこ》　悪徳商人。○義、社の倉《そう》義倉と社倉のことで非常米の貯蔵所。○盈溢《えいいつ》　みちあふれること。○瑣瑣《ささ》　こまかいこと。○壅蔽《ようへい》　おおいかくすこと。○請託《せいたく》　内々のたのみ。○怨讟《えんとく》　うらみ、にくむこと。○冒進《ぼうしん》　危険をおかして進む。○蠹《と》し　みだす。○姦闌《かんらん》　ひそかに持ち出すこと。○保《ほ》嗇《しょく》　節約。○姦詐《かんさ》　わるだくみ。○羞悪《しゅうお》　自分の欠点を恥じ、他人の悪を憎むこと。○偸惰《とうだ》　怠惰。○聳然《しょうぜん》　恐れ慎しみ、改まった気持ちになるさま。○玩愒《がんかつ》　むだに歳月を過ごすこと。○赫然《かくぜん》　輝き、盛んなさま。○蚤夜《そうや》　朝早くから夜遅くまで。○屯営《とんえい》　陣営。○撫循《ぶじゅん》　なぐさめいたわること。○謀猷《ぼうゆう》　はかりごと。○馳騁《ちてい》　馬に乗ってかけまわること。

長計

長計とは長期にわたる計画、すなわち我が国のあるべき将来について記している。ここでは、これまでの議論をまとめつつ、世界の「形勢」を踏まえ戦略を立てることを強調している。言い換えれば、国際的な情報の収集と分析の重要性であり、外交安全保障分野の充実である。

一般に「攘夷」と呼ばれるものは、刀剣や火力を用いるものが想像されるが、本篇を読むと、正志斎の「攘夷」という概念は、単に外国勢力に物理的な攻撃を加えることだけを指すものではないことが理解できよう。そもそも正志斎は、攻撃とは必ずしも敵兵を破り、敵軍を滅ぼしたりすることではないとしており、敵に負けることのない態勢を取りつつ、敵に打ち勝つ方法を追求すべきことを述べている。

本書の各所で『孫子』が引用されているが、その「謀攻」篇では、戦争の原則というものが記されている。それは、国家や軍隊を傷つけずに降伏させるのが上策で、それらを打ち破って降伏させるのは下策であり、敵と戦うことなくして、計略によって敵を屈服させるのが最上の方法であるというものである。そして最高の戦術とは、敵の計画を未然に挫折させることであるとしている。こうした兵法の考え方が当時ある程度共有されていたとするのであれば、幕末における「攘夷」論の内実は、様々なものであったと考えるべきであろう。

少なくとも本書で述べられる「攘夷」とは、外交交渉や第三国との同盟関係の構築をも視野に入れたものである。そう考えるのであれば、正志斎最後の著作である『時務策』に書かれた開国論は、世界情勢の変化を踏まえた、必然の結論であったと言うこともできよう。

〈読み下し〉

英雄の事を挙ぐるや、必ずまず天下を大観し、万世を通視し、而して一定不易の長策を立つ。規模まず内に定まり、然る後に、外、無窮の変に応ず。ここを以て変《へん》生ずるも愕《おどろ》かず、事乖《そむ》くも困《くるし》まず、百折千挫《ひゃくせつせんざ》すといえども、終《つい》に成功に帰するは、その由るところは万途《ばんと》といえども、その趨《おもむ》くところは、終始一帰にして、未だ嘗《かつ》て間断あらざればなり。昔者《むかし》、神聖の夷狄を攘斥し、土宇を開拓せし所以のものは、この道に由らざるはなし。故に中国、常に一定の略ありて、以て夷狄を制御し、不抜の業ありて、以て皇化を宣布せり。而して夷狄なるものは時には大、時には小、一たびは叛き、一たびは服せしも、遂に以て版図に帰せり。彼に大計遠図《えんと》の以て自から基業を立つるなくして、固より以て中国の長策に拠るものに抗する能わざればなり。夫れ善く天下を経略する者は、志気恢廓《かいかく》にして、まず大勢を観る。而して地形人情、兵謀戦略、了然として掌《たなごころ》に指すがごとくにして、然る後に措置計画、次第してこれを施さば、天下の形勢、固より我が握中《あくちゅう》の物なり。太祖の中州を定めたまうや、兵未だ発せずして、まずその地形を以て天業を恢弘《かいこう》するに足るを知れり。而して天下を経略する所以のものは、固よりすでに了然たり。規画まず定まりて、然る後に動く。ここを以て旌旆《せいはい》の向かうところ、束手《そくしゅ》して命を聴きしなり。崇神天皇、国威を宣揚して、海外に光被せんと欲するに志ありたまいき〔天皇の夢に「神告げて曰く、海外の国もまたまさに帰化すべし」と。天皇のこの夢、蓋しまた偶然ならざるものありしならん〕。時に近畿、なお未だ平定せざるものあり、未だこれを勦絶《そうぜつ》するに及ばずして、すでに天下を制して四道となし、以て四方を経営したまえり。蓋しその大勢に見るありしならん。ここを以て近きものはまず平ぎ、遠きものも踵《つ》いで来たりて、遂に中興の業を成したまえるなり。これよりして後、列聖相承け、基業に拠りて以て荒俗を服し、土疆《どきょう》日に広く、海外截《せつ》たるあり。降りて元正《げんしょう》の朝に及び、また嘗《こころ》みに使を鞅鞨《まっかつ》に遣わして風土を観省せしめしも、またなお未だ遠略を忘れざればなり〔養老中、渡《わたり》島《しま》、津軽の津司《つし》、諸君《もろぎみ》の鞍男《くらお》を遣わす〕。神聖、大勢を観て、以て天下を経略するや、規模宏遠にして、奕世《えきせい》遵奉し、余列のなお存するものかくのごとくなれば、すなわち神聖の志気、蓋《おお》うところのものも、また見るべきなり〔唐尭の基業を開くや、まず羲《ぎ》、和《か》に命じて、四方の極遠の地に居らしめて、日月星辰を暦象《れきしょう》し、以て人に時を授く。すでに天地を経緯し、その遠大を極めて、然る後に舜、禹諸臣の功、次第してこれを施せり。まずその大勢を審らかにするにあらざれば、すなわち能わざるなり。周礼天官の首《はじめ》に、六典《りくてん》を以て邦国、官府、万民を統制すとは、これを天覆するなり。地官の首に、天下の土地の図、人民の数を掌るとは、これを地載するなり。周公の洛邑《らくゆう》を営むや、初めてその地に至り、牲《せい》を郊に用うるもの、最も百事に先んずるは、万姓を天覆する所以のもの、最もよろしく先んずべければなり。漢祖の秦に入るや、まず図籍《ずせき》を収めて、遂に以て地形を審らかにして、項籍《こうせき》の勢を蹙《ちぢ》むるを得たり。大勢を観て進取の策を決する所以のものは、よろしく急なるべきなり」。

後、中国、故《こと》多きに属して、遠人至らず、廟堂に遠大の略なく、土疆日に蹙《ちぢ》まりて、神聖、天下を経営せし所以の意熄《や》めり。近世のごときに至っては、すなわち夷狄の強梁《きょうりょう》なる、また大勢を見るあり、素定の略を挟《さしはさ》みて、以てその呑噬《どんぜい》を逞《たくま》しくすること三百余年、傲然《ごうぜん》として敢えて糠《こう》を神州に舐《な》め、神聖の夷狄を御せし所以の略を倒用し、反って以て中国を謀らんと欲す。しかるに中国、未だ一定の策を画せず、朝野の論、一たびは是とし一たびは非として、因循苟且《いんじゅんこうしょ》、以て姑息の慮をなすを免れず、朝野の論、赫赫《かくかく》たる神明の邦《くに》を以てして、坐して腥羶《せいせん》の異類をして我が辺陲《へんすい》に陸梁せしむ、また羞ずべからずや。夫れ億兆に君師し、その気は世を蓋《おお》うに足り、胸臆《きょうおく》は四海を容るるに足り、従容として天下の事に処して余りある者は、人を制する者なり。見るところ目前の利害に過ぎざる者は、事は多く思慮の外に出で、天下を胸中に運《めぐ》らす能わず、人に制せらるる者なり。海外の事は、目の未だ嘗て見ざるところなり。故に黠虜《かつりょ》、吾が思慮の未だ及ばざるところのものを以てして、これを侮《ぶ》弄《ろう》するを得《う》るも、また怪しむに足らざるなり。

今、夫れ一定の策を決せんと欲せば、よろしく天下の大勢を観て、以て彼此《ひし》の虚実を審察すべきなり。四海万国の形勢は、臣すでにほぼこれを言えり。今、すでにその大勢を観たれば、すなわちよろしく八洲を以て城となし、滄海《そうかい》を池となし、天下の全形に因りて、以て戦守の略とすべきなり。彼此の虚実を察せんと欲せば、すなわちよろしく主客の勢を審らかにして、以て操縦の権を制すべきなり。夫れ虜の万里にして人を窺う者は客なり。我の内に自から守る者は主なり。然れども虜は毎《つね》に長策に出で、従容として人を制するものは、客を変じて主となすなり。彼は客にして、しかも饋糧《きりょう》の労なきものは、或いは漁し或いは商して、糧に因るの術を活用すればなり。車を破り馬を罷《つか》らすの費なきものは、巨艦に乗じ長風に駕すればなり。そのよく坐して我が民をして奔命《ほんめい》に罷《つか》れしむるものは、すなわち戦わずして人の兵を屈するの謀にして、夷教を以てわが民を誘うものは、すなわち国を全うするを上となすの策なり。且つ法に曰く「十ならば、すなわちこれを囲む」と。今、虜は海を絶《わた》りて来る。たとい彼をして大挙して奄《にわか》に至らしむるも、その勢は未だ我を囲むに至らず。しかるに我は八面に敵を受け、囲中《いちゅう》に在るがごときを免れざるは、彼は専らにして我は分かるればなり。我は沿海備えざる所なし、故に分かれて十となる。虜は独り往き独り来たり、そのなさんと欲するところを恣《ほしいまま》にして、戦地を知り戦日を知るは、毎《つね》に彼の掌握に在り、故に彼は専らにして一となる。時に一両船を分かちて、海上を往返するも、またよく我が民を騒擾するを得《う》。かくのごときは、そのいずれか実にしていずれか虚なる、智者を待ちて後にこれを知らざるなり。

今、誠に虚を去って実に就かんと欲せば、すなわちその之《ゆ》くところに乖《そむ》くに若くはなきなり。その之くところに乖かんと欲せば、虜をして我に備えしむるに若くはなきなり。夫れ攻守は一のみ。古人言えるあり「攻むるは守るの機なり」と。我に攻むるの勢あれば、すなわち虜は必ず我に備えて、権は我に在るなり。今、もし守備すでに修まり、機に乗じて虜を外洋に截《た》たば、すなわち虜、辺境を驚動せんと欲すといえども、豈に敢えて少船寡卒を分かちて、公然、海上を睥睨《へいげい》せんや。彼もし群処衆行し敢えて分かたざれば、すなわちまた東西に出没して以て人を擾《みだ》す能わずして、我が備うるところは約なり。彼久しく一処に聚《あつま》らば、すなわち漁商して以てその利を収むる能わず。その勢もまた常常《じょうじょう》停泊すること今日のごとくなる能わず。彼恃みて以て術をなすなくして、恣睢《しき》忌むなきの心沮《はば》まん。且つ我は内地に居りて、以て敵を待つものは散地にして、虜入りて未だ深からざるものは軽地なり。法に曰く「散地は吾まさにその志を一にせんとす」と。今、よく一定の策を決し、民をして向かうところを知らしめ、以て吾が衆心を一にして、その軽地に居る者を撃たば、これを破ること甚だしくは難からず。何を憚《はばか》りて、これを摧折《さいせつ》する所以の術を講ぜざるや。

且つ夫れ所謂攻むるの勢は、また豈に必ず兵を頓《やぶ》り軍を覆《くつがえ》して、以てその城邑を争いて、しかる後に、すなわちこれを攻むると謂わんや。要は我自から勝つべからざるをなして、以て敵の勝つべきを求むるのみ。誠によく志気を恢廓《かいかく》して大勢を観、外は以て謀を伐ち交を伐ちて、形格《そむ》き勢禁《とど》まるの略を設け、内は以て大いに守禦の備を修めて、兵力は以て虜を制するに足り、政教は以て夷を変ずるに足らば、彼それ辺を伺わんか、奮撃殲滅して、以て威を万里に揚げん。もしそれ帰順せんか、東漸西被《とうぜんせいひ》、以て四裔《しえい》を弘化して、蝦夷の諸島、山丹《さんたん》の諸胡をして、相踵《あいつ》いで内属せしめ、日に夷狄を斥け土宇を拓くは、勝つべからざるをなす所以にして、未だ戦わずといえども、隠然としてこれに乗ずること、天よりして下るがごとくするは、その勝つべきに応ずる所以なれば、すなわち虜は我に備えざるを得ずして、客を変じて主となすの術、窮《きわま》れり。これ所謂、その之《ゆ》くところに乖《そむ》くものにして、実を変じて虚となし、虚を転じて実となすなり。かくのごときは、すなわち神聖、夷狄を御する所以の略、彼は倒用するを得ずして、彼の我を擾《みだ》す所以の術、我まさにこれを倒用せんとす。然る後に操縦の権、我よりこれを制するなり。廟謨《びょうぼ》すでに定まり、上下心を同じくして、千塗《せんと》万轍《ばんてつ》も、必ずこの道に由りて変ぜず。ここにおいてか、我の夷狄を御する所以のものは、黠《かつ》虜《りょ》をして千群して我を窺わしむといえども、将《は》た何を以て我が辺陲《へんすい》に陸梁《りくりょう》するを得しめんや〔大猷公《たいゆうこう》、嘗て訳官島野兼了《しまのけんりょう》なる者をして天竺に遣わす。兼了、荷蘭《オランダ》の賈舶《こはく》に乗り、諸国を周流して、遂に東海に往くこと三千里にして、一大国を得て、以為《おもえ》らくこの国はよろしく神州に属すべしと。因りて碑を立て題して日本国中と曰《い》えり。当時、規模の宏遠なること、また見るべきなり。海東三千里とは、疑うらくはすなわち西夷称するところの亜墨利加《アメリカ》洲なるものならん〕。

夫れ我に一定の略ありて、以て夷狄を御せば、すでに以て民志を一にするに足れり。今、もしますます振起して固くこれを結ばんと欲せば、感激奮励して功を一時に効《いた》すべきものあり、漸磨積累して成《せい》を久遠に期すべきものあり。功を一時に効すものは、機に投じ変に応ずること、主将の能否に在り。成を久遠に期するものは、千万世を達観長視して、不抜の業を立て、皇化を宣布するにあらざれば、すなわちなる能わざるなり。この故に慶賞威罰は、一時を鼓動する所以にして、典礼教化は永世を綱紀する所以なり。故に曰く「善政は民これを畏れ、善教は民これを愛す」と。これ畏るるものは一時の威にして、これを愛するものは永世の固めなり。故にまた曰く「善教は民の心を得《う》るなり」と。

夫れ善く万世を維持するものは、念慮永遠にして、必ずまずその大経を立つ。而して天命人心、物則民彝《ぶっそくみんい》、瞭然として火を観るがごとく、然る後に教訓化導し、序に循ってこれを施す。万世の典常は、固より我が胸中のことなり。昔者、天祖、神道を以て教を設け、忠孝を明らかにして以て人紀を立てたまう。その万世を維持する所以のものは、固よりすでに瞭然たり。太古に始まりて、無窮に垂れ、天孫奉承して、以て皇化を弘めたまいしは、天祖の教を設けたまえるの遺意にあらざるはなし。太祖の征戦したまうや、毎《つね》に神威に仗《よ》りて、以て武功を成す〔太祖の中土を平げたまうや、まず神祇を礼祭し、背に日神の威を負いて進み戦う。その師霊《ふつのみたま》の剣《つるぎ》を提《ひっさ》げ、及び頭八咫烏《やたのからす》を以て郷導となせし等のことのごときは、皆、天神の教を奉ずるものにして、天神地祇を丹生《にう》の川上に祭り、道臣《みちのおみ》に勅して高皇産霊尊《たかみむすびのみこと》を祭りしの類は、皆神威に仗《よ》らざるはなきなり〕。中州を定むるに及び、霊時《れいじ》を鳥見《とみ》に立て、皇祖の天神を報祭して、以て大孝を申《の》べたまえり〔初め長髄彦《ながすねひこ》を撃つや、鵄瑞《しずい》を得て、遂にこれを克《か》ちたまう。故にその地を号して鵄邑《とびのむら》となす、すなわち鳥見《とみ》なり。すなわちその時をここに立つるは、蓋し以《ゆえ》あるなり〕。

崇神天皇即位の初め、人或いは背叛するものあり。時方《まさ》に上古の風を襲《つ》ぎ、天祖を殿内に祭りたまう。天皇敬畏して自から安んぜず、すなわち移して、神器を笠縫に奉安し、顕然、外に祭り、天下をして瞻業《せんぎょう》するところあらしめたまう。その敬事尊奉する所以の意は、天下とこれを共にしたまいて、天下皆、天祖を尊び以て朝廷を敬するを知れり〔殿内に祭れば、以て誠敬を内に尽くすべくして、しかも未だ以て尊敬するところの義を天下に明らかにすべからず。天皇すなわちこれを外に祭り、公然、天下と共にこれに敬事したまい、誠敬の意、天下に著われ、天下言わずして喩《さと》る。夫れ一身を以てして誠敬を尽くすも、なお以て神明を感ぜしむべし。況《いわ》んや天下の誠敬を萃《あつ》めて、以て一神を奉ずるをや。古人云う「天下を以て養うは、養うの至りなり」と。また以てこの義に譬《たと》うべし。故に周人、親を厳《たっと》ぶの至りは、また四海の内、おのおのその職を以て来たり祭るを以て、大なりとなす。ここを以て文王を明堂に宗祀し、その九州と共にこれに敬事し、独りこれを廟中に享するのみにして止《とど》まらず、蓋しまたこの意ならん〕。

大物主《おおものぬし》、倭国魂《やまとのくにたま》を祭りしは、土人の敬尊するところに因りて、その祀を秩するなり。而して畿甸《きでん》の民心、繫属《けいぞく》するところありて、以て同じく朝廷を奉ぜり〔大物主神は、始めて国土を平げて功あり、民これを尊奉せり。故にその孫を挙げて祭を主《つかさど》らしめ、而して民は朝廷の、民の心を以て心となすを知り、望《のぞみ》を朝廷に属《しょく》す。而してそのこれを祭るの義は、すなわち周人の所謂、大社なるものと、相似たるあり。礼記に云う「王、群姓のために社を立つるを大社と曰う」と、これなり。社とは土地の神を祭りて、功ある者を配す。すなわち「共工氏に子あり。句竜《こうりょう》と曰い、后土となる。后土を社となす」と、これなり。倭国魂とは、蓋し大和の地を鎮めし者ならん。当時は大和に都すが故に特にその神を祭る。その義は、周人の所謂、王社なるものと、また頗る相似たり。礼記に云う「王、自から社を立つるを王社と曰う」と、これなり。土地は民の依るところ、土地の神は民の敬するところにして、天皇、首としてこれを祭りたまえば、すなわち民心の統属するところあり、これその一に帰する所以なり」。この義を挙げてこれを四方に達し、天社《あまつやしろ》、国社《くにつやしろ》を定め、天下の神祠《しんし》統《す》べざるはなし。而して天下の民心、繫属するところありて、以て同じく朝廷を奉ぜり〔古者、諸神の称は、その天祖の胤、及びその朝政を輔佐せし者は、すべてこれを天神《あまつかみ》と謂い、旧族大姓の、国土を平げし者は、これを国神《くにつかみ》と称せり。すなわち天社、国社なり。令 義解《りょうのぎげ》に云う「天神とは、伊勢、山城の鴨、住吉、出雲の国造の祭る神等の類、これなり。地祇とは、大《おお》神《みわ》、大倭《おおやまと》、葛木《かつらぎ》の鴨、出雲の大汝 神《おおなむちのかみ》等、これなり」と。すなわちまた天社、国社の謂なり〕。

神地《かんどころ》、神戸《かんべ》を定めて、百神の供奉《きょうほう》おのおの常あり、民は朝廷の神祇を敬するを知れり。兵器を用いて神を祭り、因りて以て軍令を寓して、険要に守あり。民は朝廷の犯すべからざるを知りて、ますますこれを畏敬せり〔按ずるに垂仁紀に「弓矢及び横刀を諸神の社に納む。兵器もて神祇を祭ること、ここに始まれり」と。然れども崇神朝に、すでに盾《たて》及び矛《ほこ》を以て、墨坂《すみさか》、大坂の神を祀れり。蓋し二坂《はん》は皆険要の地にして、祭に因って戎器を修め、以て暗に険を固むるの意を寓せしならん。垂仁朝に至りて、またこの意を襲《つ》げるなり〕。民は朝廷を尊奉畏敬して、叛する者も自から平ぎ、埴安《はにやす》、振根《ふるね》の徒のごとき、踵《くびす》を旋《めぐら》さずして戮《りく》に就けり。神道すでに明らかにして、列聖継紹《けいしょう》したまい、祀典を四方に班《わか》ち、咸《みな》文なきを秩せり〔延喜式《えんぎしき》に載するところの神名は、宮中及び京師《けいし》、畿内七道にて、すべて三千一百余座あり。大四百九十二座、その三百四座は、並に祈年《としごい》、月次《つきなみ》、新嘗《にいなめ》等の祭りに案上官幣に預かり、就中《なかんずく》七十一座は相嘗《あいなめ》祭に預かる。その一百八十八座は並に祈年に国幣に預かる。小二千六百四十座、その四百三十三座は、並に祈年に案下《あんげ》官幣に預かり、二千二百七座は、並に祈年に国幣に預かる。その祀を秩すること概《おおむ》ねかくのごとく、天下の群祀、該《か》ねざるはなきなり〕。征討すればすなわち功宗《こうそう》を記して、以てその地を鎮し〔古者、征討するところあれば、すなわちその地方に功烈ある者を祭り、その子孫をして祭を主《つかさど》らしめて、以て民物を鎮せり。鹿島の神の武功を以て東方を鎮するがごとし。而して常奥の地にその神を分祀すること最も多く、式に載するところは、陸奥の国中に、鹿島及び鹿島の御子を以て号となすもの八社、格《きゃく》には鹿島の苗裔《びょうえい》の神を載せて、陸奥に在るもの三十八社なり。蓋し建雷命《たけみかずちのみこと》及びその子孫、その地を平げて功あり、故に世《よよ》これを祭れるなり。大己貴命《おおなむちのみこと》は出雲を平げ、豊城命《とよきのみこと》は毛野《けぬ》を平げ、子孫皆その地を鎮して、世《よよ》その祭を主《つかさど》る。諸神かくのごときの類の、その諸国に在るもの甚だ多く、民の瞻仰するところに因りて、以て土俗を鎮し、万民をして恭敬の心を生ぜしむる所以なり。周人の洛邑を営むや、咸《みな》文なきを秩し、功宗を記し、功を以て元祀を作《な》せり。その意もまた頗る祖宗の法と相類するものありしなり〕、以て民心を純《もっぱ》らにして、夷狄を斥《しりぞ》け、獷俗《こうぞく》を変ず。ここを以て徳化日に洽《あまね》く、黎民《れいみん》これ雍《やわら》ぐ。その群臣百祀の、京畿及び諸国に在りて、以て地方を鎮護せしものは、民今に至るまで瞻仰敬礼し、因りて以てまた本に報い始めに反るの義を遇するに足るものあり。

神聖、大経を立てて、以て万世を維持したまい、典礼すでに明らかにして、奕世《えきせい》尊奉し、旧物のなお存するものかくのごとくなれば、すなわち神聖の念慮の曁《およ》ぶところ、また見るべきなり。後、異端並び起こるに及びて、大道明らかならず。廟堂、永久の慮なく、朝政陵夷《りょうい》し、民心日に漓《うす》くして、神聖の万世を維持したまう所以の意乖《そむ》けり。近世のごときに至っては、すなわち戎虜狡黠《こうかつ》にして、頗る大経を立つるに似たるものあり。左道を執りて以て民心を蠱《こ》す。善教にあらずといえども、また教を以て号となせば、以て民心を得るに足り、至る所、祠《し》宇《う》を焚燬《ふんき》して、胡神を瞻礼《せんらい》し、以て民志を傾く。故に逆焰の煽《あお》るところ、殆んど六合《りくごう》に遍《あまね》く、悍然《かんぜん》として敢えて毒を神州に試み、神聖の夷俗を変ぜし所以の方を倒用し、反って以て中国を変ぜんと欲す。しかるに中国未だ不易の基を立てず、衆庶の心は、離合聚散し、架漏牽補《かろうけんぽ》して、以て一日の計をなすに過ぎず。赫赫《かくかく》たる神明の邦を以てして、坐して腥羶《せいせん》異類をして我が人民を欺罔《ぎもう》せしむ、また羞ずべからずや。

夫れ物は天より威あるはなし。故に聖人は厳敬欽奉《きんぽう》し、天をして死物となさしめずして、民をして畏敬悚服《しょうふく》するところあらしむ。物は人より霊なるはなし。その魂魄《こんぱく》精強にして、草木禽獣と与に澌滅《しめつ》する能わず。その死生の際においても、また漠然として念《おも》うなき能わず。故に聖人は祀礼を明らかにして、以て幽明を治め、死者をして憑《よ》るところありて以てその神を安んぜしめ、生者をして死して依るところあるを知りて、その志を弐《たが》わせざらしむ。民、すでに天威に畏敬悚服《しょうふく》すればすなわち天を誣《し》うるの邪説に誑《あざむ》かれず、幽明に歉然《けんぜん》たるなければ、すなわち身後の禍福に眩《くらま》されず。報祭祈禳《きじょう》し、上《かみ》、その事に任じて、民、上に聴かば、すなわち君を敬すること天を奉ずるがごとく、遠きを追いて孝を申《の》ぶ。人、その族を輯《あつ》めて、情、内《うち》に尽くさば、すなわち祖を念うこと父を慕うがごとく、民心、下《しも》に純にして、怪妄不経の説、由りて入ることなし。

祀礼廃《すた》らば、すなわち天人隔絶して、民は易慢を生じ、游魂《ゆうこん》安きを得ずして、生者も身後を怵《おそ》れ、民に固志なく、冥福陰禍の説、これに由りて入る。幸を死後に徼《もと》めて、義を生前に忘れ、政令を避くること寇を避くるがごとく、異言を慕うこと、慈母を慕うがごとし。心、外に放たれて、内に主なければなり。身後《しんご》の禍福は、目に未だ嘗て覩《み》ざるところ、故に邪徒、民心の怵《おそ》るるところに乗じて、これを恐嚇《きょうかく》するを得《う》るも、また怪しむに足らざるなり〔精気、物をなし、游魂、変をなす。故にその昭明にして君蒿悽愴《くんこうせいそう》なるものは、祭祀ありて以てこれを安んずるにあらざるよりは、すなわち死者は憑《よ》るある能わず。死者をして憑るなからしめば、すなわち生者の心においても、また歉然《けんぜん》たるなき能わず。衆人のごときは、自らその然る所以を知らずといえども、しかも冥冥に憾《うら》みあるは、人情の免るる能わざるところなり。且つ生者もまたその死の安んずるところなきを以てして、内に恃みて以て自から強くするなくんば、すなわち身後の説に惑うなき能わざるなり。故に祭祀なるものありて以てこれを安んず。父祖と子孫とは、固より同一気なり、父祖はすなわちその前身にして、子孫はすなわちその後身なれば、すなわちその游魂なるものは、子孫を去りていずくにか往かんや。故に子孫を以て父祖を祭らば、感応せざるなくして、昭明にして君蒿悽愴なるものも、頼りて以て安んず。天は昭昭の多きにして、人は天地の間に在り、天地の気、常に全身に潜行して、以て生活するなり。故に人は天地とも、また同一気にして、その元気は固より天地と通ず。人を以て天地を祭らば、また感応せざるなくして、昭昭の多きものも、頼りて以て著る。ここを以て聖人は天に事《つか》え先を祀り、幽明憾《うら》みなくして、天下服す。後世、慮《おもんぱかり》深遠ならず、天に事え先を祀るのこと、視て以て文具となし、民は生きて畏敬するところなく、また死の憑依《ひょうい》するところあるを知らずして、疑懼生じて、民心、主なし。ここにおいて西夷は陰禍冥福を以てこれを怵れしむるを得《う》。これ所謂《いわゆる》、自から侮りて後に人これを侮るものなり」。

〈現代語訳〉

英雄が大事業を行おうとする時は、必ず最初に天下を広く観察し、将来まで見通して、一定不変の計画を立てます。全体の構想がまず内側に定まってから、その後に外側のあらゆる変化に対応いたします。そのため異変が起こっても驚かず、物事が食い違っても苦しまず、何度もくじけ挫折したとしても、最後には成功いたします。その理由は、多くの道があっても、行き着く先は全て同じ所に向かっており、一度も途切れることなく進んで行くからです。その昔、建国の神々が異民族である夷狄《いてき》を払いのけて、国土を開拓したのは、全てこうした道によるものでした。それ故に日本には常に一定の経略があり、夷狄を制御し、動くことのない事業があって、天皇の仁徳を広めました。そして夷狄にも時には大小があり、一時は反乱したり服従したりしましたが、遂には我が国の民《たみ》となりました。彼らには将来まで見通した大計画によって、基礎となる事業を立てるということがないので、我が国が基盤とした計画に、対抗することはできなかったのです。

そもそも、天下を正しく統治する者は、志が大きく、必ず最初に世の中の大勢を観察します。そうして地形や人情、軍事や戦略を明確に理解して、その後に判断して計画し、順序よくこれを実行するので、天下の形勢は自由自在となるのです。神武天皇が中心地となる国土を平定なされた時、兵を出発させる以前から、その地形は天の事業を広めるために充分な土地であることを知っておられました。天下を統治する構想は、はじめから明らかでした。計画がまず定まり、その後に動くのです。これによって天皇の旗の向かう所は、反抗もなく命令を聴き入れました。崇神天皇は国威を広く示し、海外へも行きわたらせようとする志を持っておられました〔崇神天皇は夢の中で、「海外の国もまた服従するであろう」と神に告げられました。天皇のこの夢は、ただの偶然ではなかったのです〕。当時、都から離れた地域は平定されておりませんでしたが、これらの地域を征服する前から天下を北陸道、東海道、西海道、丹波道の四道に分けて四方を経営なさいました。思うに、大勢を見て判断なさったからでしょう。こうして近い所から平定され、遠い所からも後に続けて従うようになり、「中興《ちゅうこう》の業」と言われる大事業を成功させたのです。これ以後、歴代の天皇はその意志を受け継がれ、祖先からの事業に基づいて、乱暴な行いをする者たちを征服し、領土は広がって海外まで達しました。時代が下って元正天皇の時に、使節の派遣を中国大陸へ試み、その風土を視察させたのも、大事業の計画を忘れなかったからです〔養老四年（七二〇）に北海道と津軽の行政官である諸君鞍男《もろぎみのくらお》を派遣しました〕。建国の神々は、大勢を見通して天下を統治し、その規模は広く奥深く、代々守り続けて、その功績の威光がなくなることはありませんでした。ですから、神々の志気の強さもまた、見るべきなのです〔中国古代の王である唐《とう》尭《ぎょう》は、義《ぎ》と和に命令して四方の遥か遠い土地に居住させ、天体の運行により暦《こよみ》を作らせ、人々が農作業を行うべき時を定めました。こうして天地を基本として、将来まで見通した広い見識により、その後の舜や禹といった多くの臣下は、順序正しくこれを実施しました。これはまず、その大勢というものを細かく判らなければ、不可能なのです。『周礼《しゅらい》』の「天官」の章にある、「六つの国法によって国家、官府、万民を統轄する」とは、天が全てのものをおおうように、天官が全体を統轄するという意味です。「地官」の章の、「天下の土地の地図と、人民の数を掌握する」とは、大地が全てのものを載せるように、政治の基礎を定めるという意味です。周公が洛陽の都市の経営に際し、最初にその土地で生贄《いけにえ》の牛を捧げて天を祭りました。それを何よりも先にしたのは、万民を包んでいる天こそがもっとも優先すべきことだったからです。前漢の劉邦《りゅうほう》が秦国に入ると、まず地図と戸籍を整理して、地形を詳しく調べ、敵の項羽の勢力を弱めることができました。これらは皆、大勢をよく観察して、その後に進んで物事に取り組み、政策を決定するということなのです〕。

その後、日本は多くの事件があり、遠方からの貢ぎ物もなくなり、朝廷に大きな経略もなくなって、領土も日に日に小さくなり、建国の神々が、天下を経営してきた精神は失われてしまいました。近世になると、欧米の力が強力になり、彼らは世界の大勢を見て、全世界を支配するという目的のために、他国を奪い取ることが激しくなってから三百年がたちました。そして無礼な態度で神州日本に迫り、その昔に神々が異民族を統治した経略を逆用して、我が国を征服しようとしております。にもかかわらず、日本は一定した国策を立てることもなく、政府も民間も判断ができずに、グズグズしたその場しのぎをするだけです。光り輝く神々の国でありながら、何もしないで、汚らわしい異人に我が国境を好き勝手させておくのは、恥ずべきことではないでしょうか。億兆の人々の君となり師となって、その気力は世の中をおおうほどであり、その胸の内は天下を包み込むほどで、落ち着いて天下の事業を行ってなお余裕のある者こそ、人を制する人物となれるのです。反対に、目に映るのが利益だけの者は、物事の多くが自分の思考を超えているので、天下を心の中で考えて思いを巡らすことができず、他人に支配されるだけの者です。海外のことは、我々がまだ見知らぬことなので、彼らは我々の考えが及ばないことを利用して、我が国を見下して身勝手を働くのも当然なのです。

今、一定した対策を決定しようとするのであれば、冷静に天下の大勢を観察して我々の有利不利、彼らの有利不利とを、詳しく調べなければなりません。世界各国の形勢については、私はすでに述べました。その大勢について知ったならば、日本全土をもって城とし、大海を池と考えて、世界全体の形勢によって戦うのか守るのかを判断しなければなりません。我々と彼らとの有利不利を調べようとするのであれば、「主客《しゅきゃく》の勢」を明らかにして、主導権を握るようにしなければなりません。外国は遠くからやって来て、我々の様子を探っているので、「客」の立場です。我々は国内にいて自分を守るので、「主」の立場です。しかし、外国が常に長期的な策略によって、余裕を持って他国を制圧しているのは、「客」から「主」の立場に転化しているからです。彼らが「客」の立場でありながら、食糧を苦労せず手に入れられるのは、漁業や交易によって、敵地で手に入れる技術を活用しているからです。戦車を傷つけたり、馬を疲れさせることがないのは、大艦に乗って風力を利用するからです。彼らは動かないで、我々の民を走り回らせて疲れさせるのは、『孫子』の「戦わずして、相手の兵を屈服させる」という作戦であり、キリスト教によって我々の民を誘惑するのは、同じく『孫子』の「自国の損害を出さずに、相手を屈服させるのが最高の手段である」という策略です。また『孫子』の兵法には、「こちらに十倍の兵力があれば、敵を包囲する」とあります。今、外国は遠い海を越えて来ております。仮に彼らが多数で一団となって押し寄せて来ても、その勢力は、我が国を囲むほどではありません。しかし、我々は八方から敵を受けて、包囲されているように感じるのは、彼らは兵力を集中して、我々は分散しているからです。我が国は海岸沿い全てを守らなければならないので、兵力が分散しております。敵は単独で往来し、やりたい事を自由に行い、『孫子』の「敵と戦う場所を知り、敵と戦う日を知るならば、千里の遠い土地であっても、思うように敵と会戦することができる」ということです。これは常に敵に主導権を握られているので、彼らは兵力を集中することができるのです。時々、一、二隻の船を分散して、海上を往復するだけでも、我々の民を騒がせることができるのです。彼らと我々と、どちらのやり方が実践的で、どちらが空虚か、知恵ある者でなくとも理解することができるのです。

今、誠の心で「虚」から「実」へと立場を変えようとするなら、敵の予想外の行動に出るしかありません。敵の予想を外そうとするのであれば、我々の攻撃によって、彼らに守りの姿勢をとらせることです。攻守は一体のものです。昔の人は、「攻めは、守りの要《かなめ》である」と言っております。我々に攻撃の勢力があれば、敵は必ず我々に備えるので、主導権がこちらに移ります。今、もし我々が守備を整えて、機会に乗じて外国船を外洋で遮断するのであれば、彼らが我が国の辺境の土地を騒がそうとしても、もともと少数である戦力を分散させなくてはならないので、公然と海上で身勝手をすることができなくなります。また、もし彼らが群れを成して行動し、あえて戦力を分散しないようにするのであれば、我が国の東西に出没して民衆を騒がせることができなくなり、我々の守備範囲も少なくなります。彼らが長く一ヵ所に集まる行動に出るのであれば、漁業や商売の利益を上げることができなくなり、その勢力においてもまた、今日のように常時停泊することができなくなります。彼らが頼りにしていた手段をなくすことで、身勝手な行動をさせないようにするのです。さらに『孫子』では、敵の侵入を受けてやむを得ず領土内で戦うこととなり、兵士は故郷を思って戦いに専念できずに、心が分散している状態を「散地」と言うとあります。逆に敵国に侵入しても、いまだ侵入の度合いが浅く、兵士の心が戦う心となっていない状態を「軽地《けいち》」と言います。そして『孫子』の兵法では、「散地では、兵士の志を一つにしなければならない」とあります。今、一定の対策を決定し、民衆に向かうべき方向性を周知させ、我が民衆の心を一つにして、「軽地」の状態にある侵入者を攻撃するならば、撃破するのはそれほど難しくはないのです。何を遠慮して、侵略を防ぐ方法を研究しないでいるのでしょうか。

加えて、そもそも「攻勢」という言葉は、必ずしも敵兵を破り、敵軍を滅ぼし、城や市街地を奪い合うことだけを言うのではありません。つまり我々の方は、敵に負けることのない態勢を取りつつ、敵に打ち勝つ方法を追求するということです。真に我々の志気を広げて世の中の大勢を観察し、外国に対しては敵の裏をかいて協力者を討ち、敵に不利な形勢となる計略を設計します。国内に対しては充分に守禦《しゅぎょ》の準備を整え、兵力は敵を制圧するのに不足がないようにして、政治と教育によって外敵を恐れない心に変えるようにいたします。このようになれば、彼らが我が国の国境を害したとしても、全力で攻撃して全滅させて、我が国の力を世界に示すことができるのです。もし彼らが、侵略の心を改めて服従するのであれば、東西へ勢力を広げ、国の四方を導き、北海道の諸島、沿海州の諸民族を服属させ、日に日に外敵を退けて領土を拡大するのです。これが敵に負けることのない態勢というものであって、戦う前から敵の野心を攻撃することになるのです。こうした後で敵の重要な地点を攻撃して隙を狙い、天から舞い降りるように時機に乗じて行動すれば、勝つべくして勝つことができるのです。そうして敵は我々の攻撃に備えざるを得なくなるので、「客」を変じて「主」となる方法は、ここにおいて完成いたします。これが先に述べた敵の予想外の行動に出るということであり、「実」から「虚」、「虚」から「実」へと転じることなのです。こうしたことは、もともと建国の神々が外敵を制御してきた戦略であり、外国が逆用することはできません。彼らが我々を騒がせている戦術を、今度は我々が逆用するのです。こうした後で、主導権を我々が制御いたします。朝廷の方針はすでに決定し、上下の心を同じくして、あらゆる手段は必ずこの道理に由来して変わることはありません。ここにおいて、我々が外敵を制御する由来は、神々から続く天皇家が外敵を制御したのと同じものとなり、内側には一定した戦略があり、外側には狙われる隙はありません。ずる賢い外国人が多数で我々を狙ってきたとしても、我が国の辺境で暴れ回ることなどできないのです〔徳川家光は、かつて通訳の島野兼了という者をインドに派遣しました。兼了はオランダ商船に乗り、諸国を周遊して、ついに東の海三千里の場所にある大国に達し、この国は神州日本に所属するべきであると考えました。そこで石碑を建てて「日本国中」と刻みました。当時の発想の規模が、いかに広範囲であったかを見るべきです。東の海三千里とは、おそらく西洋人がアメリカ州と名づけたところでしょう〕。

我々に一定した戦略があり、外敵を制御できたなら、すでにそれは民衆の意志が一つになったということです。今もし、ますます奮い立って、固く人々を団結させようとするのであれば、気持ちを奮い立たせて一時的な成功として明らかにするものと、だんだんと積み重ねて長期的な成功として成し遂げるものがあります。一時的な成功として明らかにするものは、機会を捉え変化に対応することが必要で、大将の能力にかかっています。長期的な成功として成し遂げるものは、遠い未来まで見通し、しっかりした基礎を立て、天皇の仁徳を広げていくようにしなければ成し遂げられません。ですから恩賞や刑罰というものは、一時的に気持ちを動かすものであって、礼儀や教育は長い年月をかけて国家を治めるための方法なのです。それ故に『孟子』には、「法令や禁令が整った善政を民はかえって恐れ、仁義や道徳の教えを民は愛す」とあります。恐れるというのは一時的な威力であって、愛するというのは永遠に固く守られるものです。故にまた『孟子』では、「仁義や道徳の教えは民の心を得ることができる」とあります。

　そもそも、よく万世《ばんせい》を維持するものは、遠い先まで深く考えられており、必ず最初に大原則を立てます。天命と人心、万物の法則と人としての道を、火を見ているように明らかに示して、その後に教え導き、順序に従って施していきます。万世にわたって常に守るべき不変の道は、はじめから我々の胸の中にあるのです。その昔、天祖である天照大神は神道によって教えを立て、忠孝を明らかにして、人として守るべき道とされました。万世を維持するものは、はじめから明白なのです。太古の昔から限りなく続き、天照大神の子孫である天皇が受け継いで、その仁徳を広められました。これは天照大神が教えを立てられたのと、同じお心なのです。神武天皇が戦われた時は、常に神々の力を借りて、勝利を収めました〔神武天皇が国土を平定なさると、天地の神々を祭り、天照大神の威光を背にして進み、戦いました。韴霊《ふつのみたま》の剣を持ち、八咫烏《やたがらす》に導かれたことなどは、全て天の神の教えを守ったからでした。天地の神々を丹生《にう》の川上に祭り、天皇に従う道臣《みちのおみ》に命令して高皇産霊尊《たかみむすびのみこと》を祭らせたことなどは、全て神々のお力を借りたからです〕。国土の中央を平定するに及んでは、祭りの庭である霊畤《れいじ》を鳥見山に立てられて、天皇の祖先である天の神々を祭って、大孝の心を述べられました〔最初に長髄彦《ながすねひこ》と戦った時、金色の鵄《とび》が天皇の弓に止まり、勝利を得たとあります。その土地を名づけて鵄邑《とびむら》と呼びましたが、これが鳥見《とみ》なのです。ですから、畤《まつりのにわ》をここに立てたのは、そういうわけなのです〕。

崇神天皇の即位の初めに、反乱を起こす者がおりました。この時は、昔からの風習を受け継いで、天照大神を宮殿の中に祭っておりました。天皇は深く敬い畏れながらも、気に掛かるものがあり、お考えの末に神器を笠縫《かさぬい》の地に安置して、堂々と宮殿の外で祭り、天下の人々が仰ぎ見ることができるようにいたしました。このようにして敬い仕えることの心が広まって、天下の人々と共に祭ることで、天下の人々は皆、天照大神を尊び、そのお心を受け継ぐ朝廷を敬う心を知りました〔宮殿の中に祭ることは、真心をもって敬う気持ちを内側で尽くすことはできますが、その意義を天下に明らかにすることはできません。ですから天皇は、外で祭りを行うことで、公然と天下の人々と共に敬い仕え、真心で敬うという意味が天下に明らかとなり、人々は言葉がなくても自然と理解することができました。たった一人で真心を尽くしても、神々はその気持ちを受け入れるのですから、天下の人々が真心を尽くしたなら、なおさら神々と通じることができるのです。昔の人は、「天下の富によって親を養うことは、養うということの極みです」と言いますが、この意味にも譬えることができます。同じように周公という人は、親を尊ぶことを重んじましたが、天下の人々は、その土地の産物をお供えとしてやって来て、天子の祭りを助け、盛大なものとなりました。そして周公は、父である文王を政治を行う明堂《めいどう》に祭り、天下の人々と共に敬い仕えました。自分一人だけで、宮殿の中で祭ることをしなかったのも、この意味と同じなのです」。

大物主神《おおものぬしのかみ》と倭大国魂神《やまとのおおくにたまのかみ》を祭ったのは、土地の人々の尊敬を集めていたからで、その祭祀を整えました。そうして畿内の人々の心と繋《つな》がることができ、皆同じく朝廷を奉じるようになりました〔大物主神は、はじめて国土を平定した功績があり、民衆はこれを尊びました。そして、その孫によって祭祀を守らせました。これにより人々は、朝廷が民衆の心を尊重していることを知ったので、朝廷は人々の信望を得ることができました。このような祭りの意義は、周の国の「大社《たいしゃ》」というものと似ております。『礼記《らいき》』には、「王、群姓《ぐんせい》のために社《しゃ》を立てるを大社という」とあります。「社」とは、土地の神を祭り、それに功績のある者も一緒に祭ることです。例えば、『春秋左氏伝』には、「共工《きょうこう》氏の子どもは、句竜《こうりゅう》という名前で土地の神、つまり后土《こうど》になった。この后土になった句竜を祭ったものが社である」とあります。倭大国魂神とは、思うに大和《やまと》の地を鎮定した者でしょう。当時は大和に都を置いたため、特にこの神を祭りました。その意義は、周の国の「王社《おうしゃ》」というものと、たいへん似ております。『礼記』には、「王、自から社を立てるを王社という」とあります。土地とは民衆が生活する場所であり、土地の神とは民衆が敬う存在であって、天皇が謹んでこれを祭れば、民衆の心もこれに従い、心が一つとなるのです」。この意義を広めて四方へと及ぼすために、崇神天皇は全ての社を天社《あまつやしろ》と国社《くにつやしろ》に定めて、日本にある神々を祭った社《やしろ》は一つにまとまりました。こうして天下の民衆の心は一つに繋がって、全て朝廷を奉じることとなりました〔その昔、神々の名称は天照大神の子孫、およびその政治を補佐した者たちを全て天神《あまつかみ》と言いました。また、古くからの一族で何代も続いた家柄の中で、国土を平定した者たちを全て国神《くにつかみ》と言いました。すなわち、これを祭ったのが天社と国社です。『令義解《りょうのぎげ》』には、「天神とは伊勢、山城の鴨、住吉、出雲の国造の祭る神などの類を言う。国神とは大神《おおみわ》、大倭《おおやまと》、葛木《かつらぎ》の鴨、出雲の大汝神《おおなむちのかみ》などの類を言う」とあります。これもまた天社と国社のことです〕。

各神社には専属の田である神地《かんどころ》と、使用人である神戸《かんべ》を与えて、神々への供物が常に捧げられるようにしたので、民衆は朝廷が天地の神々を大切にしていることを知りました。兵器を供《そな》えて神々を祭ることで、軍事の命令には神霊が宿り、また軍事上重要な場所である険要の地には守りを置いて、民衆は朝廷に背《そむ》く者がいないことを悟り、ますます敬いました〔考えてみると、『日本書紀』の「垂仁《すいにん》紀」には、「弓矢および横刀《たち》を諸《もろもろ》の神の社《やしろ》に納む。兵器をもって神祇《あまつかみくにつかみ》を祭ること、ここに始まれり」とあります。しかし一つ前の「崇神《すじん》紀」には、すでに楯と矛を墨坂《すみさか》と大坂の神に祭ったとあります。思うに、この二ヵ所は険要の地なので、祭りを理由として兵器を納め、険要の地の守りを固めることを暗示したのでしょう。そしてこの意志を、垂仁天皇も受け継いだのです〕。民衆は朝廷を尊重して敬い、反乱を起こす者は自然に平定され、埴安《はにやす》や振根《ふるね》という反逆者も、たちまち滅ぼされました。神道はすでに明らかとなり、歴代の天皇はこれを受け継がれ、祭の儀式を記した祀典《してん》という記録は広められて、また祀典にない神々も社格を定めて祭りました〔『延喜式《えんぎしき》』に掲載されている神名は、宮中と京都、畿内七道、合わせて三千百余座あります。最上位の社格である大社《たいしゃ》は四百九十二座あり、その内の三百四座は共に祈年《としごい》、月次《つきなみ》、新嘗《にいなめ》等の祭りに、神祇官が供物を机上に置く案上官幣《あんじょうかんぺい》の供物を受け、その中の七十一座は特に相嘗《あいなめのまつり》祭にも関わります。またその百八十八座は祈年祭に国司から供物の幣帛《へいはく》を受けます。小社《しょうしゃ》は二千六百四十座あり、その内の四百三十三座は共に祈年祭に、神祇官から案下官幣《あんげかんぺい》の供物を受け、二千二百七座は、祈年祭に国司からの供物を受けます。祭祀の格式は、おおよそこのように決められて、天下のあらゆる神社に行き渡っております」。兵を出して反乱を起こす者を討伐すると、戦いに功績のある者を祖先神として祭り、その土地の守りとし〔その昔、征伐を行った土地があれば、そこで功績のあった者を祭り、その子孫に祭りを受け継がせることで人々を鎮めました。例えば鹿島神宮の祭神、建雷命《たけみかずちのみこと》の武功によって東国を鎮めるというようなことです。そして常陸と陸奥の地方には、この神を分祀したところが最も多く、『延喜式』によると、陸奥の国では鹿島とその御子の名前のものが八社、『延喜格』によると、鹿島の子孫の神が陸奥に三十八社とあります。おそらく、建雷命とその子孫は、その地方を平定した功績があったので、代々これを祭ったのでしょう。大己貴命《おおなむちのみこと》は出雲を平定し、豊城命《とよきのみこと》は毛野《けぬ》を平定し、子孫は皆その土地を鎮めて代々その祭りを受け継ぎました。こうした神々の例は諸国に非常に多く、民衆が敬い慕うことによって土地の人々を鎮め、万民に謹みと敬いの心が生じることとなるのです。周の国では洛陽に都を作った時、記録にない神々も社格を定めて祭り、戦いに功績のある者を祖先神として祭りました。その意義もまた、よく我が国の祖宗の法と似ているところがあります」そうやって民衆の心を一つにして、夷狄を征伐し、野蛮な風俗を改めました。こうして日に日に仁徳の心は広がり、人々の心は和合していきました。多くの神々とその祭祀は京都と畿内、そして諸国に存在し、その土地を鎮めて守護しているので、民衆は今にいたるまで敬い慕って尊敬しました。これもまた、「本に報い始めに反る」という意味を含んでいるのです。

建国の神々が人としての大道を立て、万世を維持され、祭祀の儀式や儀礼は明らかとなりました。そしてそれを代々守り続け、古来の伝統が今なお存在しているのを見るのであれば、神々のご配慮の大きさもまた、見るべきなのです。その後、正統から外れた異端が続々と起こり、人としての大道はぼやけてしまいました。朝廷には遠い先まで見据えた配慮がなくなり、政治力は衰え、民衆の心は日々軽薄となり、神々が万世を維持しようとした意図に反するようになってしまいました。近世になると悪賢い外国人は、人としての大道と思い込ませるようなものを作り、キリスト教によって民衆の心を惑わしております。正しさとはほど遠い教えであっても、「教え」と名づけているので、民衆の心を捉えるには充分であり、至る所で宗教施設を焼き払い、キリストの神を拝ませて民衆の心を傾けております。それ故に、この反逆の炎の勢いは全世界に広がり、横暴にもその毒を無理やり神州日本へ流そうとしております。それは建国の神々が、かつて異民族を導いた方針を逆用して、我が国を一変させようとしております。それにもかかわらず、我が国は未だ不変の基本方針も立てずに、民衆の心はまとまらず、その場しのぎで毎日をやり過ごしております。堂々たる神々の国でありながら、生臭く汚らわしい外国人が、我が人民を欺しているのを、ただ座って見ているのは、恥ずべきことではないでしょうか。

そもそも万物の中で、天より威力のある存在はありません。それ故に聖人と呼ばれる人たちは、敬い謹みの態度を持ち、天を何よりも重視して、民衆にも敬い従うように悟らせました。また万物の中で、人より霊力のある存在はありません。その魂は精強で、草木や鳥獣のように尽きて亡びることはありません。人は死ぬか生きるかの時に、ぼんやりとして何も思わないということはありません。それ故に聖人は、霊を祭る祭式を明らかにすることで、死後の世界をも治め、死者には拠り所を与えて魂を安らかにし、生者には死が訪れても拠り所のあることを知らせて、その心が迷わないようにいたします。民衆が天の威力を敬い従うのであれば、天をねじ曲げる邪説に欺《だま》されることもなく、死後の世界に不安がなければ、天国とか地獄とか、あの世に幸不幸があるような話に欺されることもないのです。上に立つ者が天に報いて祖先を祭り、善を祈って悪を祓《はら》い、民衆がそれに従うのであれば、君主を敬うことが天に奉仕することとなり、それぞれの祖先を祭って孝の心を尽くすことになるのです。人々がそれぞれの一族を集めて、その中で愛情を尽くすのであれば、祖先を思うことが父を慕うのと同じとなり、民衆の心も純粋となって、怪しく道理に合わないような邪説が、心に入り込むことはないのです。

天地や祖先を祭る祭祀がなくなってしまったならば、天と人とは引き裂かれ、民衆は敬いの心を失い、魂は安らぎを得られず、生きている者も死後を恐れて心が迷い、死後の幸福や不幸を言う邪説が心に入り込むことになります。幸福を死後に求めるようになると、義の心は生きている時には忘れられ、政令から逃れることが敵から逃れるようになり、異国の言説を母親の言葉のように慕うようになります。心が外に放浪してしまうのは、内側に主《あるじ》がいないからです。死後の幸福や不幸というものは、まだ誰も見たことがないので、彼らは民衆の恐れの心を利用して、怖がらせることができるのも、不思議ではありません〔『易経』には、「精と気が結合して物となり、死後に精は魂へと変化する」とあります。また『礼記』には、「人の気は、神霊の群れに入り、強い香りを放ち、人々を悲壮にさせる」とあり、祭祀によって魂に安らぎを与えなければ、死者は拠り所がなく、死者に拠り所がなければ、生きている者の心においても、満たされることはないのです。一般の人々は、このようなことを知らなくても、知らず知らずのうちに不安な気持ちとなるのは、人情として仕方のないことです。生きている者もまた、死後の安らぎというものがないと、自分の心を信じて強くすることができず、天国や地獄があるといった「身後《しんご》の説」に誘惑されることになります。ですから、祭祀によって心に安らぎをもたらすのです。父祖と子孫とは、もともと同じ一つの「気」からできております。父祖はその前身で、子孫はその後身なので、父祖の魂は子孫を離れて、どこかへ行くことはありません。それ故に子孫によって、その父祖を祭ると必ず感じ合い、「神霊の群れに入り、強い香りを放ち、人々を悲壮にさせる」存在も安らかとなるのです。『中庸』によると、天とはわずかな光がたくさん集まっているもので、人は天地の間に存在し、天地の気が常に全身に流れて生活しているとあります。それ故に、人は天地とも同じ一つの「気」で、その元気は天地と通じております。ですから人が天地を祭ると、必ず感じ合い、天の存在も現れるのです。こうしたことから、昔の聖人は天に仕えて祖先を祭り、死後の世界に安らぎを与え、天下が心服するのです。しかしながら、後世になると配慮が浅くなり、天に仕え祖先を祭ることが形式的な飾りものとなって、民衆は生活していても畏れ敬う心を忘れ、死者が拠り所とするものを知らずに、疑念と恐怖の心が生じてしまいます。疑念と恐怖の心が生じてしまって、民衆の心に主《あるじ》がおりません。こうして西洋人は、死後の幸福や不幸の説によって、恐れの心を支配いたします。これは『孟子』にある、「自分で自分を見下げると、その後に他人に見下げられる」ということなのです」。

〈語釈〉

○恢廓《かいかく》　大きくする。○恢弘《かいこう》　広く大きくすること。○旌旆《せいはい》　はた。○束手《そくしゅ》　手出しをしないこと。○勦絶《そうぜつ》　ねだやしにすること。○暦象《れきしょう》　こよみから天体の現象を推算すること。○牲《せい》　いけにえとされる牛。○図籍《ずせき》　地図と戸籍。○項籍《こうせき》　項羽、秦代の末の楚《そ》国の武将。○因循苟且《いんじゅんこうしょ》　ぐずぐずとして、いいかげんなこと。○胸臆《きょうおく》　こころの中。○侮《ぶ》弄《ろう》　侮蔑し愚弄《ぐろう》すること。○滄海《そうかい》　大海。○饋糧《きりょう》　食糧を運ぶこと。○奔命《ほんめい》　忙しく立ち回ること。○睥睨《へいげい》　にらみつけて勢いをしめすこと。○恣睢《しき》　勝手気ままにふるまうこと。○摧折《さいせつ》　くじき折ること。○山丹《さんたん》　甘粛《かんしゅく》省河西《かせい》回廊の中部にある県。○大猷公《たいゆうこう》　徳川家光。○物則民彝《ぶっそくみんい》　万物の上に存在する自然の法則と人倫。○韴霊《ふつのみたま》の剣《つるぎ》　天照大神が、神武天皇の熊野平定を助けるため、建御雷神《たけみかずちのかみ》に命じ熊野の高倉下《たかくらじ》を介して、天皇に授けたと伝えられる霊剣。○高皇産霊尊《たかみむすびのみこと》　天地のはじめに、天御中主尊《あまのみなかぬしのみこと》、神皇産霊尊《かみむすびのみこと》とともに高天原《たかまがはら》にあらわれた造化三神の一神で、天照大神《あまてらすおおみかみ》とともに高天原を主宰する。○鵄瑞《しずい》　金色の鵄《とび》の吉兆。○大物主《おおものぬし》　奈良県大神《おおみわ》神社の祭神。○倭国魂《やまとのくにたま》　倭大国魂《やまとのおおくにたま》のことで、大《おお》和《やまと》神社の祭神。○畿甸《きでん》　王城付近の地、畿内。○繋属《けいぞく》　ある関係によってつながること。○神祠《しんし》　神をまつった建物。○延喜式《えんぎしき》　平安中期の法典で、醍醐天皇の命により延長五年（九二七）に完成。弘仁式、貞観式《じょうがんしき》およびそれ以降の式を取捨し、集大成したもの。○功宗《こうそう》を記し　功績のある者を祖先神として祭ること。○苗裔《びょうえい》　遠い子孫。○獷俗《こうぞく》　野蛮な風俗。○黎民《れいみん》　一般の民衆。○陵夷《りょうい》　物事が次第に衰えすたること。○六合《りくごう》　天地と四方とを合わせた上下四方のこと。○悍然《かんぜん》　乱暴に。○魂魄《こんぱく》　たましい。○澌滅《しめつ》　消えてなくなること。○祈禳《きじょう》　神をまつり、わざわいをはらい、福を祈ること。○冥福陰禍の説　死後の幸不幸を説く説。○身後《しんご》　死後。○君蒿悽愴《くんこうせいそう》　香気が立ちのぼって人の心を恐れおののかすこと。

〈読み下し〉

今、夫れ不抜の業を開かんと欲せば、よろしくその大経を立てて、夏夷の邪正を明らかにすべきなり。神聖建国の大体は、臣すでにこれを言えり。今、すでに大経を立つれば、すなわちまさに四海を以て一家となし、万世を一日となし、列聖の遺緒《いしょ》に因りて、以て時措《じそ》のよろしきを図るべきなり。夏夷の邪正を明らかにせんと欲せば、すなわちまさに天人の大道を闡《ひら》きて、以て趨舎《すうしゃ》の準となすべきなり。

夫れ神州は大地の首《しゅ》に位す、朝気なり、正気なり〔神州は本《もと》、日神の開きたまいしところにして、漢人、東方を称して日域《にちいき》となし、西夷もまた神州及び清、天竺、韃靼《だったん》の諸国を称して、亜細亜《アジア》と曰い、また朝国と曰う。皆、自然の形体に因りてこれを称するなり〕。朝気、正気はこれ陽となす、故にその道は正大光明なり。人倫を明らかにして以て天心を奉じ、天神を尊んで以て人事を尽くし、万物を発育して以て天地の生養の徳を体す。戎狄は四肢に屏《へい》居《きょ》し、暮気なり、邪気なり。暮気、邪気はこれ陰となす、故に隠を索《もと》め怪を行い、人道を滅裂して、幽冥の説をこれ講ず。天に褻《な》れ鬼に媚びて、荒唐《こうとう》の語をこれ悦び、万物を寂滅《せきめつ》して、専ら陰晦《いんかい》不祥の塗《みち》に由る。今、誠によくその道を反し、寂滅を変ずるに生養を以てし、陰晦を化するに光明を以てし、荒唐幽冥の説に易《か》うるに、天命人心の昭昭乎《しょうしょうこ》として易うべからざるの大道を以てし、而して太陽の威明を掲げて、以て四海万国に照臨せば、すなわち爝火《しゃっか》の耿耿《こうこう》たるも、いずくんぞ熄《や》まざるを得んや。かくのごとくなれば、すなわちその恃んで以て諸国を併呑するところの本謀、乖《そむ》かん。彼に変ぜらるる所以のものを転じて、彼を変ずるの道に由る、豈に大経を立つる所以の先務にあらずや。彼は戎狄にして自からその道を道とす。常情よりこれを視れば、これを度外に措くといえども可なり。しかるに彼は今、大いに非望を逞《たくま》しくし、必ず夷を以て夏を変じ、正道を澌滅《しめつ》し、神明を汚辱し、天を欺き人を罔《し》い、人の民を傾け、人の国を奪いて後に已《や》まんと欲す。詭術《きじゅつ》と正道とは、相反すること氷炭のごとし。茫茫たる宇宙、戎狄の道息まざれば、すなわち神聖の道明らかならず、神聖の道明らかならざれば、すなわち戎狄の道息まず。彼を変ぜざれば、すなわち彼に変ぜらる。勢《いきおい》、相容るる能わず。深く謀り遠く慮る者は、将《は》たいずくんぞ正を掲げて詭《き》を息め、以て害を永世に除かざるを得んや。

夫れ太陽の余光の被《こうむ》るところは、すなわち仁人博愛の曁《およ》ぶところにして、四海万国といえども、また人類にあらざるなし。しかるに妖教の滋蔓《じまん》して、天倫を棼乱《ふんらん》し、人紀を泯滅《びんめつ》し、元元《げんげん》をして蠱惑沈溺《こわくちんでき》し、相率いて禽獣となり鬼蜮《きよく》とならしむるは、豈に仁人の視るに忍ぶところならんや。故に覆幬《ふとう》して外《ほか》なく、夏を以て夷を変じ、天人をして胡羯《こかつ》の誣罔《ふもう》より免れしむるは、固より仁人の志にして、文を揆《はか》り武を奮い、四表に光被して、以て耿光《こうこう》を覿《あらわ》し大烈を揚ぐるは、仁人の業なり〔古者、声教の四海に訖《いた》るものは、神禹の功なり。而して匹夫匹婦も尭舜の沢を与被《よひ》せざる者あらば、己推してこれを溝中に内《い》るるがごときは、伊尹《いいん》の志なり。故に洚水《こうずい》は尭のためにして至らざれども、しかも尭は以て余を警《いまし》むとなすは、尭の仁なり。平城《へいじょう》の患は漢武のためにこれを遺さざれども、しかも漢武は以て高帝我に遺すとなすは、漢武の義なり。この類を挙ぐれば、古人の自から任ずるところを見るべきなり〕。

その志を持してその業を広くするは、務めて国体を明らかにするに在り。大卞《たいべん》に循《したが》い古今を一にし、博広悠久にして、以て夏、夷に照臨し、細戈《くわしほこ》の名に循《したが》いてこれを実にするは、兵を足らすの所以なり。瑞穂の名に循いてこれを実にするは、食を足らす所以なり。忠孝を明らかにして以て天下を淬礪《さいれい》するは、民をしてこれを信ぜしむる所以なり。三者並び挙がり、食足り、兵足り、民これを信じて、忠孝を以て明らかに、天人合一し、幽冥憾《うらみ》なく、正を以て詭に易え、夏を以て夷を変じ、万世にして已まざるは、不抜の業なり。今、これを施行せんと欲すれば、よろしく民をしてこれに由らしむべくして、これを知らしむべからず。もし夫れ民をしてこれに由らしむる所以のものを諭せば、すなわち曰く礼のみ。礼の目《もく》は五、而して民に敬を教うるは、祀より大なるはなし〔周官に「祀礼を以て敬を教うれば、すなわち民苟《いや》しくもせず」と〕。祀礼に数あり義あり、その数を陳《の》べんと欲すれば、まさにまずその義を明らかにすべきなり。

　夫れ天子の天神地祇を祭り、その天祖を敬祭するは、天に報い祖を尊ぶ所以なり。地主《とこぬし》、保食神《うけもちのかみ》を祀るは、国土を鎮め、民生を厚くするなり〔唐虞三代の祀典を秩するや、重んずるところは、すなわち嘗《しょう》、禘《てい》、郊《こう》、社なり。嘗は新穀を嘗《な》む。禘はその祖の自《よ》りて出ずるところを禘し、その祖を以てこれに配す。社は后土《こうど》の功ある者を祀る。また田正の功ある者を祀るを稷《しょく》と曰う。中庸に曰く「郊社の礼は、上帝に事《つか》うる所以なり。宗廟の礼は、その先を祀る所以なり。郊社の礼、禘嘗の義を明らかにせば、国を治むるはそれこれを掌《たなごころ》に示《み》るがごときか」と。論語に称す「禘の説を知る者の天下におけるは、これを掌に視るがごとし」

と。孝経にもまた、周公の后稷《こうしょく》を郊祀し、文王を宗祀するを以て、父を厳《たっと》ぶの至りとなす。その意は皆相同じければ、すなわちまたその最も重んずるところのここに在るを見るべきなり。而して天朝、大嘗の礼は、天祖を祀りて、天に事え先を祀るの意、並び存す。またなお郊禘の義のごときなり。新穀を嘗《な》めてこれを薦《すす》むるは、すなわち嘗の義なり。故に大神宮の祀は、これ宗廟なり、明堂なり、郊なり、一祀にして数義存す。而して地主神《とこぬしのかみ》を祭るはなお社のごとく、保食神《うけもちのかみ》はなお稷のごときなり。大神《おおみわ》、大倭《おおやまと》等はすなわち社なり、渡会《わたらい》、稲荷《いなり》等はすなわち稷なり。郊、廟、社、稷は天地の祭にして、その大なるものは符節を合するがごとし。蓋しまた神州と漢土と、風気相同じきを以てして、そのことの暗号するものかくのごときなり〕。山嶽、河海、風雨、草木、百物の神と〔山祇《やまつみ》、罔象《みずは》、少童《わたつみ》、級長《しなと》、埴山《はにやま》、草《かや》野《の》、句句廼馳《くくのち》等は、皆その神なり。而して天下の名山に、多く伊弉諾《いざなぎ》、大汝《おおなむち》、大山祇《おおやまつみ》等の神を祭るは、皆国土を鎮《しず》むるものなり。浜海に住吉等の神を祭るは、海神なり。及び風神、山《やまの》口《くち》、水分《みくまり》等の神の、皆祀典に列するものは、皆民のために災いを除き年穀を祈る所以なり。唐、虞、三代のごときも、また四聖、山川、百神の祭りあり、その義もまた大抵《たいてい》相類《あいるい》せり〕、皇子、皇孫、名賢、功烈の世に益あるものと〔大鳥《おおとり》、二荒《ふたら》、鹿島、香取、春日、北野等のごときこれなり。漢土の俗も、また民に功烈ある者を祭るは、柱《ちゅう》、句竜《こうりょう》、舜、禹、稷、契《せつ》等のごときなり〕、その祭法は具《つぶさ》に令典あり。徳として報いざるなく、功として挙げざるなく、天地鬼神、該《か》ねざるはなく、遐陬僻壌《かすうへきじょう》、鎮めざるはなきなり。宮中の御巫《みかんのこ》〔神代、百事に供奉せるの神を祭る〕、座摩《いかする》〔大宮地《おおみやどころ》の霊《たま》を祭る。井神《いのかみ》もまたこれに与《あずか》る〕、生島《いくしま》〔諸国、諸島の霊を祭る」等の祭りは、天孫を保護して、以て国家を治むる所以なり〔宮中の祭神の外に、また宮内にありて、園《その》、韓《から》の神を祭り、大膳《だいぜん》は食神、火神を祭り、造酒《みきづくり》は酒神を祭り、主水《もいとり》は雷神を祭るも、また皆天孫を保護する所以なり。漢土にもまた五祀あり、その義もまた相類す〕。

祀典の目は、践祚《せんそ》大嘗を大祀となす。天皇、位に即《つ》き、大いに天祖を報じたまうは、最もよろしく敬を致すべきなり。祈年《としごい》は以て時令の序に順うを天下の諸社に禱るなり。月次《つきなみ》は以て幣帛を天社《あまつやしろ》、国社《くにつやしろ》に奉ずること、庶人の宅神《たくしん》祭のごとし〔蓋し天子は四海を以て一家となす。故に宅神のごとしといえども、幣を諸国の神社に頒《わか》ち、且つその祭るところは、生島、足島《たるしま》等の神に及び、併しその大神宮の祝詞《のりと》も、また遐邇《かじ》に光被するを以て言となし、ただ一家のためにして祭るのみならざるなり〕。新嘗の義は大嘗のごとくして、歳《としどし》にこれを行う。以上の諸祭は、皆中祀となす。万民を養い国家を安んじ天神に報ゆる所以のもの、またよろしく敬すべきなり。大神宮にはすなわち別に神衣《かんみそ》ありて、夏秋に神衣を供《そな》う。神嘗《かんなめ》ありて、九月の神衣の祭りの日にこれを行う。蓋し以て天祖の嘉穀を頒ち、養蚕を教えたまうの徳に報ず。また皆中祀なり。その他、大忌《おおいみ》、風神《かぜのかみ》、鎮華《はなしずめ》、鎮火《ひしずめ》等のごとき、或いは水沢に祈り、或いは沴風《れいふう》を禳《はら》い、疫神《えきしん》を鎮め、火患を防ぐ。かくのごときの類は、並びに小祀となす。また皆、国家のために災いを禳い福を祈る所以なり〔周人もまた祈年あり、五祀あり、烝嘗《じょうじょう》あり、飌師《ふうし》、雨師、山林、川沢の祭りあり、その義もまた以上の諸祭と相類す〕。この祭りあれば、すなわちこの義あり、これを朝廷に行い、これを四方に達す。本に報い始めに反るの義と、その民のために祈禳する所以の意とは、挙げて皆天下とこれを同じくす。上《かみ》その事に任じて、民は上に聴き、顒顒《ぎょうぎょう》然としてただ廟堂をこれ仰ぎて、神姦、行わるるを得ず。民志の純一なる所以なり。

古者、大嘗の祭には、時に臨んで悠紀《ゆき》、主基《すき》の国郡を卜定《ぼくてい》し、宮主《みやぬし》、卜部《うらべ》を遣わし、国司以下、及び庶民を率いて、田に臨みてその穂を抜き、以て粢盛《しせい》に供す。四国、天神に供奉するを得ざるものなく、民皆、卜食《うらはみ》せらるるを得て、力を出し以て大祭の用に供せんことを冀《こいねが》う。而して天皇の天に事《つか》え先を祀り、大孝を申《の》べ民命を重んずるの意は、四方に達す。国司はその下を率いこれを護送すれば、諸道その事に役するを得べからざる者なくして、その意はまた道路に達す。国別に正税《しょうぜい》一万束《そく》を以て雑用に充て、諸国皆その物を輸《いた》すを得て、天下その意を知らざるなし。大祓使《おおはらえのつかい》を諸道に遣わして、天下潔清して以て神に事うるを知る。幣帛《へいはく》を天下の諸社に頒《わか》ちて、天下、国土の神もまた皆天祖の統べらるるを知る。これ天皇すでに天に事え先を祀り、孝を申《の》べ民を愛する所以の意を挙げたまいて、天下とこれを同じくするなり。この意あれば、必ずこの礼あり、ここを以て民日《ひび》にこれに由り、告げずして暁《さと》り、語らずして喩《さと》り、おのおの忠をその事うるところの君に輸《いた》して、以て倶に天朝を奉戴す、民の志ここにおいてか一なり。

後世は事簡易に従い、悠紀、主基には定国あり、限るに近畿を以てし、その儀は独り京師に行われて、四方の民は、天皇の意と、この礼の義とを知るを得ざるなり。護送するところも数十里に止まれば、道路も知らざるなり。雑用もこれを各国に取らざれば、国郡も知らざるなり。大祓、供幣《きょうへい》の使廃《つかい》せられて、潔を致すの意と、天祖の群神を統ぶるの義とは、世これを知るなきなり。すなわちそのこれを敬重する所以の意は、家ごとに譬《さと》し戸ごとに説《すた》くといえども、天下たれか得てこれを知らん。その礼は存すといえども、その用はすでに廃る、嘆ずるに勝《た》うべけんや。

古者、京畿及び諸国の名祠、大社に祭るところの神は、皆嘗て天祖、天孫を佐《たす》けて、よく大功を成せしものにして、山川の百神は、民物を鎮め風雨を起こして、天神の功を助けし所以にあらざるものなきなり。故にその土民は固よりその功徳に報ぜざるを得ず、而して天朝もまた報答するところあらざるを得ず。ここを以て官幣あり、国幣ありて、祈年《としごい》、月次《つきなみ》、新嘗《にいなめ》ごとに必ずこれを班《わか》てり〔官幣、国幣に班ちし諸社は上に見ゆ〕。その祭りはこれを朝廷に統べて、四方の百神、係属するところあり〔今、諸国に仲冬を以て稲魂《うかのみたま》等の神を祀るは、蓋し古者、新嘗に幣を班つに及びて、諸国もまたおのおのその所在の神を祭る、而して遺風のなお存するものあるなり〕。この日や、民家は酒食を為《つく》りて以て相慶し、なお周人の蜡《さ》を祭るの意のごときなり。蜡は老物を息《いこわ》しむる所以にして、豳頌《ひんしょうふ》を歙き、土鼓を撃つとは古を存するなり。この日を以て老を養い歯位《しい》を正し、民に孝弟を教うるなり。八蜡以て四方を記す。四方、年《とし》順成らざれば、八蜡通ぜずして、以て民の財を謹むなり。老を養い酒を飲みて、民酔飽《すいほう》して相慶し、一国狂うがごとし。孔子曰く「百日の蜡、一日の沢《たく》は、一張一弛にして、文武の道なり」と。蓋し古人の民をして歓欣和楽せしむる所以はかくのごとくにして、これらの義も、また祭りに因りてこれを寓すべきなり」。神庫《しんこ》は、神宝及び兵器、文書、資糧、百物を蔵して、以て祭祀を待つ所以なり。神威に因りて以て民事を制す。利用厚生の意、以て施すべく、軍国不虞の備、以て寓すべきなり〔古者、政教を祭祀に寓し、兵器を神社に蔵せしは、前に言えるところのごとし。而して国造《くにのみやつこ》、県主《あがたぬし》等は、その国土の神を祭り、稲置《いなぎ》ありて以て稲を儲《たくわ》う。今、これに倣《なら》いて制を設くれば、凶荒には以て饑《うえ》を賑《にぎわ》すべく、軍旅には以て糧を助くべし。その神威に因りて以て民事に便すべきもの甚だ多し。臣別に論著するところあれば、今、具《つぶさ》には論ぜず。もし夫れ周人もまた祭祀に因りて、民を属《あつ》めて法を読み、或いはこれを糾戒《きゅうかい》し、或いは以て歯位を正し、或いは以て賢能を書す。皆祭事に於てこれをなせり。而してその郷器に吉服、祭器、吉器の目あり、民をして力を同じくして共に神に事えしむる所以なり。祀礼は十二教の首《はじめ》に居り、神を馭《ぎょ》するもまた八則の首に居り、民をして苟しくもせざらしむる所以なり。その他、民をして祭祀に従事せしむる所以のものは、枚挙に勝《た》えず。後世に至りては、義、社の倉《そう》あり、また以て民に便するに足れり。およそかくのごときの類は、苟しくもよく古今の制度を斟《く》み、神威に因りて以て民事を便せば、すなわち固より民心の嚮《むか》うところ、そのこれに従うは、まさになお水の下《ひく》きに就くがごとくならんとす。今世、或いは仏事に因りて以て民を聚《あつ》め事を作すに、その応ずるや響きのごとし。また以てその効の速やかなるを見るべし。況んや神威の以て民を動かすべきは、仏の比にあらざるをや〕。ここを以て祭政は一致し、治教は同帰にして、民、望みを属《しょく》するところあり。天下の神祇は、皆天皇の誠意の及ぶところ、この意あれば必ずこの礼あり。民これに由りてまた上の意の嚮うところを知り、感欣奉戴すれば、忠孝の心、係るところありて、一に純《もっぱ》らなり。後世はその数を陳べて、その義を失い、群神百祀も、統属するところなくして、民の瞻仰《せんぎょう》するところのもの専らならず。礼の用すでに廃《すた》る、また惜しむべきなり。列聖の山陵は、奉祀すること素《もと》より慎むも、その親《しん》尽きればすなわち廟なきは、固よりそれ宜《うべ》なり。而して神武天皇の天下を平定したまい、崇神天皇の四方を経営したまい、天智天皇の区宇を再造したまいしがごときは、盛徳大業、功は無窮に垂れ、民、今に至るまで仁沢に涵泳《かんえい》す。しかるに廟祀の以て功徳に報ずるなきは、豈に大なる闕典《けってん》ならずや〔世に称す、賀茂の社は神武天皇を祭ると、然れども古書に明文なく、人或いはこれを疑う。今、よろしく典礼を一新して、以て大いに祖功宗徳の義を明らかにすべきなり〕。仏法の行わるるや、葬祭、皆これに拠る。故に歴朝の祀礼、親族未だ尽きざるも、また且つ廟なくして、山陵もまた多く荒廃に属せり。これを闕典と謂わざるべけんや。古より皇子、皇孫、名賢、大徳の、その功烈後に垂れ、忠孝世に顕《あらわ》るる者、或いはいまだことごとくは祀典に列せずして、その子孫もまた或いは漂零沈淪《ひょうれいちんりん》して、血食《けっしょく》するを得ざるも、また闕典なり。もしよく古今を斟酌して、廃せるはこれを挙げ、闕けたるはこれを補い、彝訓《いくん》を祀典に寓して、天下をして、忠孝の心と、祖を念《おも》い遠きを追うの誠とを、油然《ゆうぜん》として倶に生じ、感戴《かんたい》の念と、鬼を畏れ神を敬うの意とを悚然《しょうぜん》として倶に萌《きざ》さしめば、所謂、民をしてこれに由らしむるものにあらずや。

　夫れ然る後に天下靡然《ひぜん》として咸《みな》相告げて曰く「天祖、天職を上に治めたまい、群神励翼して、国土を平定せり。今、おのおの国土の神を礼するは、その神の功徳に答えて、天祖の仁沢に報ずる所以なり」と。すなわち群神百祀、皆統一するところあり。相告げて曰く「天祖は洋洋として上に在り、皇孫は紹述して、黎庶《れいしょ》を愛育し、大将軍は帝室を翼戴して、以て国家を鎮護し、邦君はおのおの疆内を統治し、民をして皆その生を安んじて寇盗《こうとう》を免れしむ。今、邦君の令を共《つつし》み、幕府の法を奉ずるは、天朝を戴きて、天祖に報ずる所以なり」と。すなわち幕府及び邦君の治、統一するところあり。宗族《そうぞく》、相糾緝《きゅうしゅう》して、以てその先を祀れば、すなわちまた相告げて曰く「宗《そう》を敬するは祖を尊ぶ所以にして、その相与《とも》に緝睦《しゅうぼく》して、以て邦君の令を共《つつし》み、幕府の法を奉じ、天朝を戴きて以て天祖に報ずるは、乃祖《だいそ》乃父《だいふ》の志を継ぐ所以なり」と。すなわちその祖を念い徳を修むるの心、統一するところあり。

もし夫れかくのごとくんば、すなわち天祖、天孫の仁は海内を覆い、幕府、邦君の義は天下に著れ、慈父、孝子の恩は永世に申《の》び、本に報い始めに反るの義明らかにして、忠孝の教え立つ。民は日にこれに由りて、異物を見ず〔周人、大司徒《だいしと》を以て邦教を掌らしめて、十有二教を施す。その第一に曰く「祀礼を以て敬を教うれば、すなわち民苟しくもせず」と。祀礼の邦教における、その重きことかくのごとし〕。君臣義あり、父子親あり、然る後に百礼すなわち興る。ここにおいてか夫婦の別を謹み、長幼の序を順にし、朋友の交を信にして、民をして出入相友とし、守望《しゅぼう》相助け、疾病相扶持《ふじ》して、皆その上に親しみ、その長に死せしむれば、すなわち百の異端ありといえども、その心を移す能わず。而して黠虜《かつりょ》の祠《し》宇を焚燬《ふんき》して胡神を瞻礼《せんらい》し、蠢愚《しゅんぐ》を煽惑《せんわく》して、以てその逆焔を肆《ほしいまま》にする者は、得てその術を施すことなけん。所謂、上兵は謀を伐つものにして、実に万世の長策なり。而して往日の化を淆《みだ》し俗を傷《やぶ》りし、巫覡《ふげき》のごとき、浮屠《ふと》のごとき、陋儒《ろうじゅ》俗学の徒のごとき者も、また皆中原の赤子なり。これをして皆その堵《と》に安んじ、その意に適し、大化の中に優游して、以て天祖、天孫の深仁厚沢に浴し、幕府、邦君の政令刑禁を奉じ、晏然《あんぜん》として楽しんで以て歯《よわい》を没するを得しむるも、また何の不可かこれあらん。

もし夫れ西夷の妄説を謬聴《びゅうちょう》し、称揚眩惑《げんわく》して、以て黠虜の逆焔を助長する者は、すなわちよろしく痛くこれを禁絶すべきのみ。或いは禁を犯す者あらば、処するに造言乱民の刑を以てし、而して蛮貨、蛮薬及び氈罽《せんけい》の属を見ば、必ず焚燬破裂して、服用するを許さず、民をして戎狄を賤しむこと犬羊のごとく、これを悪《にく》むこと豺狼《さいろう》のごとくせしむ〔天平中の詔に「百姓の異端を学習し、幻術を蓄積し、厭魅《えんみ》呪詛して、百物を害傷する者あらば、首《しゅ》は斬《ざん》し、従は流《る》せ。もし山林に停住し、佯《いつわ》りて仏法を道《い》い、自から教化をなし、伝習授業し、書符を封印し、合薬して毒を造り、万方怪をなし、勅禁に違犯する者あらば、罪もまたかくのごとくせよ」と。古者、異左を禁絶せしことかくのごとく、民をして方《ほう》を知らしむる所以は固よりよろしく然るべきなり。今、もし武を挙げ蛮を遏《とど》め、声教すでに曁《およ》び、百蛮、臣と称して奉貢し、然る後にその物を取りてこれを用うるも、また未だ不可となさざるなり〕。接《せっ》済《さい》の姦を告ぐる者は、敵首を得たると賞を同じくして、匿《かく》して発《あば》かざる者は、盗を舎匿《しゃとく》せると罪を同じくす。邦国のよく虜艦を破る者は、功、敵塁を陥《おとしい》るると均《ひと》しく、虜を見て撃たざる者は、論ずるに逗撓《とうどう》を以てす。これ皆一時の権衡《けんこう》なるも、また臣民をして激発興起し敬《つつし》んで光訓を奉ぜしむるに足らん。而して大いに守禦の備を修め、慨然として天下に示すに大憂を以てし、赤心を推し至誠を開き、一憂一楽、必ず天下とこれを同じくせば、庶《こいねがわ》くは天下を鼓動するに足らん。

政令刑禁は、典礼教化と、並び陳《つら》ね兼ね施して、民を軌物《きぶつ》に納れ、正気に乗じて正道を行い、皇極すでに立って、民心主あり。民の欲するところは、すなわち天の従うところなり。民従い天従わば、神聖の夷俗を変ぜし所以の方は、彼《かれ》倒用するを得ずして、彼の我を図る所以の術は、我まさにこれを倒用せんとす。教令の権、我よりこれを制す。廟謨《びょうぼ》すでに定まり、上下心を同じくし、千塗万轍《せんとばんてつ》、必ずこの道に由りて変ぜず。ここにおいてか我の皇化を布く所以は、すなわち神聖の皇化を布きたまいし所以にして、内に不抜の業ありて、外に乗ずべきの間なくんば、腥羶《せいせん》異類をして百方我を誤らしむるといえども、将《は》た何を以て我が人民を欺罔《ぎもう》するを得んや。

夫れ天下の大業、万世の長策は、固より朝夕のなすべきにあらず。天祖の業は、神武を待って開け、崇神にして大に、聖子神孫、継述して怠らざるに及んで、皇化、海内に洽《あまね》きなり。今、一定の策を画し、不抜の基《もとい》を立てなば、必ずまさに内は中国より、外は百蛮に曁《およ》び、上は太初に原《もと》づき、下は無窮を要《きわ》め、神聖の彝訓に遵《したが》い、東照の大烈を紹《つ》ぎ、謀を孫子に胎《のこ》し、継継承承し、千万世も一日のごとく、必ず四海万国を塗炭に拯《すく》い、天地の間をしてまた西夷の妖教あるなく、中原の赤子をして、永く胡羯《こかつ》の欺罔を免れしめて、然る後に已むべし。その規模の内に立つものかくのごとくなれば、すなわち以て外は無窮の変に応ずべし。それ仁、四表に被らせ、荒要《こうよう》を児視《じし》するは、荒要をして天朝を父瞻《ふせん》せしむる所以なり。事は古昔に法《のっと》り、今をして古に近からしむるは、将来をして今と懸《へだ》てざらしむる所以なり。久と近の相懸てざるは、永遠に変なからしむる所以なり。荒要賓服《ひんぷく》し、永遠に変ぜずして、天下の志士仁人も、また皆憤激して自から効《いた》し、争って死力を出して、以てここに従事せば事故万変すといえども、肯《あ》えてその志を易えず、累代歴世といえども、肯えて少しも間断せず。然る後に大いに敵愾《てきがい》の師を興し、天神の糧を食み、天神の兵を揮《は》い、天神の仁に仗《よ》りて、その威を奮い、以て天下に方行し、狭きものはこれを広からしめ、険《さか》しきものはこれを平げ、神武不殺の威、殊方絶域に震わば、すなわち正に海外の諸蕃をして来りて徳輝を観《み》せしめんと欲す、また何ぞ屑屑乎《せつせつこ》としてその辺を伺い民を誘《いざな》うをこれ患えんや。古人言えるあり「国の大事は、祀と戎とに在り」と。戎は一定の略あり、祀は不抜の業たれば、実に国家の大事にして、天下を大観し、万世を通視し、一定不易の長策を立つる所以のものかくのごとし。

夫れ国体を明らかにし、形勢を審らかにし、虜情を察し、守禦を修めて、長計を立つるは、実に聖子、神孫の皇祖、天神に報ずる所以の大孝にして、幕府、邦君の万世を済《すく》い、無窮に施す所以の大忠なり。臣謹んで五論を著すは、臣の私言にあらざるなり。天地鬼神、まさにこれを与《あずか》り聴かんとす。

右の五論併《あわ》せて七編は、臣久しくこれを胸臆に蔵して、未だ敢えて人に語らず、敢えてこれを惜しむにあらざるなり。謂《おも》うに天地は活物なり、人もまた活物なり。活物を以てして、活物の間に行う、その変勝げ窮《あ》むべからず。事は時を逐いて転じ、機は瞬息に在り。而して世の人は細故を挙げて大体を遺《わす》る。今、大体を挙ぐれば、すなわちこれを難ずるに細故を以てし、その難を解き変に処する所以のものを言わんと欲すれば、すなわち今日の言うところは、明日未だ必ずしも行うべからず。故に一たびこれを口に発すればすなわち空言となり、一たびこれを書に筆すればすなわち死論となる。臣ここを以て言なくして止《や》まんと欲す。然れども窃かに謂《おも》うに、人は貴賤となく、太初よりして父子生を伝え、一気相承く。臣微賤なりといえども、また世《よよ》神聖の沢に浴して、以て今日に至るまで、幕府の法を奉じ、邦君の仁を仰ぎ、幸にして生を養い死を喪《そう》して憾みなきを得たれば、すなわちまた何ぞ天下の変故を睨視《げいし》して、黙黙として言なきに忍びんや。故にただその遠大なるものを挙げてなおこれを言うのみ。語に曰く「苟しくもその人にあらざれば、道、虚行せず」と。その時に臨んで難を解き変に処する所以のものに至っては、すなわちまさにこれをその人に付すべきのみ。

文政乙酉季春　会沢安《やすし》　識《しる》す

新論の後に書す

文政年間、余、史局に在りて、平生持論するところ、著して七編となし、先師藤先生に因りてこれを哀公に献ぜり。雅《つね》に出入風議の意に倣《なら》わんと欲して、世人のために言うにあらず。故にこれを筐中《きょうちゅう》に蔵し、敢えて以て人に示さず。時に或いは一、二の同志と談話するに、またこの書を取りて以て相評論す。その久しきに及んで、稿本漏出《ろうしゅつ》し、人間《じんかん》に伝播して、活字印刷して以て世に行う者あるに至る。一日、書舗《しょほ》稲田某、請うて曰く「この書の伝写、魯魚《ろぎょ》の訛《か》甚だ多し。願わくは鏤梓《ろうし》して以て正本となさん」と。余、沈吟して未だ決せず、謂《おも》うに余は固より文辞短にして、字句拙陋《せつろう》、体裁蕪雑《ぶざつ》にして、海外の形勢を論ずるがごときは、当時、書の徴すべきもの極めて少なく、その事実もまた多く疎謬あり、釐正《りせい》を加うるにあらざれば未だ以て世に公にすべからざるなり。然れども衰病《すいへい》日に甚だしく、力を筆硯《ひっけん》に用う能わず。すなわち已むを得ずして、姑《しばら》くその請を允《ゆる》し、正を四方の君子に仰ぐ。君子、唾《つばき》してこれを棄てんか、将《は》た憐れみて刪裁《さんさい》を賜らんか、そもそも用いて以て席上の談柄《だんぺい》に供せんか、或いは論ずるところの意において、一、二の採択するところあらんか。この書の幸不幸は、ただ天意の在るところのみ。

安政丁巳孟春　会沢安　正志斎の窓下に書す。

雪城沢俊卿書

〈現代語訳〉

今、しっかりとした大業を開始させようとするのであれば、必ずその大原則を立てて、日本と外国との善悪を明らかにしなくてはなりません。神々の建国の要点については、私はすでに国体篇で述べました。今、すでにして大原則を立てたならば、国内を一つの家とし、万世を一日として、歴代天皇のご意志に基づいて、その時々に適した措置を計画してゆくのです。日本と外国との善悪を明らかにしようとするのであれば、天と人との大道を明らかにして、判断の基準とすべきなのです。

そもそも神州日本は大地の頭部に位置しており、朝の気質であり、正の気質です〔神州日本はもともと太陽神の開かれた国で、中国人は東方を太陽の照らす区域という意味で日域《にちいき》と呼び、西洋人もまた日本及び清国、インド、蒙古の諸国をアジアや朝国と呼んでいます。これらは皆、自然の形体に基づいて名づけております〕。朝の気質、正の気質は「陽」であり、その道は正大光明です。人倫を明らかにして天の心に奉仕し、天の神々を尊んで人事を尽くし、万物を養い育てて天地の生養の徳を、身をもって実現いたします。西洋諸国は手足にすぎず、暮《くれ》の気質であり、邪の気質です。暮の気質、邪の気質は「陰」なので、人が知らないことを探し求め、人を驚かすような事を行い、人の道をバラバラにして、死後の世界を考え出します。天を汚し魂を迷わして、でたらめな言葉を楽しみ、万物を滅亡させて、ひたすら暗黒で不吉な泥道を行きます。今、誠の心でその道を取り戻し、滅亡から生養へと変え、暗黒から光明へと変化させ、でたらめな言葉による死後の世界から、天命と人心による明白な不変の大道にするのです。そうして太陽の威光を輝かせて、全世界を照らすならば、彼らの篝火《かがりび》が所々で光っていても、どうして消せないことがあるでしょうか。このようになれば、彼らが諸国を併合してゆく企《くわだ》てを止めることができるでしょう。彼らによって変質させられているものを一転させ、逆に彼らを一変させる道をとることが、大原則を立てるための急務ではないでしょうか。彼ら異国人は、自分たちの道理こそが、正しい道理であると考えています。普通であれば、我々はこれを考える必要はありません。しかしながら彼らは今、大いに野望を抱き、日本を異国にしようとし、正しい道を消し去り、神々を汚《けが》し、天を欺き人を迷わし、他国の民衆を混乱させて、他人の国を奪うまでそれは終わることはありません。人を欺《だま》す詭術《きじゅつ》と正しい道とは、氷と炭のように異なるものです。広大な宇宙において異民族の道が広がれば、建国の神々の道は明らかにならず、神々の道が明らかにならなければ、異民族の道が広がっていくこととなります。彼らを変えなければ、彼らに変えられてしまうのです。両者の勢いは許容し合うことはできません。深く考えて遠い先まで配慮する者であれば、どうして正道を掲げて詭術を止めて、害悪を永遠に排除しないでいられるでしょうか。

そもそも太陽の光が届く所は、仁徳のある人たちが博愛の精神を共にできる所であって、世界万国の人々もまた、同じ心を持つ人類なのです。しかしながら、人々を迷わす妖教が広がり、天の倫理を混乱させ、人として守るべき道を滅ぼし、万民の心を惑わして苦しませ、互いに獣《けもの》や化け物にしてしまっているのは、仁徳のある人たちが見るに忍びない状況なのです。それ故に、天が全てをおおい尽くすように、我々の力で異国を変え、天と人とを異民族の出鱈目《でたらめ》から救うのは、もとより仁徳のある人々の志なのです。それには文武の道を奮い起こして、世界の隅々まで照らし、その光をつないで大事業を受け継ぐことが、仁徳ある人の事業となるのです〔その昔、四方へと教え導いたものは夏王朝の禹《う》の功績でした。また、身分の低い者であっても、尭王と舜王の仁徳のある政治の恵みを受けない者がいたなら、自分の責任であるかのように感じたのは伊尹《いいん》という宰相の志でした。同様に洪水がおこったのは、尭のせいではありませんが、尭は自分への戒《いまし》めだと考えたのは、尭の仁徳の心からなのです。漢の国の祖先が平城で匈奴に苦しめられましたが、その復讐を子孫に言い残したわけでもないのに、前漢の武帝が自分に言い残されたものと見なしたのは、武帝の義の心なのです。これらのことを列挙して考えていくならば、昔の人が自分の任務として引き受けた、その心を見るべきなのです」。

その志を持ってその事業を広げるためには、国体を明らかにすることに尽力しなければなりません。古来の大法に従って古今を一つにつなぎ、天地と同じく万物を広く包み込んで育み、その光を日本から世界へ行き渡らせるのです。細戈《くわしほこ》の名前に従って、これを実行するには、兵備を充足しなければなりません。瑞穂《みずほ》の名前に従って、これを実行するには、食糧を満たさせなければなりません。忠孝の心を明らかにして天下に磨きをかけるならば、民衆の信頼を得なければなりません。この三者を実行して、食を満たし、兵備を充足し、民衆の信頼を得るならば、忠孝は明らかとなり、天と人とは一つとなって、死後に不安がなく、正道によって詭術を改められます。そして日本から世界を変革し、永遠に変わることのないようにすることこそ、強固な大事業となるのです。しかし今、これを実行しようとするのであれば、民衆を従わせることはできますが、全ての人々に理由を説いて、その意義を知らせることは難しいでしょう。仮にもし、民衆を従わせるやり方を論じるのであれば、それは「礼」だけです。「礼」の項目は、吉、凶、賓、軍、嘉の五つありますが、民衆に「敬」の心を教えるのには、祭祀より重要なものはありません〔『周礼』には「祭祀の礼をもって民に尊敬という項目を教えれば、その人民は身勝手な振る舞いがない」とあります」。祭祀の礼には、その個数と意義がありますが、個数を述べる前に、まずその意義を明らかにしなくてはなりません。

そもそも天皇が天地の神々を祭り、天祖である天照大神を敬い祭るのは、天に報い祖先を尊ぶお心からなのです。地主神《とこぬしのかみ》と呼ばれる倭大国魂神《やまとのおおくにたまのかみ》、大物主神《おおものぬしのかみ》と、保食神《うけもちのかみ》と呼ばれる食物の神とを祭るのは、国土を鎮め、民衆の生活を重んじているからです〔唐虞三代、つまりは尭と舜、そして夏、殷、周における祭祀の儀式で重んじたものは、嘗《しょう》、禘《てい》、郊《こう》、社《しゃ》でした。嘗とは、新しく収穫した穀物を神に捧げることです。禘とは、その家系の元祖となる祖先を中心にして、歴代の祖先を合わせて祭ることです。郊とは、天を祭り、その祖先を合わせて祭ることです。社とは、土地の神で功績のある者を祭り、また穀物の神を祭ることを稷《しょく》と言います。『中庸』には、「郊社の祭礼は、上帝に仕えるためのものである。宗廟の祭礼は祖先を祭るためのものである。郊社の祭礼と宗廟の祭礼の意義を明らかにすれば、国を治めることは、自分の手のひらの中を見るように簡単なことだ」とあります。『論語』には、「禘祭の意味を知る者が天下を治めるのは、自分の手のひらを見るように簡単なことだ」とあります。『孝経』にもまた、周公は周王朝の始祖である后稷《こうしょく》を郊祀によって天地と合わせて祭り、文王を宗祀《そうし》によって上帝と合わせて祭ったことは、父を尊ぶことの極みとしています。その意味するところは皆同じで、最も重んじていた祭礼であることを見るべきなのです。そして朝廷の大嘗祭では天祖を祭りますが、天に仕えることと、祖先を祭ることの二つの意味が含まれております。これは「郊」と「禘」の祭の意義のようなものです。新しい穀物をお供えするのは、嘗の意味です。ですから伊勢神宮のお祭りには、宗廟、明堂、「郊」と、一つの祭りでいくつかの意味を含んでおります。また地主神を祭るのは「社」で、保食神は「稷」の祭りのようなものです。大神神社、大和神社は「社」で、伊勢の外宮である豊受《とようけ》大神宮、稲荷神社などは「稷」となります。郊、廟、社、稷は天地の祭りであって、その大きなものは符合するところがあります。思うに神州日本と中国大陸とは、気候風土が同じなので、偶然一致するところがあったのでしょう〕。山岳、海川、風雨、草木、百物の神と〔『日本書紀』には、山神である山祇《やまつみ》、水神である罔象《みずは》、海神である少童《わたつみ》、風神である級長《しなと》、土神である埴山《はにやま》、草神である草野《かやの》、樹木神である句句廼馳《くくのち》等があります。天下の名山には、多くの場合伊弉諾《いざなぎ》、大汝《おおなむち》、大山祇《おおやまつみ》等の神をお祭りしておりますが、これは皆国土を鎮めるためのものです。海辺に住吉《すみよし》等の神を祭るのは、海神だからです。また風神、山口《やまのくち》、水分《みくまり》等の神で祭式を記した書物に載っているものは皆、民衆のために災いを除き、豊作を祈るためなのです。唐虞三代の時代にも四聖、山川、百神の祭りがあり、その意義もだいたい似ています〕、皇子、皇孫、名賢、功烈などの世の中に功績のあったものと〔大鳥、二荒《ふたら》、鹿島、香取、春日、北野等の神社がそれです。中国大陸でも、民衆に功績のあった者を祭ったのは、柱《ちゅう》、句竜《こうりょう》、舜、禹、稷、契《せつ》等がそれにあたります〕、それらを祭る方法は、詳しく書かれております。徳にはかならず報いがあり、功績があれば讃えられ、天地万物の精霊や神々全てにおいて、どんなに遠く離れた場所も鎮められているのです。宮中の女官である御巫《みかんなぎ》〔神代において様々なことに仕えた神々を祭りました〕、座摩《いかすり》〔皇居のある土地の霊を祭ります。井神《いのかみ》も含まれます〕、生島《いくしま》〔諸国、諸島の霊を祭ります〕、等の祭りは、天孫を保護して国家を治めるためのものです〔宮中の祭神の他に、宮内には園《その》、韓《から》の神を祭り、大膳職では食神、火神を祭り、造酒《みきづくり》は酒神を祭り、主水《もいとり》が雷神を祭るのも皆、天孫を保護するためなのです。中国大陸にもまた五祀がありますが、その意義も似ております〕。

祭りの中で大祀とされるのは、天皇の地位を受け継ぐ践祚《せんそ》の時に行う、大嘗祭が最も重要な祭事となります。天皇が即位し、これから天祖である天照大神のお心に報いようとする時なので、最も敬愛の心を尽くすのは当然のことです。祈年《としごい》の祭りは、年中行事が順序通り行われるよう、天下の神社に祈るものです。

月次《つきなみ》の祭りは、幣帛《へいはく》とよばれるお供えを天社《あまつやしろ》、国社《くにつやしろ》の神社に捧げることで、これは一般の人々が各家の守り神を祭る宅神祭《たくしんさい》のようなものです〔天皇は、日本国を一つの家としておりますですから宅神のようなものだといっても、幣帛を諸国の神社に分け、祭っているのは生島《いくしま》、足島《たるしま》等の神に及んでおります。また、大神宮の祝詞《のりと》の言葉にも、君徳の光が遠くまで行き渡るようにとあるので、ただ一家のためだけの祭りというのではありません〕。新嘗《にいなめ》祭《さい》の意義は、大嘗祭と同じで、毎年行われます。以上の各祭りは皆、中祀となります。これらは万民を養い、国家を安定させ、天の神々に報いるためのものなので、愛敬の心を尽くすのは当然のこととなります。伊勢神宮では、別に神衣祭《かんみそのまつり》があり、夏と秋に神衣《かんみそ》を供えます。皇室の神嘗祭《かんなめさい》は、秋の神衣祭と同じ日となります。天照大神から良い穀物をいただき、養蚕を教えていただいた恩徳に報いるためのものなのでしょう。これらも皆、中祀となります。その他、大忌《おおいみ》、風神《かぜのかみ》、鎮華《はなしずめ》、鎮火《ひしずめ》等の祭り、あるいは水沢《すいたく》に祈り、風害を祓《はら》い、疫病を鎮め、火災を防ぐものは、小祀となります。これらも皆、国家のために災いを祓い、幸福を祈るためのものです〔周の国の時代にも祈年、五祀、烝嘗《じょうしょう》、風師、雨師、山林、川沢の祭りがあり、その意義もまたこれらの諸祭と似ております〕。それぞれの祭りには、それぞれ意義があり、これを朝廷が行うことで、四方へと広がって行きました。本に報い始めに反るの意義と、民衆のために祈り災いを祓うための意義とは皆、天下の人々全てが心を同じくして祭りを行うためなのです。朝廷が責任を持って祭事を行い、民衆は朝廷の心を受けて慕って仰ぎ、邪悪な神がはびこることはありません。民衆の志は、純粋に一つとなるのです。

その昔、大嘗祭では決められた時期に、悠紀《ゆき》、主基《すき》と呼ばれる二ヵ所の国郡を占いで定め、宮主《みやじ》、卜部《うらべ》と呼ばれる役職の者を派遣しました。そして、その場所の国司《こくし》以下、庶民を率いて水田に入って稲穂を抜き、お供えのために献上いたしました。全ての国々は、その場所に選ばれれば天の神々に奉仕することができるので、民衆は皆、占いで選ばれて、力を出して大嘗祭のご用に立てることを心から願いました。こうして天皇が天に仕えて祖先を祭り、大孝の心を尽くし、民衆の生活を重んじるという意志は、四方の国々へと届きました。また国司は、部下を率いて稲穂を護送しますが、通り道の人々はその仕事に従事しない者はいないので、その意志は沿道の人々にも広まりました。大嘗祭には国別に、稲一万束《そく》の租税が雑用費としてありましたが、諸国はこれを輸送するので、天下に祭りの意味を知らない者はおりませんでした。また大祓使《おおはらえのつかい》を各地に派遣することで、天下を清めて神に仕えることを人々は知りました。さらに幣帛《へいはく》を全国の神社に分けることで、天下の国々の神々もまた、全て天祖に仕えることを知りました。これは、天皇が天に仕えて祖先を祭り、孝の心を尽くして民衆を愛することの意志を示されることで、天下と心を一つにするためなのです。こうしたお心があれば、必ず礼制というものがあり、これによって民衆は日々言葉で語らなくても悟ることができるのです。それぞれが忠の心を、仕えている主君に尽くして、そうして日本中が共に朝廷を尊んで仕えることになるのです。民衆の志はここにおいて一つとなります。

後世になると、何事も簡単に行うようになり、悠紀、主基は特定の国にして、それらは近畿地方に限るようになってしまいました。その儀式は京都を中心に行われて、諸国の民衆は、天皇のご意志と、この礼制の意義とを知ることができなくなってしまいました。稲穂などを護送する距離も数十里にとどまるので、沿道の諸国も知りません。雑用費も全国から取らないので、国郡も知りません。大祓や幣帛の使いも廃止されたので、天下を清めて、天照大神が神々を率いる意義も世の中は知ることができません。これでは敬い尊重するという意味を、家ごとに喩して家族に説明したとしても、天下の誰が理解できるでしょうか。その礼制の儀式は存在していても、人々の心に働きかける効用はなくなってしまったのです。まことに嘆かわしいことです。

その昔、畿内や諸国の有名な神社に祭られていた神は全て、かつて天祖である天照大神や、その天孫を補佐して大きな功績のあった方々です。山川の神々は人々を鎮め、風雨を起こして、天の神々の功績を助けた方々にほかなりません。故にその土地の民衆は、昔からその恩徳に報いる心がなければならず、朝廷もまた同じく、それに報いなければなりません。ですから、官幣《かんぺい》や国幣《こくへい》という供物《くもつ》があり、祈年祭、月次祭、新嘗祭ごとに必ずこれを分け与えました〔官幣や国幣を分け与えた神社は前に述べました〕。それらの祭は朝廷が統括して、全国の神々には系統があり、所属するところがあります〔今、諸国で旧暦の十一月に稲魂《うかのみたま》等の神を祭るのは、その昔、新嘗の時に供物を分け与えたのにちなんで、諸国も各地の神を祭った風習が残ったからなのでしょう。この日は、民家では酒や食事を用意して喜び祝いましたが、これは周の時代の蜡《さ》の祭りのような意味なのです。蜡の祭りは万物の霊を集めてお祭りすることで、『周礼』にある「詩を歌い、太鼓を打つ」というのは、古代を忘れないためなのです。この日は特に老人を大切にして、年齢による順序を正し、民衆へ父母に仕えて兄に従うという孝弟を教えます。また『礼記』には、「天子は、八種の神や精霊を招いて蜡の祭りを行う時、各地の収穫を記録し、収穫の少ない地方には蜡の祭りを行わせない。それは民衆の財産を大切にするためである」とあります。老人を大切にして酒を飲み、十分に酔い食べて、互いに喜び、一国が狂ったようになります。孔子は、「百日働いた後の一日の蜡の祭りは、時に張り、時に緩めるということであって、文王と武王の政治の道である」と言っています。昔の人が、民衆を喜ばせ楽しませるのは、このようなものであって、こうした意義もまた、祭りに含まれているのでしょう〕。神社の宝物殿に神宝、及び兵器、文書、資糧など様々なものを収蔵しているのは、祭祀に備えるという意味があります。また神々の力によって、民事を制御しようとするものです。民衆の利便を考え、生活を豊かにするという意図がある一方、予期しない軍事的な備えも含んでいるのです〔その昔、政治と教育を祭祀に含み、兵器を神社に収蔵していたことは、前に言った通りです。地方官の国造、県主等は、その国土の神を祭り、稲置《いなぎ》という役職を置いて、稲を蓄えておきました。今、これにならって制度を設ければ、凶作の時は民を救うことができ、戦いの時は食糧の助けとすることができます。そうした神々の力によって、民事に役立つものはとても多いのです。私には別に論じたものがありますので、今は詳しくは述べません。周の時代の人もまた、祭祀によって民衆を集めて法を読み聞かせ、間違いを正したり、年齢による順序を正したり、才能ある人物を記録しております。これらは皆、祭の時に行いました。周の制度において、一万二千五百家からなる郷で共有した器具は、祭服、祭器、吉器の品目があり、民衆が力を合わせて、共に神に仕えることができるようにいたしました。『周礼』には、民衆への十二の教法が記されておりますが、祭祀の礼はその最初にあり、また各地を治めるための八則でも、祭る神を正しくするためとして記されております。これは民衆の心を迷わせないためのものなのです。その他、民衆を祭祀に従事させるための事柄は、数えきれません。後世になると義《ぎ》倉《そう》、社倉《しゃそう》と呼ばれる米穀を保管するための倉が作られ、これもまた民衆の利便に役立ちました。およそこのような事柄は、よく古今の制度を比較して、神々の力によって民事を助けるようにすれば、もともとの民衆の心にかなっているので、水が低い方へ流れるように従っていくものです。現在では、仏教を理由に民衆を集めて物事を行えば、音が響くように人々は応じております。その効力の早さを見るべきなのです。ましてや日本本来の神々の力によって、民衆を動かすのであれば、仏教の比ではないのです」。このようにして、祭りと政治は一致し、政治と教育は同一のものとなり、民衆は心の向かうべき方向を知ることができるのです。天下の神々は皆、天皇の誠意が及んでいるところであり、この心意があるところは必ず祭礼があります。民衆はこれによって上の者の心意を知り、喜びを感じて謹んで仕えるので、忠孝の心は結びついて純一となるのです。後世になると祭祀は形式だけとなり、その意義を失い、神々の祭祀も中心を失ったので、民衆が敬い慕うものもバラバラとなってしまいました。祭礼の効用というものが、なくなってしまったのもまた、残念なことです。

歴代天皇の墓である山陵《さんりょう》は、言うまでもなく慎んでお祭りすべきものです。一般に親族がいなくなれば、祖先をまつる宗廟《そうびょう》がなくなってしまうのは仕方のないことですが、これを皇室に当てはめてはいけません。神武天皇が天下を平定され、崇神天皇が四方の国々を経営されて、天智天皇が我が国を再建されたことなどは、優れて立派な徳を具えた大業であり、その功績は永遠に続き、民衆は今にいたるまでその恩恵を受けております。しかしながら、宗廟の祭祀によって、その功績と恩徳に報いようとしないのは、大きな不備と言わなければなりません〔世間では、賀茂神社は神武天皇を祭ると言われておりますが、古書に明らかに書かれているわけでもなく、これを疑う人もおります。今、ぜひとも儀式を一新して、大いに功績と恩徳の意義を明らかにすべきなのです〕。仏教が広まってから、葬儀の祭式は皆、これに従うようになりました。故に歴代天皇の祭祀の礼式は、親族がいても宗廟がなく、山陵もまた多く荒廃しております。これを大切なものが欠けた制度であると思わずにはいられません。昔から皇子、皇孫、名賢、大徳の功績が後世に伝えられた者や、忠孝の心が世に知られた者たちが皆、祭られているというわけではありません。またその子孫も落ちぶれてしまって、祖先を祭ることができていないのも、欠落した制度と言えるのです。よく古今の歴史を照らし合わせ、荒廃してしまったものを調べ、欠けたものを補い、人として守るべき道を祭りの事典に表すのです。そうして天下の人々に忠孝の心と、祖先を思って祭祀を行う誠の心とが、胸の中からわき上がるようにするのです。感謝の気持ちと、魂を畏れ神を敬う気持ちとが、心の底から芽生えるのであれば、これこそが『論語』の「民衆を従わせる」ということなのです。

そのようになった後で、天下の人々は風がなびくように、互いに言うことでしょう。「天照大神は高天原において天職を治められ、神々はそれを励《はげ》まし助けて、国土を平定した。今、私たちが国土の神をお祭りするのは、その神の功徳に答えて、天照大神の仁徳に報いることなのだ」と。すなわち神々の祭祀は皆、天照大神のもとに統一されるのです。また、人々は互いに言うことでしょう。「天照大神は洋々として天上におられ、皇孫はその大業を受け継いで人々を愛育していらっしゃる。そして徳川家は皇室を助けて敬い、国家を守護し、大名はそれぞれの領地を統治し、民衆が皆、安心して生活できるようにして、盗賊から守ってくださる。今、大名の命令を守り、幕府の法に従うのは、朝廷を敬い、天照大神に報いるということなのだ」と。すなわち幕府と大名の政治は、統一される理由があるのです。それぞれの一族が集まって祖先を祭れば、また人々は、互いに言うことでしょう。「本家の後継ぎを敬うのは、祖先を尊ぶことであり、共に集まり親しんで、大名の命令を守り、幕府の法に従い、朝廷を敬い、天照大神に報いるのは、私たちの父祖の志を継ぐことなのだ」と。すなわち、その祖先を思い、徳を修める心は、統一される理由があるのです。

もし、このようになれば、天祖である天照大神と、天孫である天皇の仁愛は国中をおおい、幕府や大名の義の心は天下にあらわれて、父子の恩愛は永遠となり、「本に報い始めに反る」という意義は明らかとなって、忠孝の教えは確立されることとなるのです。人々は常にこれによって、異端に迷わされることはありません〔周の時代の人は、大司徒という国の教育を行う役職を置いて、十二の教法を施しました。その第一には、「祭祀の礼によって民衆に尊敬という徳目を教えれば、その人民は身勝手な振る舞いがない」とあります。祭祀が国の教育において重要視されていたことがわかります〕。君主と臣下の間に「義」の心があり、父と子の間に「親」の心があって、はじめてその他の「礼」が成立するのです。ここにおいて「夫婦の別」を謹み、「長幼の序」に従い、「朋友の交」は誠のものとなって、民衆は日常の外出でも連れ合うようになり、見張りの仕事も助け合い、病気の時も協力するようになるのです。そして皆、上の者に親しみ、命をかけるほどになったならば、百の異端があったとしても、人々の心を移すことはできないのです。悪質な外国人が神社を燃やして、外国の神を礼拝し、何も知らない人々の心を誘惑して、反乱の炎を起こそうとしても、その妖術を使うことはできないでしょう。これは『孫子』の、「優れた兵法とは、事前に敵の計画を挫折させる」というものであり、実に不変の国策なのです。そして昔からの文化を混乱させて、風俗を傷つける巫覡《ふげき》の流派、僧侶、見識の狭い学者や人気取りの学者のような者たちも皆、日本の大切な国民です。彼らが安心して生活できるようにし、自由な意志を持ち、我が国の仁徳に包まれて伸び伸びと暮らし、天照大神と天皇の深い仁愛と厚い恩沢を受けて、幕府や君主の政令や禁令を尊重して、心安らかに楽しみながら人生を終えたとしても、何の不都合もないのです。

しかしながら、西洋の根拠のない仮説を受け入れ、それを持ち上げて他人の目をごまかし、外国による反乱の炎を助ける者は、厳しく禁じて根絶やしにするのみです。また禁令を犯す者がいれば、虚言反乱の刑によって裁き、外国の製品、薬品、織物などを発見したら、必ず焼却、破壊して使用を許しません。民衆が外国をつまらないものだと考え、残酷で貪欲だと見るようにするのです〔天平年間（七二九―七四九）の聖武天皇の詔勅《しょうちょく》には、「民衆の中で異端を学習し、妖術を身につけ、人を呪い殺して、多くのものに危害を加える者がいれば、首を切り、それを手助けした者は流刑にせよ。もし山林に住み、人を欺いて仏法を説き、自分で教えを作り上げ、他人へ広め、書物を作り、薬を調合して毒を作り、様々な方法で奇怪なことを行い、勅命で禁止されていることに違反する者がいれば、それも同様の刑罰にせよ」とあります。その昔、異端邪説を厳禁したのは、このようなものでした。民衆に人としての道を理解させるには、このようにしなければなりません。今もし、武力を整えて外国の侵略をくい止め、我が国の精神が彼らにも伝わり、諸外国が臣下として我が国に貢《みつ》ぎ物をするようになった後であれば、彼らの物を使用するのもよいでしょう」。外国を助けている人について報告した者には、敵の首を取ったのと同じ褒賞《ほうしょう》を与え、それを隠して明らかにしない者は、盗賊を匿《かくま》ったのと同じ罪にいたします。諸国の中で敵船を打ち破った者は、その功績を敵城を陥落させたのと同じとし、敵を発見しながら攻撃しない者は、敵を恐れて進まない逗撓《とうどう》の罪としてみなします。これらは皆、一時的な判断ですが、国民を奮い立たせ、謹んで偉大な導きに従うこととなるでしょう。そうして大いに守禦の備えを仕上げ、憂国《ゆうこく》の心によって天下に国難を示し、真心を移して誠の心を広げ、喜びも悲しみも必ず国民と心を同じくするのであれば、天下を動かすことに不足はないでしょう。

政令刑罰と、祭祀と人々を教え導くこととは、互いに補い合うもので、並行して用い併せて行うことで、民衆は法律を受け入れるようになります。また、正しい心によって正道を行えば、世の中を治める大方針は確立し、民衆の心の中によりどころが生まれるのです。民衆が望むことは、天は必ずそれを聞き入れます。民衆が聞き入れ、天が聞き入れるのであれば、かつて建国の神々が異民族を制御してきた方法を、外国人が逆用することはできず、彼らが我々を操作しようとして用いている戦術を、我々が逆に利用することができるのです。教え導き、命令する権限を我々が制御するのです。朝廷の方針はすでに定まり、上下の心は一つとなり、全ての道筋は必ずこの大道を基本として変わることはありません。これによって、我々が天皇の仁徳を広めようとする行いは、神々が、仁徳を広めてきたものと同じとなるのです。内側に動くことのない大事業があり、外側に利用される隙《すき》がなければ、生臭い異民族が、あらゆる手段で我々を迷わせようとしても、どうして我々の人民を欺《あざむ》くことができるでしょうか。

そもそも天下の大業、万世にわたる長策というものは、もとより一朝一夕《いっちょういっせき》のように、すぐに成し遂げられるものではありません。天祖である天照大神の事業は、神武天皇を待って開始され、崇神天皇によって拡大しました。それを知徳の優れた歴代天皇が継承して、途絶えることがなかったので、天皇の仁徳は国中すみずみまで行き渡ったのです。今、一定の対策を計画し、しっかりとした基礎を立てるならば、必ず内は日本から外は諸外国に及び、歴史を遡《さかのぼ》れば太古に基づき、下れば永遠に求められ続けるものとなるのです。建国の神々の教えに従い、家康公の事業を受け継ぎ、それを子孫へ代々引き継ぎ、数千年を経ても一日のように変わることはありません。必ずや全世界の苦難を救い、天地の間に再び人々の心を惑わす宗教をはびこらせることなく、日本の国民が永久に異民族から欺《あざむ》かれることがないようになって、はじめて終えることができるのです。そうした全体の構想が、内側に確立されれば、外側のあらゆる変化に対応することができるでしょう。

そもそも仁の心を四方へと広げ、外国人でも我が子のように大切にするのは、彼らが朝廷を父として見上げるようになるからです。あらゆる物事は古代を規範として、今を古代に近づけるのは、将来を今と切り離さないようにするためです。遠い時代と近い時代を切り離さないのは、永遠に変わらないようにするためです。外国人が来日して従うようになり、永遠に変わることがなく、天下の志士や、仁愛の心ある人もまた皆、現状に激しく怒り、それぞれの使命を果たして争って全力を出し、この目的のために従事いたします。また事態がどのように変化したとしても決してその志を変えず、代々歴史を重ねても途切れることは少しもありません。その後に大いに外敵への戦いに臨み、天の神々からの食糧を用い、兵器を使い、仁愛の心に基づいて、その威力を発揮し、天下に行き渡らせ、狭き所は広く、険しき所は平らかにいたします。そして、神のような計り知れない武勇をそなえながら、決して人を殺すことのない威力を全世界に及ぼすのであれば、まさに海外の国々は来日して、その仁徳の輝きを明らかにしようとするでしょう。そうなれば、外国が辺境を探り、民衆を誘惑しようとすることなど、こせこせと心配することはないのです。昔の人は、「国の大事は、祭祀と戦争にある」と言っております。戦争には一定の戦略があり、祭祀は変わることのない大業なので、実に国家の大事なのです。天下を広く見渡し、古今の歴史を見通すことは、一定不変の長策を立てる時も同じなのです。

したがって国体を明らかにし、形勢を細かく知り、虜情を考察し、守禦を整えて、長計を立てることは、実に知徳の優れた神々の子孫が、天照大神や天の神々に報いるための大孝であり、また幕府や諸侯が万民を救い、永遠に守るための大きな忠義の心となるのです。私が謹んでこの五論を書いたのは、私個人の言葉だけではありません。天地万物の精霊であっても、まさに聞き届けられることでもあるのです。

右の五論、合わせて七編は、私が長い間胸の奥にしまっていたもので、これまであえて人には語らずにいたものです。これは、他人に語ることを惜《お》しんだのではありません。思うに天地は常に変化し続ける活物《かつぶつ》であり、人もまた活物です。活物である人が、活物である天地の間で行動するので、その変化を指摘して調べつくすことはできないのです。物事は時が経《た》つにしたがって移り変わり、行うべき好機は一時的なものです。また世の中の人は、細かいことにこだわって、全体を忘れてしまいます。今、全体を指摘すれば細部のことで非難され、その困難な問題を解決して、変化に対処する方法を言おうとすれば、今日言ったことは必ずしも明日実行できるものとは限りません。故に一度これを口に出せば空論となり、一度これを書物に記せば死論になってしまいます。私はこうした理由で、言葉にしないようにしておりました。しかしながら密かに思うことは、人は身分の高い低いに関係なく、太古の時代から父から子へと生命を伝え、同じ一つの気を受け継いでおります。私は取るに足らない身でありながら、これまでずっと建国の神々の恩沢を受け、今日にいたるまで幕府の法を奉じ、藩主の仁愛を仰《あお》いでまいりました。幸せなことに家族を養い、その死を弔《とむら》うこともでき、不足のない身の上でありながら、どうして天下の非常事態をじっと見ているだけで、黙《だま》っていることができるでしょうか。故にただ、その大きな見通しについてのみ述べました。『易経』には、「その人がいなければ、道は実現されない」とあります。その時に臨んで困難を解決し、変化に対処する方法については、まさにその時に選ばれた人物に、これを任せるしかないのです。

文政八年（一八二五）春　会沢安《やすし》、記す

新論の後に書す

文政年間、私は水戸の彰考館におりましたが、日ごろからの意見を著して七編とし、今は亡き藤田幽谷先生を通して、これを藩主の徳川斉脩《なりのぶ》公に献上いたしました。これはまさに、彰考館の自由な議論の雰囲気に従おうとしたもので、世の中の人々のために語るためではありませんでした。故にこの『新論』を箱に入れて秘蔵し、あえて人に示すことはいたしませんでした。ただ時には一人、二人の同志と談話する際に、この書を取り出して互いに評論したこともありました。そうしたことが長く続くうちに、写本が漏れて世の中の人々に伝わり、活字に印刷して刊行する者まで現れました。そうしてある日、書店の稲田という者が、「この本の写本には、文字の書き誤りがとても多くあります。できれば正本を出版させてください」と頼んできました。私は考え込んでしまい、決心がつきませんでした。なぜなら私はもともと文章が得意ではなく、文字や語句の使い方が下手で、文章の体裁《ていさい》も整っていないからです。また海外の形勢を論じたところでは、当時は参考にできるものが極めて少なく、事実の点でも間違いが多く、修正を加えなければ、世の中に公表すべきではないと考えたからです。しかしながら、体力の衰えが日々甚だしくなり、残された力を文章を書くために使うこともできなくなってしまいました。そこでやむを得ず、一時的にその頼みを聞き入れ、この書の正否を天下の君子に仰ぐことといたしました。君子がこの書に唾《つば》を吐いて捨てるのか、哀れんで添削をするのか、席上の話の種にするのか、あるいは論じた内容の意図において一つ二つ採択するものがあるのか。この書の幸不幸というものは、ただ天の意思によるのみなのです。

安政四年（一八五七）初春、会沢安、正志斎（書斎）の窓下に書す。

中沢雪城書

〈語釈〉

○遺緒《いしょ》　先人の残した事業。○時措《じそ》　その場に応じたふるまい。○趨舎《すうしゃ》　進退。○韃靼《だったん》　モンゴル系部族の一つ。○屏居《へいきょ》　世を退いてこもっていること。○荒唐《こうとう》　でたらめ。○寂滅《せきめつ》　消えてなくなること。○陰晦《いんかい》　曇って暗いこと。○爝火《しゃっか》　たいまつの火。○耿耿《こうこう》　光の明るいさま。○元元《げんげん》　庶民。○沈溺《ちんでき》　物事に心を奪われ深入りすること。○鬼蜮《きよく》　鬼といさごむしで、人を害するもののこと。○耿光《こうこう》　明るい光のことで、徳の高いさま。○大卞《たいべん》　大法。○神衣《かんみそ》　神衣祭のことで、朝廷から伊勢の皇大神宮に夏冬の神衣を奉る祭。○飌師《ふうし》　風の神。○顒顒《ぎょうぎょう》　仰ぎしたうこと。○卜食《うらはみ》　卜定《ぼくてい》のことで、うらない定めること。○蜡《さ》　十二月に行われた祭。○豳頌《ひんしょう》　『詩経』の豳風をたたえること。○歯位《しい》　年齢による序列。○糾戒《きゅうかい》　戒めること。○十二教　『周礼』の地官にある十二の教法。○八則　『周礼』の天官にある八つの統治の法則。○涵泳《かんえい》　恩恵をうけること。○闕典《けってん》　制度、規則などが不完全なこと。○漂零沈淪《ひょうれいちんりん》　落ちぶれてなりさがること。○血食《けっしょく》　子孫が続いて先祖の祭を絶やさないこと。○彝訓《いくん》　人として守るべき道。○油然《ゆうぜん》　心に感情などがわきあがるさま。○靡然《ひぜん》　風に草木などがなびくように従うさま。○寇盗《こうとう》　害悪を加えたり盗みをしたりすること。○大司徒《だいしと》　周代の六官の一つで地官の長。○造言乱民の刑　異端邪説によって民を乱す者への刑。○氈罽《せんけい》　氈は羊で罽は毛織物のこと。○豺狼《さいろう》　山犬や狼のような心を持つ人のこと。○厭魅《えんみ》　まじないなどで人をのろい、殺すこと。○舎匿《しゃとく》　かくまうこと。○逗撓《とうどう》　敵の優勢なのを見て、恐れて進まないこと。○軌物《きぶつ》　法と基準。○荒要《こうよう》　五服の荒服と要服のことで、都から遠い地域のこと。○児視《じし》　自分の子どもとみなすこと。○賓服《ひんぷく》　来朝して服従すること。○敵愾《てきがい》　敵に対するいきどおり。○屑屑《せつせつ》　こせこせするさま。○睨視《げいし》　じっとみつめること。○新論の後に書す　以下は、『会沢正志斎文稿』四巻から引用。○筐中《きょうちゅう》　箱の中。○魯魚《ろぎょ》の訛《か》　文字の誤り。○鏤梓《ろうし》　書物を出版すること。○拙陋《せつろう》　つたないこと。○蕪雑《ぶざつ》　雑然としていて整っていないこと。○釐《り》正《せい》　改め正すこと。○刪裁《さんさい》　けずり除くこと。○談柄《だんぺい》　話の種。○安政丁巳　安政四年（一八五七）。○正志斎　書斎の名前で、『易経』の「内に難ありて能く其の志を正しくす」からきている。

参考資料

時務策

〈読み下し〉

国家厳制ありて外国の往来を拒絶したまうは、守国の要務なること勿論なれども、今日に至りては、また古今の時勢の変を達観せざること得ざるものあり。東照宮の御時、西洋の邪教人心に大害あることを深察したまい、厳禁を設け邪徒を尽《ことごと》く殺戮せられしが、その根底未だ絶えずして、寛永の変起こるに及びて外国を拒絶したまうこと、号令にして今に至るまで国家の厳制たり。然るに近時、外夷しばしば来たりて通信を請う。幕府にても通信の事にはその弊なしとせらるるにもあるべからざれども、時勢を斟酌ありて権宜《けんぎ》の道を用《もち》いたまいしなるべし。天下を治むるには時を知るを要す。

東照宮の御時は、天下の勢強盛にして、外国は甚《はなはだしく》は張大ならず。邪教の徒も人心を蠱《こ》惑《わく》するのみにして、未だ叛逆の甚きに至らず、故に外国を尽く拒絶するに至らず、その中にも通信せられし国々もありしなり。島原の賊起こりては、外国より来たり窺うこと天下の大害なるを洞察ありて、東照宮の法制より一段防禁を増加ありて、通信を絶ち外国を尽く拒絶したまう。これ時措《じそ》の宜しきを得て変通の道に叶いしなるべし。今時の如きは、外国甚だ張大にして、万国尽く合従《がっしょう》して皆同盟となり、譬えば春秋の時に、斉桓《せいかん》、晋文《しんぶん》盟主となり、諸侯を合わせて好《よしみ》を通じ、若し諸侯の中に会盟に与《あずか》らざるものあれば、諸侯兵を合わせて是を伐つ、これによりて一日も孤立して国を保つことあたわず、今外国の勢もまたかくの如し。是と好を結ばざる時は、外国を尽く敵に引き受けて、その間に孤立はなり難き勢なれば、寛永の時とは形勢一変して、今時外国と通好は已むことを得ざる勢なるべし。されども通好して外患なき時は、人心怠惰を生じ兵力弱く外侮《がいぶ》を受けて、彼が心の儘《まま》にいかなる事を要求せんも測り難し。富国強兵の政行われて志気を磨励《まれい》し、彼より和を破ることあらば、速やかに打ち破るべしとの気焔《きえん》あらば、彼が虚喝《きょかつ》を畏れず、天下衰弱に至らずして不虞の変に応ずべし。また通好する時は邪教の入易《いりやす》き患《うれい》あり。されども寛永の時は、邪教の毒久しく人心に漸《ぜん》漬《し》して天下に滋蔓《じまん》したれば、これを禁じ難し。今は、邪教の邪なることは、天下の人言わずしてこれを知る。寛永に比すれば禁じ易き勢なきに非ず。邪教未だ滋蔓せざるに及んで、微を絶ち漸を杜《ふさ》ぐこと、尤も急務なるべし。久しく持論する所あれども今此《ここ》に贅《ぜい》せず。

血気の小壮は、大敵を引き受けなば打ち破りて神州の武勇を万国に輝かさんなどともいうべけれども、兵法も、彼を知り我を知るに非ざれば戦勝を制し難し。今外国の火器、近時に至りて益《ますます》巧みを極めたれば、短兵長兵を論ぜず、勝敗は兵を用うるものの巧拙によるべし。これ武勇ありといえども必勝を期し難き一つなり。

神州の武勇は勿論なれども、太平久しく、勇士も往昔よりは少なく、身体軟弱にして肥甘《ひかん》軽煖《けいだん》に習い、寒暑風雨に堪えず、戦場の坐作進退に習わず、将帥《しょうすい》たるものの多くは世禄の紈袴《がんこ》子弟にして兵を知らず、兵法を論ずる者は陳蹟花《ちんせきか》法《ほう》に固滞して実用に疎く、俄に戦場に臨みては、山村の民をして舟楫《しゅうしゅう》を操《あやつ》らしめんに、船中の働きもなし得ずして空《むな》しく手を束《つか》ぬるが如く、倉皇失措《そうこうしっそ》するのみなるべし。外国は鄙陋《ひろう》の蛮夷なりといえども、百戦の実地に試み、用兵の術に鍛錬し、火器精巧にして数百歩の外に折衝す。我に奇計妙策のよくこれに当たるもの無からんには、これ心は勇なりとも必勝を期し難きの二なり。

民命は聖天子の尤も重んじたまう所なり。然るに必勝の成算もなく、一旦憤激の故を以て民命を一擲《いってき》に投じ、元元の塗炭を顧みざることは、宸衷《しんちゅう》に於て忍ばせたまわざらんかと、恐れ多くも伏察し奉るなり。されば少壮推鋒《すいほう》の徒、一己の私忿《しふん》を以て、臣下の身として聖明を要し、且つ覗《しい》て不仁の道に陥れ奉らんは、その人の心にも自ら畏縮すべきことならずや。若し一朝兵結び禍連《つらな》りて解けざる時は、兵の勝敗もとより意外に出ることにして、千古の覆轍《ふくてつ》も少なからず。万一将帥誤りて喪敗をすることもあらんに、その時に至って、秦檜《しんかい》の如き奸悪にはあらずとも、一時の敗に懲りて和を結ばんとせば、降《こう》を請うが如き姿になり、西洋の習いにて軍費の償を責め取られ、国力給し難きことも料《はか》り難く、第一、神州は万国よりも帝国と号して古より尊ばれしを、後日に及んで万一尊号に瑕疵《かし》を生ずる事にも至らば、国体を辱むることこれより甚だしきはなかるべし。遠慮なければ近憂ありとも云えば、深く思わざるべけんや。

或《あるひと》の曰く、将帥誤りて喪敗すとも国の存亡も論ずるに足らず、決して和することあるべからず。

答えて曰く、国の存亡を謀《はか》るは上に在る人の任なり。下としては、事の是非をば論ずると も、謀猷《ぼうゆう》を己《おの》がままに決することあたわず。前文の意は、在位の人、若し兵敗れて和を議せんとするには、かくの如き患あれば、兵を用うにも初めより後患を慮《おもんぱか》りて持重すべきことを云《いえ》るなり。喪敗せば和を請うべしと云うにはあらず。

或《あるひと》また曰く、国家の法制を失いて和好を通ずるは神州の恥なれば、死を以てその制を守るべし。文永、弘安の如きも、蒙古の使いを斬り、天下必死に決して遂にこれを撃尽《げきじん》せり。宋の岳飛《がくひ》等の如きも、心を戦いに決し誓って金虜を破り、国恥を雪《きよ》めんとす。是等の大義に当たりては、万民といえども生を捨て死を効《いた》すべし、民命を顧みるに遑《いとま》あらず。その本《もと》は天朝の制に答えて曰く、外国を一切に拒絶ということ、寛永の良法といえども、その本は天朝の制にも非ず。また東照宮の法にも非ず、寛永中に時宜を謀りて設けたまいし法なれば、後世まで動かすべからざる大法とはいえども、宇内《うだい》の大勢一変したる上は、已《や》むことを得ずして時に因りて弛張あらんこと、一概に非なりとも云い難し。此《この》一事のみを守らんとして、国の存亡を論ぜず、その他を顧みず、偏《ひとえ》に固く執り守らんと云うは、一偏の論なるべし。文永の時は、蒙古、それ強大に誇りて来たり寇《こう》するのみにして、深患あるにあらず。さればこれを一時に摧《くじ》きて足れり。宋の金虜は宋国を併呑せんと欲す。南侵の勢を止めざれば、宋の地尽くることと有りて遂に滅亡に至るべし。死力を出してこれを撃ち、驕虜を懲《こ》らして国恥を雪《きよ》むるは、その国家をして夷虜の患を免かれしめ、民命を保全するの義に当たるなり。当今の勢は、海外の万国皆和親通好する中に、神州のみ孤立して好を通ぜざる時は、諸国の兵を一国にて敵に受け、国力も堪え難きに至るべし。時勢を料《はか》らずして、寛永以前の政令をも考えず、それ以後の時変をも察せずしては、明識とは云い難かるべし。

小壮の論は、義に当たりては国家の存亡は論ずるに足らず、唯その義を行うべしなどと唱うるものもあらんか、天下は天下の天下にして一人の天下にあらず、然るに臣下の身として、天下を一己の私物の如く軽々しくこれを一搏《いっぱく》に抛《なげう》たんとするは、臣子の心と云うべからず。況んや天朝は天照皇大神以来皇統正しくましまして、万国の中に比倫《ひりん》すべき国あることなし。然らば国家の重きこと、他の国々と同日の論に非ず。然るを一己の心のままに進退して、天下の存亡を論ぜずなどと、口吻《こうふん》に任せて軽率に論ずべけんや。民命を論ぜずなどいうことも、大義に当たりてはさることなきにも非ず。当今の世も、戦うべき時に臨みては、戦うて当然なれども、容易に戦いを好むべき時に非ざること前に論ずるが如し。戦うべき時に非ずして強いて戦いて人を殺さんとするは、不仁もまた甚だし。海内の百姓《ひゃくせい》皆升平の徳沢を蒙り、その生を安んじて世を渡るは、天下の至慶なり。然るを今、軽易《けいい》に事を生じてこれを兵火に苦しましめんとするは何の心ぞや。今万民下に安堵し、上には幕府の廟議《びょうぎ》、富国強兵の政、大果断ありて、天下の耳目一新す。これより富強の国となりて、神州の武威海外に輝かんこと、伏して庶幾《こいねが》う所なり。九天《きゅうてん》の上には聖天子好生の盛徳ましませば、必ず仁暴の二つを明察ましまして、万民をして兵燹《へいせん》を免かれしめ、仁寿《じんじゅ》の域に躋《のぼ》せたまわんかと、東陬《とうすう》に在りといえども窃かに瞻仰し奉るなり。

　或人の一説に、客気の少年中には、鑾輿《らんよ》を大坂に移し奉らんというものありと聞き及ぶ。大坂は浜海の地なれば、外虜海岸より直に行宮《あんぐう》に犯し逼《せま》らんも測り難く、甚だ危うき事なれば、搢紳《しんしん》諸公も、かくの如き疎《そ》率《そう》迂闊《かつ》なる拙謀には必ず従わるべからず。されども筆の序《つい》でに、聞けるままにここに附論するなり。

　右に論ずる所も、必ずしも外国を拒絶すべからずというにあらず。万国の形勢を審察して、拒絶して宜しきに当たる時あらば拒絶すべし。必ずしも戦うべからずというにあらず。

孫子始計の如く、廟算して彼を知り我を知り、我に算を得ること多くば戦うべし。算なくして妄《みだ》りに戦うべからず。孔子も、暴虎馮河《ぼうこひょうが》して死して悔いなからんものには与《くみ》したまわず。事に臨みて懼《おそ》れ、謀を好みて成さんものに与したまう。されば万事に就いて、その難きを知りて後に行うべし。軽易無謀にして暴虎馮河せんは、実に危うき事にして、天下の大事を敗《やぶ》るに至るべし。

時務策畢

〈現代語訳〉

国家に厳しい法制度があって、外国との往来を拒絶するということは、国を守るための重要な務めではありますが、今日に至っては、過去と現在との時勢の変化を見通して、考えなければなりません。徳川家康公の時代には、西洋のキリスト教が人心に大害があることを深く考察して厳しく禁止し、キリシタンを残らず殺しました。しかし、その根を絶つことができずに、寛永十四年（一六三七）に島原の乱が起こってしまったので、外国を拒絶する法令は厳粛なものとされ、今に至るまで国家の厳しい法制となっております。ところが最近になり、外国人が頻繁にやってきて、外交関係を結ぶことを要求しております。幕府でも外交関係を結ぶことについて、弊害がないとは考えなかったわけではありませんが、時勢の変化を考えて日米和親条約をはじめ、諸国と条約を結びました。天下を治めるためには、時勢を知ることが必要なのです。

家康公の時代には、我が国の勢いが強く、外国はそれほど強大ではありませんでした。キリスト教徒も人心を引きつけて惑わすだけで、叛逆するまでにはなりませんでした。それゆえに、外国の全てを拒絶するまでには至らず、外交関係を結んだ国々もありました。ですが島原の乱が起こってからは、外国から来たものに、我が国の隙を窺わせることが、天下の大害となることを見抜いたので、家康公の法制を一段厳しくして、外交関係を絶って外国を全て拒絶しました。これは時に応じた計らいであり、時勢の変化に対応するという道にかなったものなのです。今の時勢は、外国が非常に強大であり、万国は残らず手を結んで皆、同盟関係となっております。これは例えば、春秋の時代に、斉《せい》の国の桓公と、晋の国の文公が同盟の中心となり、諸侯を和合し親しく交わらせ、もし諸侯の中に同盟に参加しない者があれば、諸侯が兵力を合わせてそれを伐ちました。このため、一日であっても孤立して、国を保つことができませんでした。今の外国の情勢も、このようなものなのです。諸外国と友好条約を結ばない時は、外国を残らず敵に回すことになるため、一国だけが孤立することが困難な情勢なのです。これは、寛永の時代とは形勢が一変したということであり、今の時代に外国と通好するのは、やむを得ない情勢なのです。けれども、外国と通好していながら、外国からの攻撃の恐れがない時は、人々に怠惰の心が生じ、兵力は弱くなって、外国からは侮られて、外国の思いのままに、どんなことを要求されるかわかりません。ですから富国強兵の政治が行われて士気を落とさず、彼らから和平を破るようなことがあれば、速やかに打ち破るという気力を持ち、彼らからの脅しを恐れなければ、我が国は衰弱せずに予期しない異変にも対応できるのです。また、通好している時は、キリスト教が入りやすいという心配があります。しかしながら、寛永の時代は、キリスト教の毒が長い時間をかけて人々の心にだんだんとしみ込み、天下に広がっていったので、これを禁じることが困難でした。今はキリスト教が邪悪であることは、天下の人々は言わなくても知っております。寛永の時代と比べれば禁止しやすい情勢なのです。キリスト教が広まらないうちに、その芽を摘んでおくことが急務なのです。これについては、多くの意見を持っておりますが、今ここでは述べません。

血気盛んな若者は、大敵を引き受けて打ち破り、神州日本の武勇を万国に輝かそうと言います。ですが孫子の兵法にあるように、彼を知り我を知らなければ、勝利を得ることは難しいのです。今の外国の火器は、近ごろますます精巧を極め、短距離用、長距離用の区別なく優れており、勝敗は使用する兵器の性能にかかっているのです。これは武勇があったとしても、必勝することが難しい理由の一つめなのです。

神州日本の武勇が輝かしいことは勿論ですが、平和が長く続き、勇者の数も昔よりは少なく、身体は軟弱で、ご馳走を食らい、上等な衣服が習慣となってしまっています。ですから寒暑や風雨に堪えられず、戦場での身のこなしに習熟しておらず、指揮官の多くは上級武士の子弟で兵法を知らず、兵法を論じる者は古くさく形式的なもので実用の役には立ちません。突然戦場に駆り出されれば、山村の人に舟を操縦させるように、舟の中の動きもわからず、何も手を出せずに、慌てて判断を間違うだけなのです。外国は下品で野蛮ではありますが、百戦に及ぶ実戦経験があり、兵を用いる術に習熟し、火器は精巧にできており、数百歩離れた敵でもやり合うことができます。したがって我々に、それに釣り合う巧みな計画や優れた策略がなければ、これは心が勇敢であっても必勝することが難しい理由の二つめなのです。

民の命は、徳の高い天子様が最も重んじられるものです。にもかかわらず、必勝の見込みもなく、一時の怒りにまかせて民の命を投げ捨て、人々の苦しみを顧みないことは、天子様のお心においても、忍びがたいことではないかと、恐れ多くもご推察申し上げるのです。ですから若く激情しやすい者たちが、個人の感情で臣下の身でありながら、天子様を強要し、欺いて不仁の道に陥れることにもなるとすれば、それは各々が心の中で、自ら畏縮しなければならないことではないでしょうか。もし突然戦争となり、長期戦となって解決できない時は、勝敗は予想外の結果となるので、これは昔から失敗の前例が少なくありません。万が一指揮官が誤って、敗北することもありますが、その時になって南宋の秦檜《しんかい》のような邪悪な臣下でないにしても、一時の敗戦に懲りて講和を結ぼうとすれば、降伏を求めるかたちとなり、西洋の習慣において賠償金を責め取られ、どれほどの国力が取られることになるか、予想できません。第一、神州日本は万国からも帝国と呼ばれて、昔から尊ばれていたにもかかわらず、後日に及んで万一、尊号に疵《きず》をつけることにでもなったならば、国体を辱《はずかし》めることにおいて、これより甚だしいものはありません。『論語』には、遠い将来への配慮がなければ、近いところにも心配事が起こると言いますが、このことを深く思わないでよいのでしょうか。

ある人は、「指揮官が誤って敗北しても国の存亡を論じる必要はない。決して講和してはいけない」と言います。

この答えは、次のようなものです。国の存亡を考えるのは、上に在る人の任務です。下の者としては、ことの是非を論じることはできても、自分の判断で計略を決することはできません。前の文の意味は、上に在る者が、もし敗北して講和をしようとするには、ここで述べたような心配があるのですから、戦争を始める時にも、最初から後の心配を考えて慎重に行わなければならないことを言ったものなのです。敗北したならば、必ず講和を請わなければならないと言ったのではありません。

ある人はまた、次のように言います。国家の法制を破って、外国と友好を通じるのは神州日本の恥であるから、死んでも我が国の法制を守るべきである。文永弘安の蒙古襲来の時にも、蒙古の使者を斬り、天下が必死の覚悟で臨んで撃退したのだ。宋の国の岳飛《がくひ》も、心を戦いに決して、誓うことで金の国を破り、国の恥をそそごうとした。こうした大義の前では、万民であっても生を捨てて死を覚悟するべきで、民の命を顧みる暇などないのだと。

この答えは、次のようなものです。外国を一切拒絶するのは、寛永の時代の良法ではありますが、元々は、朝廷の定めた制度でもなく、家康公による法令でもありません。寛永の時代に時勢を考えて設けられた法なので、後の世まで動かしてはならない大法ではありませんが、世界の大勢が一変した以上は、やむを得ず時勢によって変化するのを、一概に否定することはできません。鎖国の一事だけを守って、国の存亡を考えず、その他を顧みず、ひたすら固執して守ろうとするのは、偏った論説なのです。文永の時代、蒙古軍は、その強大さを誇って攻めてきただけなので、深く心配することはなく、一時的に撃退すれば十分でした。でも、宋の国を攻撃した金の国は、宋を併合しようとしました。金の南への侵略の勢いを止めなければ、宋の土地は尽きて、遂には滅亡してしまうのです。ですから宋は死力を出して金を撃ち、驕《おご》り高ぶった外敵を懲らしめて、国の恥をすすぐのは、国家を外国の侵略から守り、民の命を保護するという義の心に当たるのです。現在の情勢は、海外の万国が皆、和親通好しており、その中で神州日本のみが孤立して通好しなければ、諸外国の兵力を一国で敵にまわすことになり、国力も堪えられません。時勢を見ないで、寛永の時代以前の政令も考えず、それ以後の時勢の変化をも考察しないのでは、正しい認識とは言えないのです。

軽率な論調には、道義の前では国家の存亡は論じる必要はなく、ただその道義を実行するのみ、などと唱えるものもあります。ですが天下は天下の天下であって、一人の天下ではありません。それなのに、臣下の身でありながら、天下を一個人の私物のように考えて、軽々しくこれを投げ捨てようとするのが、臣下の心と思ってはいけません。まして我が国の朝廷は、天照大神以来、皇統が正しく続いてこられ、万国の中においても比較すべき国はありません。そうであるならば、国家の重さについては、他国と同様に論じることはできません。にもかかわらず、個人の心のままに扱って、天下の存亡を論じないなどと、口先にまかせて軽率に論じてよいのでしょうか。民の命を論じないなどと言うことも、大義の前ではやむを得ないということも、ないわけではありません。現在の世の中も戦うべき時に臨んだ時は、戦うのは当然ではありますが、簡単に戦いを好むべき時でないことは、前に述べたとおりです。戦うべき時でないのに、強いて戦って人を殺そうとするのは、甚だしい不仁の心なのです。日本の人々が皆、平和の恩恵を受け、安心して生活しているのは、天下の喜びなのです。それなのに今、簡単に事を起こして、これを戦火に苦しめようとするのは、どんな心なのでしょうか。今、万民は下について安堵し、上には幕府の評議が富国強兵の政治に決定し、天下の人々の耳目《じもく》は一新されました。これによって富強の国となり、神州日本の武威が海外に輝くことを、心から願うところです。宮中におられる天子様は、生命を大切にする仁愛の徳をお持ちの方なので、必ず仁と暴との二つの心を明らかに察せられて、万民を戦火から守り、末永く生きられるようにしてくださることと、私は水戸に居ながら心ひそかに仰ぎ見ているのです。

ある人の一説によると、血気盛んな若者の中には、天皇を大坂に移そうとしている者がいると聞いております。大坂は浜海の土地なので、外国が海岸から直ちに仮の御所へ迫ってくるかもしれず、とても危険なことなので、高位高官の公卿もこのような軽率で迂闊な計画には、きっと従うことはないでしょう。これは、ただ筆のついでに、聞いたままに、ここで追加しておきました。

右に論じたところは、必ずしも外国を拒絶してはならない、と言ったのではありません。万国の形勢というものを詳しく調べて、拒絶すべき時勢が来たならば、拒絶すべきです。また必ずしも戦ってはならない、と言ったのではありません。『孫子』の「始計」篇には、「先祖の霊を祭ったみたまやで、彼を知り我を知り、我に勝算を得ることが多いならば戦うべきである。勝算がないのに、むやみに戦ってはならない」とあります。孔子も『論語』で、「虎を素手で打ったり、黄河を徒歩で渡ろうとするような、命を無駄にする者と、私は行動を共にしない。軍事に臨んでは、慎重に充分計画をめぐらせ、成功させるような者と行動を共にしたい」と言っております。ですから万事について、その困難を知った上で実行するべきなのです。軽率で無謀な、虎を素手で打ち、黄河を徒歩で渡るようなことをしようとするのは、実に危険なことで、天下の大事を失敗させることになるのです。

時務策終わり

〈語釈〉

○寛永の変　寛永十四年（一六三七）島原の乱のこと。○合従《がっしょう》　中国の戦国時代に、秦《しん》に対抗するために蘇秦《そしん》が説いた同盟政策。○外侮《がいぶ》　外国から受けるはずかしめ。○気焔《きえん》　燃え上がるような、さかんな意気。○虚喝《きょかつ》　虚勢をはり、他人をおどすこと。○滋蔓《じまん》　ふえて広がること。○肥甘《ひかん》　ごちそう。○軽煖《けいだん》　上等な衣服。○倉皇失措《そうこうしっそ》　あわてて処置を誤ること。○宸衷《しんちゅう》　天子のこころ。○推鋒《すいほう》　摧鋒《さいほう》の誤りか。摧鋒は敵のほこをくじくこと。○覆轍《ふくてつ》　先人の失敗したあと。○秦檜《しんかい》　領土を割譲して金と和議を結んだ南宋の政治家で、売国奴とされている。○瑕疵《かし》　きず。○比倫《ひりん》　ならぶもの。○口吻《こうふん》　くちさき。○百姓《ひゃくせい》　一般の人々。○九天《きゅうてん》　宮中。○兵燹《へいせん》　戦争による兵火。○東陬《とうすう》　東のはて。○鸞輿《らんよ》　天子の乗り物。○搢紳《しんしん》　官位が高く身分のある人。○疎率《そそつ》　軽率。○暴虎馮河《ぼうこひょうが》虎を素手で打ち、徒歩で大河を渡る意で、無謀の行為をすること。

訳者解説　『新論』の思想と会沢正志斎

一、会沢正志斎の生涯とその学問

人を惹きつける誠実な人間性

会沢正志斎は、天明二年（一七八二）に水戸で生まれ、文久三年（一八六三）に没している。正志斎が生まれたのは、十代将軍家治《いえはる》の治世であり、その翌年に英米間ではパリ条約によって、アメリカの独立が承認されている。世を去る十年前の一八五三年は、ペリーの来航によって幕末の動乱期が本格化した時代であり、一八五八年の日米修好通商条約調印、安政の大獄、そして一八六〇年の桜田門外の変と続き、没年には長州藩による下関海峡でのアメリカ商船への砲撃、そして薩英戦争が起こっている。『新論』の序論で正志斎は、特にアメリカを名指しして警鐘を鳴らしているけれども、彼の八十二年に及ぶ生涯は、アメリカが世界へと歩み出した時期と並行している。

会沢家はもともと農家であり、水戸藩主初代の徳川頼房の時に、餌差《えさし》と呼ばれる役人となってから、祖父の代で郡方勤めとなり、父親が下士の列に加わることとなる。寛政三年（一七九一）に十歳となった正志斎は、藤田幽谷《ゆうこく》の門下となり、その後は彰考館で『大日本史』の編纂に従事する。二十三歳になると徳川斉昭らの侍読となり、後に十五代将軍となる徳川慶喜《よしのぶ》の幼年期の教育も担当している。

文政七年（一八二四）に水戸の大津浜で、イギリス人十二名が無断で上陸する事件が起こると、正志斎は筆談役として彼らと接触し、これにより日本の置かれている状況の理解を深めた。『新論』は、この翌年に書かれたものである。その後、彰考館の総裁や、藩校弘道館の初代総教となり、水戸藩を代表する学者となる。また、徳川斉昭の藩主擁立の際には、藤田東湖と共に尽力し、改革の推進や政治的ブレーンとして活動した。

正志斎は家塾や弘道館において教育活動にも従事したが、そこでは水戸藩のみならず全国からも教えを受ける者が絶えなかった。これ以外にも、自邸を直接訪ね教えを請う者も多く、中でも真木和泉や吉田松陰は有名である。彼らを正志斎へと結びつけたものは、直接的には『新論』であるけれども、その人間性においても引きつけるものがあったようである。

正志斎の行状を記した『会沢先生行実』によると、「人を言葉や顔色で判断せず、身分や年齢に関係なく誠実に接しておられました。粗野で乱暴な者であっても、一度会うと静かになり、先生に心酔してしまうのです。その最高の講義は落ち着いていて学問が深く、聴く者を圧倒するほどのものでした。また、人の善さを褒《ほ》めることを好み、悪いところを言うのを深く嫌いました」と記録されている。

吉田松陰の日記では、「晴れ、会沢氏を訪問。会沢氏を訪問すること数回、そのほとんどで酒を酌み交わす。水戸の風習は他藩の人間であっても、もてなしが非常に親切で、喜んで受け入れてくれて、心の中を打ち明けて隠すところがない。たまたま議論の中で聴くべきものがあれば、必ず筆を取り出して、それを書き留める。これこそが天下のことに精通し、天下の力を得る理由であろうか」と記されている。このような個性を育んだ要因は様々あるものの、やはり師である幽谷の影響は大きい。

正志斎自身が、幽谷からの教えを纏めたものとして、『及門遺範《きゅうもんいはん》』がある。そこでは、「先生は日ごろから、人の善いところを褒めるのを好んで、その悪いところを言うのを喜びませんでした。人には丁寧に接して、自分には厳しく、人間というものを親愛して、礼に反することを致しませんでした」とある。こうした、他人を批判する人間性を嫌った幽谷の教えは、その教材においても貫かれていた。

同書では、「幽谷先生は人物の善悪というものを喜びませんでした。私は『資治通鑑《しじつがん》』の授業は受けましたが、『通鑑綱目《つがんこうもく》』や『歴史綱鑑補《れきしこうかんほ》』等の本には、先生は言及されませんでした。先生は、『綱目は文章が厳正であるけれども、つけ加えられている説明や意見等は、その多くが古人の欠点を非難している。少年にこれを読ませれば、その弊害として議論は度を過ぎて、他人を責めることが厳しくなり、容赦のないものとなってしまう。恐らく人情をなくすようになって、ひどくなると好んで他人の悪口を言うようになってしまう。綱鑑等もまた同じです』と言われました」と述べられている。先の正志斎の言動からも、この教えを生涯貫いていたことは、確かであろう。

加えて『及門遺範』では、正志斎が海外へと視野を広げたきっかけについても記されている。そこでは、「幽谷先生は日ごろから、外国が我が国の辺境を探っているのを、憂えておりました。寛政四年（一七九二）にロシアが来て、貿易を求めてきました。先生はその真意を察して、古今の諸外国の形勢を明らかにしました。それははっきりと、手に取るように理解できました。そして彼らのでたらめで、大げさな主張を論破して（六千年来の史書がもれなく存在すると言うかと思えば、中世に大洪水があって、人も物も跡形もなく存在するものがなくなったと言っており、矛盾している。その論破したところ全てを、ここでは述べません）、それは火を見るより明らかなものでした。そしておっしゃるには、『もし西洋人が、彼らの目的を達したならば、世界は暗黒となり、天地は長い夜を迎えることになってしまう』と。私はこれを聞いて茫然自失となり、身を措くところがないように感じました」と書かれている。

師・幽谷から受け継いだもの

ここで少し、藤田幽谷（一七七四―一八二六）について紹介しておきたい。幽谷の家系は、祖父の代に農業から商人に転じ、水戸城西南に位置する下谷で古着商を営む与衛門言徳の次男として生まれた。十歳ころに彰考館総裁であった立原翠軒《たちはらすいけん》の門下となり、天明八年（一七八八）に彼の推挙で彰考館に入り、翌年に正式な館員となる。

寛政三年には彰考館編修となり、『大日本史』の編纂に従事することとなる。『大日本史』

とは、水戸藩の二代藩主である徳川光圀が編纂を命じた、全三百九十七巻からなる歴史書である。一六四六年に全国から学者と古書を集めはじめ、完成したのは二百六十年後の明治三十九年（一九〇六）である。この歴史書の編纂事業は、水戸藩に学問的蓄積をもたらし、これに参加した人物を中心に、水戸学は形成されたのである。

その中でも幽谷は、最も重要な人物と言うことができる。水戸学は、その傾向から前期水戸学と後期水戸学とに分けられるが、一般に水戸学と言えば後期のそれを指している。そして後期水戸学は、幽谷の存在があってのものであり、彼がいなければ前後の分類も、水戸の国体論といったものも生まれなかったであろう。幽谷の代表的著作である『正名論』は、水戸学の国体思想の原型とも言われている。『正名論』は寛政三年（一七九一）、彼が十八歳の時に老中松平定信へ献じたものであり、君臣上下の名分を正すべきであると、幕府に対して「尊皇」の重要性を説いている。

この後も幽谷は、学問や教育活動において優れた業績を残していくこととなるが、こうした実力を獲得させたものは、彼自身の修養もさることながら、その交友関係も少なからず影響を与えていると思われる。それは師である立原翠軒はもちろんのこと、高山彦九郎、蒲生君平、木村謙次、太田錦城らとの交流は、広い視野をもたらしたと考えられる。

加えて、水戸の学問がある種の折衷学と言われる要因も幽谷に求められよう。天下太平と言われた徳川時代にあって、我が国の学問は深い成熟を遂げ、それは大陸からもたらされた儒学をも超えるかたちで表れていた。そうした学問的状況にあって、この時代には個性的な学者や学派というものが生まれたわけであるが、幽谷はそれらについても冷静な目で見ていた。

これについて『及門遺範』では、漢代の儒学、宋代の儒学、陳亮、王陽明、明清考証学、熊沢蕃山、山崎闇斎、伊藤仁斎、荻生徂徠、新井白石の学問における長所と短所とを述べ、短所を捨てて長所を取り入れることで、偏ることなく学ぶべきことを述べている。こうした学問に関する姿勢は、日本的な文化の受容形式とも共通するものであり、このような柔軟性が『新論』の発想の基底にもあると考えられる。

高まる海外への関心と転機

さて、先に述べたように『新論』が書かれた直接的契機は、イギリス人による大津浜上陸事件であったけれども、それ以前においても正志斎は、海外に関する著作を纏めていた。

正志斎が幽谷の門下となって間もない寛政四年（一七九二）にラクスマンが根室に来航し、水戸藩も騒然となった。このころから正志斎は、入手可能なロシア関連の史料を調査しており、十年ほどかけてその結果を纏めたものが『千島異聞《ちしまいぶん》』である。ここで参考とされた史料は、『大日本史』編纂のために集められたものはもちろんのこと、もともと水戸藩は北方への関心が高かったこともあり、それらの史料も使用されたと思われる。

それは二代藩主の徳川光圀が、快風丸という大船を蝦夷地探検用として建造したことに始まる。当時は三度目にして石狩地方まで到達し、現地の情報を入手していた。その後の蝦夷地探険は、木村謙次という人物によって本格化することとなる。謙次は近藤重蔵にも従って国後島にも渡り、また重蔵が択捉島に建てた「大日本恵土呂府《えとろふ》」の標柱は、謙次が書いたものである。そして謙次が記した『北行日録』は、その時の貴重な記録であると同時に、彼の実地の見聞によって、幽谷や正志斎をして、ロシアが蝦夷地に進出する「手段」を知らしめたのである。こうした水戸藩における実学的土壌が、『新論』の成立には大きく関係していることを強調しておきたい。そうして海外への関心が高まる中で、実際に目の前で起こったのが、イギリス人が無許可で上陸した事件である。

文政七年（一八二四）、水戸大津浜にイギリス人十二名が、銃砲その他を所持して突然上陸した。また沿岸には大砲を備えた本船二隻が停泊し、武装した乗組員が乗船していた。この時に正志斎は、飛田逸民《とびたいつみん》と共に「筆談役《ひつだんやく》」として彼らと接している。この時の記録が『諳夷問答《あんいもんどう》』であり、内容は『新論』の虜情篇を思い起こさせるものである。正志斎とイギリス人との意思疎通は、初歩的なジェスチャーを含めてのものであったけれども、「問答」における一番の目的は、イギリスの真の来航目的を聞き出すことであった。

イギリス人たちは、彼らが言うように食糧等を求めて来ただけなのか、その他の目的が存在したのか。そこが論点となる。これは、先行の研究でも意見の分かれるところであり、正志斎の「イデオロギー」に合わせて解釈されただけだとする論文もある。しかしながら、当時のイギリスの海外進出政策と、我が国の周辺での動きとを時系列で冷静に見ることで、正志斎の見解にも一定の理解が伴うかもしれない。

正志斎は、イギリス人メトトンと世界地図を挟んで聴取に臨み、神聖ローマ帝国、ロシア、スペイン、イギリスの勢力範囲を聞き出した。そしてイギリスの領有地を詳しく尋ねてからインド、東南アジア諸島、小笠原諸島、琉球、蝦夷周辺の「形勢」を答えさせた上で、再度来航目的を問うたのである。するとメトトンは、日本からイギリスまでの海路を、従属国を意味するジェスチャーで表現したと記されている。

歴史の授業を受けた現代の我々は、西洋諸国がいかなる目的で、我が国に接近してきたかを知ることは難しくないであろう。しかしながら鎖国政策によって、海外に関する書籍を見ることさえ禁じられていた当時にあって、世界を知ることは困難であった。むしろ二百年以上続いた天下太平の世の中で、外交防衛の発想すら忘れ去られていたであろう。それだけに『新論』を読んだ者の衝撃は大きく、その波は草莽《そうもう》の人々だけでなく皇室にまで達し、幕末から近代にかけて多くの歴史を紡いだのである。

儒学者として

ところで、正志斎の著作は『新論』だけにとどまらず、膨大な著作群と言うべきものが残されている。それらは正志斎によって五つに分類されており、四書五経などについて纏めた「思問」篇、『新論』を含む自身の見解を記した「閑聖」篇、海外の形勢やキリスト教についての「息邪」篇、そして詩文類の「言志」篇と、日記類の「達己」篇となっている。正志斎と言えば、当時においても『新論』をはじめとする「閑聖」篇の著作が広く読まれ、また内容においても読者を想定して書かれている。

しかしながら、儒学者としての正志斎の学問は、「思問」篇にこそ刻まれているのであり、その中でも『孝経』と『周官』は、それを特徴づけるものである。これにはやはり、幽谷からの教えが基本になっており、『孝経』を最初に教授してから、四書五経へと続けたことが『及門遺範』に書かれている。また『周官』については、「聖人が天地を基礎とし、国家を治めるという方法を、この書は全て備えている」と幽谷が語ったとしている。

正志斎の『孝経』の「経」には「縦糸」（＝生命の連続性）という概念が込められているが、『孝経考』には、父母と子孫が同一の「気」であることや、両者が「分身」であること、そして子孫の血脈とは父祖の血脈であることなどが説明されている。

そこで重要なものとなるのが祭祀の存在であり、これについては『新論』でも繰り返し述べられている。そして家族内における自然な親子の愛情である「孝」の心を基盤にして、「尊敬」の心を通じ、「忠」の心と連続することになるのである。これは皇室と我々とが一つとなる、すなわち「忠孝」一致の概念として認識することができる。つまりは『孝経』が、本来的には外国の書物であっても、易姓革命を常とせず、皇室と日本人の「血脈」の連続性が担保されていることで、正志斎をして我が国の独自性を再認識させているのである。

もう一方の『周官』とは、『孝経』の理念を行政面で具体化した書物と言えるものであり、正志斎の『読周官』にはこれに関する分析が、全六巻に及んで記されている。『周官』には、『六典』という別名もあり、それは天、地、春、夏、秋、冬の六つの巻に大きく分けて行政上の官制を立て、それぞれの職務を解説しているからである。

先行の研究には、明治政府における行政組織の名称が、『周官』に由来していることなどから、幕末におけるその影響を重視するものもある。そこでは、『周官』の研究で培われ、共有された知識と方法とが基盤となり、西洋の統治理念や技術の受容に寄与したと分析されている。そうした『周官』の要素は、『新論』を含めたその他の著作においても随所で触れられており、行政組織はもちろんのこと、祭祀や教育の論考において、正志斎の思索に発揮されている。

教育勅語へとつながる思想的水脈

こうした学術的著作を含めた正志斎の影響は、没後においても様々な形で顕彰された。『明治天皇紀』によると、明治二十三年（一八九〇）に天皇と皇后が水戸に行幸された際、徳川光圀、斉昭、そして水戸名士ゆかりの場所に臨御し、水戸学関連の書籍と『新論』の自筆稿本二冊を献じたとある。そして、藤田幽谷、藤田東湖、戸田忠敞《ただあきら》、会沢正志斎等に正四位と祭粢料《さいしりょう》が下賜されている。この後にも触れる元田永孚《ながざね》は、これについて藤田親子と戸田、正志斎の四人が同じ待遇を受けることになり、「誠に大安心」であると書簡で述べている。

元田永孚と言えば、「教育勅語」の起草や、さらには帝国憲法の制定にも関与しており、そうした側面からも『新論』の存在は無視できないものである。それは戦前の国定教科書において、正志斎の名前が掲載されていたことからも理解できよう。実際に稲田正次氏は、永孚の主張する修身教育の内容とは、水戸学的国体主義であり、「元田永孚の思想の形成に水戸学が大きく影響を及ぼしていることは疑いない」と「教育勅語」に関する研究書の中で述べている。

二、『新論』の後世への影響

「各藩の志士争いてこれを読み」

『新論』が世の中の人々に読まれた経緯については、本文の最後に書かれているとおりである。もともと、藩主への献策として書かれた『新論』は、正志斎の予想を超えて広まり、最初のうち執筆者は匿名にされていた。安政四年（一八五七）に、正志斎の名で正式に公刊されるまで、執筆から三十年以上が経過しており、写本の誤字を憂慮した書店主のはからいで、出版されることとなった。正志斎は最後まで上梓を躊躇したにもかかわらず、反響は大きかった。

『新論』が伝播した様子について渋沢栄一は、「矯激《きょうげき》なる新論は、甚《はなはだ》しく当時の人心を鼓動し、各藩の志士争いてこれを読み、重刻、覆刻、版を重ねること、いく種なるを知らず、仮名交じり文に訳したるさえ出ずるに至《いた》りては、流伝の勢、驚くに堪えたり」（『徳川慶喜公伝』）と述べている。栄一はもともと、水戸学に傾倒していた義兄の尾高惇忠に教えを受けており、『新論』とも浅からぬ関係があると思われる。

『新論』は幕末の志士たちに大きな影響を与え、その代表的な人物としては、梅田雲浜、橋本左内、真木保臣、松平慶永、吉田松陰らが挙げられる。また、『新論』を教科書として使用した学校もあり、『日本教育史資料』によると、名古屋藩の明倫堂、高田藩の修道館、村松藩（越後）の自強館、出石藩（但馬）の弘道館、岡山藩学校、加賀国石川県区学校、周防国山口藩士清水氏熊毛郡立野村学校の七校が採用した。

吉田松陰は、嘉永三年（一八五〇）の平戸遊学中『新論』に触れている。この時はまだ公刊はされていなかったけれども、写本は遠く九州まで達していたことがわかる。そして先にも触れたように松陰は、翌年の東北遊歴の際に水戸に立ち寄り、正志斎のもとを七回訪れ（一回は留守）、親交を深めている。時に松陰は二十二歳、正志斎は七十歳であったが、水戸の大家はこの青年を、どう見たのであろうか。松陰は、「会沢氏や豊田氏といった方々を訪れて、その語るところを聴いて、これまでの自分を嘆いた。この身は皇国と呼ばれる日本に生を受けていながら、皇国が皇国と呼ばれる本当の理由を知らなかった。このままで、天地の間で生きていくことなどできようか」という心境にいたったことは周知の通りである。

さらに松陰は、「遺体を鏡中に見るの意義については、いまだにどの書籍に書いてあるかがはっきりしない。これについては、再度考えておく必要がある」というように、『新論』の諸概念について深く考察していた形跡がある。『新論』や正志斎から学び得た精神が、松陰の門下生たちに与えた影響は、少なくはないと思われる。

これについて、やや想像を逞しくすれば、丙辰丸《へいしんまる》の盟約が象徴的な出来事と言えるかもしれない。万延元年（一八六〇）、長州藩の軍艦である丙辰丸において、桂小五郎（木戸孝允）等の長州尊攘派と、西丸帯刀《さいまるたてわき》等の水戸尊攘派は、幕閣改造の会談を行った。そこでは、水戸藩が「破」である破壊活動を担当し、長州藩が「成」である事後収拾にあたるという、「成破の盟約」が成立した。御三家である水戸藩と、外様大名である長州藩が結ばれた理由については、様々な要因が考えられるが、『新論』が繋いだ正志斎と松陰の交わりが、少なからず影響していると考えることもできよう。

加えて、先にも述べた元田永孚は明治天皇の側近であり、「教学大旨」の起草や「幼学綱要」の編纂など、我が国の近代教育制度に大きな影響を与えた人物である。また井上毅と共に起草した「教育勅語」は、戦前期まで教育思想における中核的存在であった。郷里の熊本において永孚は、若きころ長岡監物や横井小楠らの実学党に所属し、この時に『新論』に接している。そして「元田永孚文書」には、正志斎宛ての長文の書簡が残されており、そこでは長年にわたり正志斎を敬い慕っていることや、自分宛てに教えの一言を書いてほしいこと、書いていただけたなら、それを朝夕謹んで拝見して、書かれていることを実行することを述べている。また、藩内にある正志斎の著作はすべて読んでいるので、新著があれば閲覧したい旨も書き送っている。

「幹」としての国体論

さて、『新論』の中心的論点である「国体」篇については、これまで多くの論考がなされており、また「国体論」と題する書物等では、その多くで触れられる箇所である。国体という用語は、古訓ではクニカタと読み、本来は地形の意味から転じて国状を表現するものであった。そこから今日的意味で最初にこれを用いたのは、水戸学者の栗山潜鋒《せんぽう》であり、正志斎はこれを敷衍《ふえん》して国体論を確立した。その内容については、本文を読んでいただくとして、ここではその影響について考察してみたい。

明治期を境として、欧米から輸入されたものは、物品のみならず思想面においても多大であった。ここでは、日本的寛容さというものも手伝って、無批判の受容が行われたのも否定できない。この前後の時期については、現代においても関心が高く、「維新」や「新撰組」といった名称が繰り返し用いられていることからも理解できよう。日露戦争の結果として安全保障がある程度確保できたことは、ある意味で『新論』の「懸念」が払拭されたとも解釈できるが、それを日本が外来文化への受容性が高いことのみに帰着させるのでは不十分なように思われる。

結論を急げば、「維新の成功」を成した人々には、幕末の下地があったのである。そしてそれは学問、及び思想の下地である。しかしながら、諸外国に比べ、同時期の識字率をはじめとする国民全体の教養は高かったとは言え、思想といったものは現代同様に統一されにくいものである。それは「虜情」篇で述べられているように、西洋諸国には一神教の教典というものがあり、教義が完備されているのに対し、我が国には『記紀』や祝詞、仏典や古典などが混然としており、受容性が高いがゆえに統一性を欠いていることも否定できない。

そこで当時、為政者を含めた多くの人々が読んだベストセラーを見てみると、『日本外史』と『新論』を挙げることができる。頼山陽《らいさんよう》によって書かれた『日本外史』は、日本の歴史を独自の視点で書いたもので、伊藤博文をはじめとする志士たちが、好んで読んだことで知られている。ただし『日本外史』は、目の前の現実に対処する具体的な実践方法には弱い。言い換えれば、マクロ的視点において、我が国のあるべき姿を認識するには好著であるけれども、個別の対応策に乏しいのである。

そうした視点で、再度『新論』を思い起こしてみると、そこには実学的要素が溢れている。これには正志斎の学問的蓄積が関与しており、直接的には先述した『周官』の存在が大きい。また、大局的視野においても、国体篇を中心として記されており、おまけに『日本外史』自体も、『大日本史』の影響で書かれたことも覚えておく必要があろう。

「国体」という用語は、それを使用する個人によって差異があるのも事実であるが、多くの人々は『新論』の国体論を幹とした。それは戦前期まで接ぎ木され、だからこそアメリカを中心とした占領軍GHQは、『新論』の存在を隠そうとしたのである（こうした「焚書」作業については研究が積み重ねられており、『没収指定図書総目録』を見ていると、その意図がよく理解できる）。いずれにせよ本来、枝葉であるものを幹としているということが、言論空間における混乱の一因ともなっている。

『新論』における正志斎の目的を一言で言えば、民心の統合である。同書においては、皇室の血統の連続性が主要な論点として解説されているものの、その前提には国民の血統の連続性も含まれている。それは皇室ほど明確に男系の継承と言ったものではないものの、臣下としての連続性が担保されている。『新論』においては、大嘗祭をはじめとする祭祀を支えてきた一族の連続性について描かれているが、そうした人々を陰で支えるためには、国民の存在は不可欠である。言うまでもなく、それらで用いられる一粒の米、一本の糸にいたるまで、すべては国民が産出したものであり、結局のところ皇室の血統＝神々の存在を証明しているものは、民衆の存在である。

このことは諸外国と異なり、異民族による大規模な侵略、民族の大移動というものを歴史的に経験せずに済んだことによる、地理的要因を含む、我が国の特殊事情というものが大いに関係している。少なくとも我々の祖先は、自らが皇室に直接関与する立場になくとも、無意識のうちにそれを実行してきたのである。この精神を我々の祖先が継承してきたことを、思い出させることこそが国体篇の主旨であったと考えられる。そこでキーワードとなるのが神社の存在であり、人々が「無意識に」行っている種々の祭祀の存在は、我々が想像する以上の力を秘めているのである。

「虜情」篇キリスト教警戒論の背景

次に、『新論』のキリスト教観について触れておきたい。これについては、特に「虜情」篇で述べられており、冒頭から激しく警鐘が鳴らされている。「虜情」篇における中心的命題、つまりは「故に人の国家を傾《かたむ》けんと欲せば、すなわち必ずまず通市に因りてその虚実を窺い、乗ずべきを見ればすなわち兵を挙げてこれを襲い、不可なればすなわち夷教を唱えて、以て民心を煽惑《せんわく》す」について考察してみたい。これは、西洋諸国が他国を侵略する段階として、第一に貿易をすることによって相手国の弱点を探り、その次に軍事力が弱ければ軍隊を上陸させて占領し、相手が一定の軍事力を備えた国であれば、キリスト教を広めて民衆の心を「占領」してくることを述べている。そして我が国には幕府という軍事政権があり、武士団という戦闘集団が存在するため、西洋諸国は民衆の心を支配するために、盛んにキリスト教を手段として用いてくると述べている。これについて先行の研究では、正志斎の単なる「思い込み」や、「イデオロギーの暴走」であると結論づけているものもある。しかしながら、『新論』という書物が、可能な限り論拠を明確にし、考証学的手法によって記されていることを考え合わせると、必ずしも著者の思い込みと片付けてしまえるものではない。

そこで、正志斎が『新論』以前に執筆したものとして、先に述べた『千島異聞』と『諳夷問答』に注目したい。周知のように江戸時代では、海外の情報に触れることが禁じられていたが、正志斎は新井白石の『西洋紀聞』のような資料に接していたのはもちろんのこと、実際に西洋人とも接触して取り調べを行っていたことは覚えておかなければならない。そして、先の『新論』の一節との関係で言えば、木村謙次の存在が重要となる。

木村謙次については先にも紹介したが、彼の『北行日録』には、「窃《ひそか》ニ彼レカ諸国ヲ併呑《へいどん》スル術《すべ》ヲ見ルニ、寛《ゆるやか》ナルトキハ権場互市辺要ノ地ニ盤拠シテ其巣窟トシ、或ハコレヲ懐《なつ》タルニ滋恵ヲ施シ、或ハコレニ畏《おそれ》シムルニ威武ヲ示シ、貧者ニ啗《くらわ》シムルニ厚利ヲ以テシ、愚者ヲ誘フニ妖教ヲ以テス」とあり、「互市」である貿易が起点となり、状況に応じて「威武」

と「妖教」を使い分け、彼らは武力と布教を併用して長期的計画で挑んでくると報告している。これは『新論』で書かれた「手続き」と同様のものであり、謙次が実地に見聞したものを論拠としていることが理解できよう。少なくともこの点において、正志斎の単なる「思い込み」とされていることについては、修正しておく必要があろう。

三、晩年の正志斎と『時務策』

「内憂外患」の時代に

正志斎の晩年は、様々な意味において波乱の時代であった。これは正志斎個人としては、江戸時代全体から見ても膨大な著作と名声、そしてその影響力においては、学者としての生涯を全うしたと言える。しかしながら水戸藩や国家的規模では、歴史的転換点に立たされており、心中穏やかでない日々を送っていたと思われる。この時期は、内憂外患《ないゆうがいかん》とよばれる危機意識が我が国を覆《おお》っており、それは幕藩体制の動揺と、西洋諸国からの外圧のことであった。当時の幕府は、諸外国からの圧力だけでなく、財政難の増大や農村の衰退、人々の生活苦の広がり、そして風俗の乱れなど、体制内部においても多くの問題を抱えていたのである。そうした変革期にあって、渦中の水戸藩にあった正志斎は、多くの難問を抱えていた。

弘化元年（一八四四）に起こった甲辰《こうしん》の国難は、その最初のものであったと言えよう。九代藩主である徳川斉昭の（水戸藩の）天保改革は、国防、経済、教育面などにおいて多くの功績を残したものの、これが原因で幕府からの嫌疑を受け、隠居、謹慎を命じられ、家督は十三歳の長子慶篤《よしあつ》が継ぐこととなった。これに伴い、側近であった藤田東湖等も免職蟄居という重い処分を受けたのである。この幕府の処分に対し、水戸藩内では斉昭の無実の罪を明らかにしようとする雪冤《せつえん》運動が起こった。これにより、農民の中には大挙して江戸へ押し寄せる者も現れ、騒然となったのである。

当時の正志斎は、弘道館の総教の立場にあったが、雪冤運動に関係した疑いで、隠居を命じられることとなる。それから後、ペリーの再来と和親条約の締結の時になると、斉昭は幕政参与に就任し、幕府の中心で力を発揮することとなる。この時の斉昭の建言書である「海防愚存」の主たる内容は、『新論』を参考にしている。

安政五年（一八五八）の戊午《ぼご》の密勅は、水戸藩を二分しただけでなく、二年後の桜田門外の変へと繋がるものであった。大老井伊直弼による、天皇の許可のない日米修好通商条約の調印は、徳川斉昭だけでなく、孝明天皇も激怒させる結果となり、朝幕関係は険悪なものとなった。そこで天皇は、水戸藩へ直接勅諚を降下し、そこには国内の安定や公武合体、徳川家を助けて外国から侮りを受けないようにすることなどが記されていた。

勅諚が水戸藩に降された理由の一つとしては、鷹司政通《たかつかさまさみち》の夫人が、斉昭の姉の類姫であったことも関係していよう。政通は三十年以上にわたって関白の地位にあり、斉昭とも書簡を往復し、天皇の信任も厚かったのである。これは京都と水戸を繋げる重要な役割であると同時に、正志斎の思想にも理解を示していたと考えられる。そしてまた天皇も、三条実万《さねつむ》を通じて、『新論』を読んでいたのである。そうであるならば、天皇があくまでも幕府を強化して、鎖国攘夷を実現する公武合体論を主張していた理由も推察できよう。

このことは、当時の孝明天皇の言動が、単なる心情的な外国嫌いなどではなく、『新論』によって裏打ちされていることを理解しておく必要があろう。先行の研究には、仮に孝明天皇が開国路線を表明したとすると、外国に屈服したと考える反幕府、反朝廷運動と、攘夷運動との結集核が不在となるため、結果として長期の内戦となり、日本が植民地化する可能性もあったとする分析もある。幕末における天皇の政治的存在が、維新の実現に貢献したと考えるのであれば、ここに草莽の志士のみに限定されない『新論』の影響を見ることができよう。

水戸藩の激派と呼ばれる者たちによる行動は、安政七年（一八六〇）の桜田門外の変の後も続き、文久元年（一八六一）にはイギリスの仮公使館を襲撃した東禅寺事件が発生した。そして翌年、これに参加した一部の者は、江戸城坂下門外において、老中の安藤信正を襲うこととなる。そして元治元年（一八六四）には、藤田東湖の四男である藤田小四郎を含む激派の者たちが、筑波山において挙兵した。天狗党の乱と呼ばれるこの争乱は、藩の執政であった武田耕雲斎も加わり、賛同した農民も含め一時は千人を超えるものとなったが、結果的に多くの犠牲者を出すこととなった。

こうした国内を巻き込む混乱の中にあって水戸藩は、藩内における対立抗争によって多くの人材を失い、西南雄藩とは対照的な歴史を歩むことになる。それはまさに、先にも触れた丙辰丸《へいしんまる》における「成破の盟約」によって運命づけられていたとも言えよう。ただし、その後の「成」によって作られた時代にも、常に「破」によって生み出された国体論が「幹」となっていたことは、あらためて強調しておきたい。

開国路線への転換

さて、本書で参考史料として訳出した『時務策』は、正志斎が亡くなる前年の文久二年（一八六二）に書かれた最後の著作である。これは、『新論』の執筆から三十七年後、公刊されてから五年後のことである。『新論』が人々に広まった経緯については先に述べたが、執筆当初に読んだ者と、公刊後に初めて読んだ者とでは、『時務策』の印象は異なるものとなるであろう。それは写本であるにしろ『新論』が書かれて間もない頃であるならば、当時の「時勢」というものが、『新論』で述べられた「時勢」と一致していたからである。

しかしながら、米国との和親条約締結後に鎖国政策は転換され、その「時勢」が大きく変化したことは、公刊本を初めて読み、間もなく『時務策』を目にした者にどのような感想を持たせたのであろうか。また、天下太平と呼ばれた時代にあって、『新論』は多くの人々に対し、ある種の啓発をもたらしたわけであるが、その内容について、主たる論点となる「攘夷」という思想の受け止め方にも、差異が生まれたと考えられる。

その違いの起源は結局のところ、思考の柔軟性という読み手の個性に帰着するのかもしれない。ある書物が、その人にとって衝撃的な出会いであった際、書かれている内容に信頼を置くのか、そこで述べられた著者の知見というものを含めて吸収するのかは、学問に対する姿勢によるであろう。さらに、内容のみに信頼を置いていた者であっても、三十年以上の「時勢」の変化を経験したのであれば、『新論』の思想は熟成され、『時務策』の開国論についても、受け入れる土壌が醸成されることもある。

いずれにせよ当時、正志斎が『時務策』で述べた開国路線への転換は、大きな反響を呼んだ。特に尊攘派と呼ばれる者たちからの非難は相当に強いものであった。これまで『時務策』の執筆理由については、将軍後見職にあった徳川慶喜に献じたものであるとか、過激な若者への忠告、または藩内の尊攘派である激派に対して書かれたものであるなどと推測されている。

この時に正志斎へ向けられた非難の一つとして、「老耄《ろうもう》」というものがあったが、はたして事実であったのであろうか。むしろ現代の国際社会に生きる我々から見ると、一国が孤立して国家を維持することは困難であり、少なくとも日本という国の「形勢」を考えると、我々に「勝算」はないであろう。『新論』の主張は言うまでもなく、日本という国家の防衛であり、皇室という国体の保持である。この目的を貫くために、正志斎は第一に国体について記し、以下四篇を纏めたのである。言い換えれば、国体を守るための手段としての四篇ということにもなろう。

目的における「手段」の相違

この目的を遂げるための、手段の不一致という状況は、我が国においては国難の時に出現することがある。井伊直弼と言えば条約の無勅許調印や安政の大獄など、攘夷派の大敵であり、徳川斉昭の「天敵」ともされている。結果として、桜田門外において散ることとなるが、彼には「別段存寄書《べつだんぞんじよりがき》」という建白書があることも、覚えておく必要があろう。これはペリー来航にあたり開国を主張したものとされているが、その内容は、自分の本心は攘夷であるけれども、外国との国力を考えると開国は苦渋の決断であり、今から戦力を十分に整えなければならないこと、そして「皇国」が「安体」し、遠い将来まで「皇国」が野蛮な外国を憂うことがないようにしなければならないと記されている。また、人心を一致させる必要があるなど、『新論』と同様の主張も述べられている。こうした国体護持という目的における手段の相違は、幕末のみならず昭和二十年の対米戦における、降伏か、徹底抗戦か、といった議論にも見ることができよう。

「国儒論争」

ところで正志斎には、『時務策』が書かれる四年前に『読直毘霊《なおびのみたまをよむ》』と題する著作がある。これは国学者と儒学者による、いわゆる「国儒論争」に関するものであり、その後も関連する三冊の著作を残している。「国儒論争」とは、太宰春台の『弁道書』をきっかけとした、本居宣長を含む国学、神道系の学者による反駁であり、江戸後期の約八十年に及んだ論争である。これは儒学の「からごころ」と、国学の「やまとだましい」との葛藤の問題の側面からも興味深いものであり、我が国の国体論にも関係するものである。ただし正志斎のこの著作は、宣長の『直毘霊』が『古事記伝』に収められてから、およそ七十年後に書かれたものであり、この論争に敢えて「参戦」した理由は、考察しておく必要があろう。結論を先に述べれば、これは『新論』で主張された、民心の統合という目的の延長線上に位置するものと考えられる。

「国儒論争」においては、例えば「道」の理解一つにしても、儒学者は日本には儒教伝来以前に「道」はなく、神道は聖人の道の中にあるとし、そして聖人の道とは「作為」による人工物であるとしている。これに対して、国学者は、「神」や「神々」を基底とし、「かんながらの道」「おのづからの道」という「道」が我が国にはもともとあるのだと主張されている。

先にも触れたように、正志斎には儒学に関しても膨大な著作が残されており、それは『新論』で引用された書籍からも理解できる。そうであるならば、正志斎の国儒論争四部作は、儒学側を擁護するものであるはずだが、実際は異なっている。そこでは、宣長を賞讃する言説も多く散見していると同時に、儒学者側を非難する言説も少なくない。これは別の意図を示唆していると、見るべきであろう。

要するに正志斎が主張したのは、「道」の普遍性であり、つまりは聖人の道と、日本古代の道とは一致するものであることを力説している。これは国儒いずれの立場にも属していないことを表すものであり、その普遍的な「道」を日本固有のものとする藤田東湖などの「弘道館記」の立場とも異なる。これはおそらく、国儒論争そのものを包括することで、学界における思想的統一を目的としたものだと思われる。それは開国が現実となった「時勢」にあって、物品のみならず、異質の学問や哲学といったものが、大量に流入した際の学問的統合を試みたのであろう。言い換えれば、思想的「幹」を共通させることで、不毛な争いを避け、学界の分断を抑止するためと考えられる。

生涯一貫した憂国心と実践性

これを補完する意味で、最後に『閑聖漫録《かんせいまんろく》』を紹介しておきたい。正志斎のこの著作は、先の国儒論争四部作と、『時務策』の間に書かれたものである。これは一般の読者を想定して、比較的簡略に纏められており、『新論』と重複する内容もある。その中から、ここでは特に「神聖同帰」と題された一節に注目してみたい。

「神聖同帰」とは、日本の神と、儒学の聖人とが、帰着点が同じであることを意味しており、先の国儒論争の立場で書かれたものである。その中では、「国学の学徒も国体を論じることについては優れた見識がありながら、応神天皇以来重んじてきた儒学の聖人を軽蔑するのは、歴代の皇室の精神を軽蔑することと同じである。それをよく考えて、天然の大道というべきものを悟り、純粋な皇国学というべきものを確立し、神聖同帰の大道を成し遂げる」ことを述べている。これは言い換えれば、当時争われていた学者間の反目を止め、協力して新たな「皇国学」の確立を期待したものと考えられる。それは来るべき時代に備えた、我が国の思想的「幹」を育てることであり、知識層における連携を構築するためのものであったのである。

『時務策』までの晩年の著作を並べてみると、決して「老耄」などではない、確固とした精神と言うべきものを感じ取ることができる。それは『新論』以来の、一貫した憂国の心である。ここには一人の水戸学者の、実践的学問を追い求め続けた姿を見ることができよう。

KODANSHA

本書は訳し下ろしです。

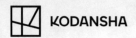